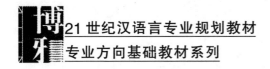

21世纪汉语言专业规划教材
专业方向基础教材系列

语义学教程

叶文曦　编著

北京大学出版社
PEKING UNIVERSITY PRESS

图书在版编目(CIP)数据

语义学教程/叶文曦编著.—北京：北京大学出版社，2016.1
（21世纪汉语言专业规划教材）
ISBN 978-7-301-26238-2

Ⅰ.①语… Ⅱ.①叶… Ⅲ.①汉语 – 语义学 – 高等学校 – 教材 Ⅳ.①H13

中国版本图书馆CIP数据核字(2015)第205017号

书　　名	语义学教程
著作责任者	叶文曦　编著
责任编辑	崔　蕊
标准书号	ISBN 978-7-301-26238-2
出版发行	北京大学出版社
地　　址	北京市海淀区成府路205号　100871
网　　址	http://www.pup.cn　　新浪微博：@北京大学出版社
电子信箱	zpup@pup.cn
电　　话	邮购部 62752015　发行部 62750672　编辑部 62753374
印刷者	三河市北燕印装有限公司
经销者	新华书店
	650毫米×980毫米　16开本　15.5印张　230千字
	2016年1月第1版　2022年1月第4次印刷
定　　价	36.00元

未经许可，不得以任何方式复制或抄袭本书之部分或全部内容。
版权所有，侵权必究
举报电话：010-62752024　电子信箱：fd@pup.pku.edu.cn
图书如有印装质量问题，请与出版部联系，电话：010-62756370

前　言

　　从上个世纪 90 年代末至今,我在北京大学中文系开设本科高年级选修课"语义学"已有七八轮了,本教材是在大部分讲义基础上整理编写而成的。"语义学"课程是中文系语言学专业学生的一门专业方向提高课,要求选课之前已学习过"语言学概论""现代汉语"和"古代汉语"等课程,并积累了一定的语义学基础知识。本课程要求教师在阐述和讲解语义学基础理论的同时,还要适当联系汉语语义分析的实际。本教材适合语言学专业本科高年级学生和研究生使用,每讲也相对独立,教师可以灵活选择内容。在每讲后附的参考文献中,大部分著作是供进一步研修参考的,很多内容书中并未提及。本教材有一定的深度和广度,有些章节偏难,教师在教学中可以酌情掌握。在当今飞速发展的信息时代,本教材介绍的语义学知识也可供计算机信息处理、互联网检索和人工智能等研究领域参考。

　　语义学本是语言学的一个传统分支学科,近几十年来,由于语言哲学、数理逻辑、信息技术和认知科学的发展,间接推动了语义学理论的进步。语义学已成为当代语言学研究领域发展最快、新知识积累最多的一个学科,特别是认知语义学,以及与句法关系密切的语义研究,大大改变了所谓语义研究"薄弱"的局面。汉语的语义分析也取得了一些扎实的进展。本教材做出了一些努力,对有发展前景的前沿理论做了一些吸收引进的工作,同时也尝试立足汉语的研究和事实进行了一些中西结合的语义探索。本教材借鉴当代认知语义学、句法和语义关系研究、篇章语言学、语用学、语法化研究和类型学等语言学前沿理论,参考语义学的最新研究成果和发展趋势,结合传统的语义学研究成果和一些汉语语义分析的重要实例,讲述语义学的基本概念、基本理论和基本分析方法。本教材主要分为语义知识的缘起、词汇语义、句法语义、篇章语义、语用语义、语义演变等六大部分,共十三讲。

本书的编写参考了国外一些经典的语义学著作和教材,对各种新的理论、分析方法尽可能选择较为可靠的论题和论点编入教材。在语义学理论流派分歧的选择上,本教材比较偏向于传统的语义分析和认知的语义分析,基本没有涉及形式语义学的内容。我们考虑在未来修订时,适当地补充形式语义学的内容。在语言理论框架的参照上,偏结构和功能语言学一些,但在句法和语义关系的讲解上,也适当参考了生成语言学的观点。

在教学过程中,与历届选课的同学们多有讨论。最近几年的小班教学模式也让师生受益匪浅,提出并探讨了很多有意思的问题,部分重点和难点讨论的心得也在教材中有所反映。

本书的完成首先要感谢教材立项申报时陈跃红先生的帮助。感谢课程助教研究生雷蕾,她为整理讲义做了大量的工作。感谢北京大学出版社杜若明和王飙两位先生的推荐和督促。特别要感谢本书的责任编辑崔蕊博士,她以专业的水准和严谨勤恳的态度,指出了不少问题并进行了很多斧正。当然本书存在的错误和缺憾完全应由本人负责。

语义分析的中西结合目前这个面貌还尚属初步,未来还有很长的路要走。本书涉及的问题较多,在论题、论点、例证的取舍和阐述等方面难免会有不少错漏之处。本人也希望从读者那里获得一些中肯的意见,以为将来的修订和完善提供重要的参考。

叶文曦

2015 年 7 月于北京大学人文学苑

目 录

第一讲　绪论：语义和语义学 ………………………………………… 1
1.1　语义和语义学 …………………………………………………… 1
1.2　语义研究的历史和流派 ………………………………………… 7
1.3　几组重要概念和语义研究的评价标准 ………………………… 12

第二讲　语言、思想和现实 …………………………………………… 15
2.1　语义三角模型和语言编码 ……………………………………… 15
2.2　指称和涵义 ……………………………………………………… 20
2.3　隐喻和换喻 ……………………………………………………… 25

第三讲　词汇语义分析 ………………………………………………… 35
3.1　语义的基本单位和语义对立 …………………………………… 35
3.2　语义特征 ………………………………………………………… 42
3.3　语义场的分析 …………………………………………………… 43
3.4　词汇语义关系 …………………………………………………… 48
3.5　语义分类和语义组配的分析 …………………………………… 52
3.6　衍推和预设 ……………………………………………………… 60

第四讲　语义范畴的层级结构 ………………………………………… 68
4.1　认知语义和语义范畴的层级结构 ……………………………… 68
4.2　汉语中抽象级语义范畴的鉴别 ………………………………… 74
4.3　关于语义范畴层级的进一步说明 ……………………………… 75
4.4　汉语的一条语义编码公式 ……………………………………… 76

第五讲　语义格和句子的语义结构 ······················· 82
- 5.1　"场景"和语义格 ···································· 82
- 5.2　汉语的语义格分析 ································ 89
- 5.3　语义格、动词配价语义和句子的语义结构 ········ 96
- 5.4　语义和论元结构 ···································· 99
- 5.5　致使的语义分析 ··································· 103
- 5.6　作格性的语义分析 ································ 105
- 5.7　中动的语义分析 ··································· 111

第六讲　体和情状类型 ···································· 115
- 6.1　"体"和时间语义 ··································· 115
- 6.2　汉语"体"的语义分析 ······························· 117
- 6.3　情状类型、动词语义和句子语义 ················· 120

第七讲　空间的语义分析 ································ 128
- 7.1　空间和介词、动词的语义分析 ···················· 128
- 7.2　位移事件的语义分析 ······························· 136

第八讲　主观性和情态 ···································· 143
- 8.1　主观性和语义结构 ································· 143
- 8.2　情态的语义分析 ···································· 146

第九讲　话题、指称和语境 ······························ 155
- 9.1　话题和语篇的语义分析 ···························· 155
- 9.2　语境、话题和指称 ································· 158
- 9.3　"可识别性"及其实现 ······························· 163
- 9.4　对"可识别性"的进一步分析 ······················· 166
- 9.5　语篇中指称的语义分析 ···························· 168

第十讲　信息结构 ··· 176
- 10.1　关于信息结构 ····································· 176
- 10.2　主位和述位 ·· 180
- 10.3　信息结构和句法形式 ····························· 182

  10.4 焦点的语义分析 ································· 185

第十一讲 言语行为和会话含义 ······················ 193
  11.1 言语行为 ······································· 193
  11.2 会话含义和语用推理 ··························· 199

第十二讲 语气的语义分析 ····························· 206
  12.1 语气和语气的主要类型 ························ 206
  12.2 对主要语气类型的分析 ························ 208
  12.3 对次要语气类型的分析 ························ 214

第十三讲 语义演变和语法化 ·························· 219
  13.1 关于语义演变 ·································· 219
  13.2 语法化的一般原则 ····························· 221
  13.3 语法化和语义演变的规律性 ·················· 224
  13.4 一些著名的语法化规则 ························ 227
  13.5 汉语语义演变的一个实例分析 ··············· 231

第一讲　绪论：语义和语义学

1.1　语义和语义学
1.2　语义研究的历史和流派
1.3　几组重要概念和语义研究的评价标准

1.1　语义和语义学

1. 语义和语义的各种层面

什么是语义？语义指语言的意义，是语言形式对现实世界进行编码时所对应的内容。这里所谓的"内容"，常可表现为一个语码的序列。例如"猫"这个词，它的形式 māo 对应于这样的意义内容："哺乳动物，面部略圆，躯干长，耳壳短小，眼大，瞳孔随光线强弱而缩小放大，四肢较短，掌部有肉质的垫，行动敏捷，善跳跃，能捕鼠，毛柔软，有黑、白、黄、灰褐等色。种类很多。"（《现代汉语词典》第6版）人们使用语言进行互动交际时，起始点是语义，要为语义找到匹配的语言形式；终结点也是语义，要从语言形式识解出相应的意义内容。

对同一个语码所含的意义，界定也可以很简单，如"猫"还可以释义为："一种家畜，面呈圆形，脚有力爪，善跳跃，会捉老鼠。"（《新华字典》第10版）有的场合界定会冗长复杂一些，如："猫：动物名。学名 *Felis domestica*。哺乳纲，食肉目，猫科。趾底有脂肪质肉垫，因而行走无声。性驯良。行动敏捷，善跳跃。喜捕食鼠类，有时亦食蛙、蛇等，品种很多。欧洲家猫起源于非洲的山猫（*F. ocreata*），亚洲家猫一般认为起源于印度的沙漠猫（*F. ornata*）。"（《辞海》1999

年版)

以上对"猫"的定义只是三本权威词典的释义,显然也只是"猫"的语义的一个局部,但是已经可以看出,意义内容具有开放性、多层面性,而意义的标准也多有变化。

语言的意义内容是庞大而复杂的,可以区分为多个不同的层面,如英国语言学家利奇(Leech)的《语义学》(1987:33)把意义区分为以下七种类型。(1)理性意义(或意义):关于逻辑、认知或外延内容的意义;(2)内涵意义:通过语言所指事物来传递的意义;(3)社会意义:关于语言运用的社会环境的意义;(4)情感意义:关于讲话人/写文章的人的感情和态度的意义;(5)反映意义:通过与同一个词语的另一意义的联想来传递的意义;(6)搭配意义:通过经常与另一个词同时出现的词的联想来传递的意义;(7)主题意义:组织信息的方式(语序、强调手段)所传递的意义。如果更深入地描述"猫"的意义,上述七种类型的意义都会涉及,而词典上提供的主要是第(1)(2)两种类型的意义。

"意义的意义"是一个经典的问题,当代语义学的分析主要考虑以下一些主题(克里斯特尔,2000:218,meaning(ful)条):(1)如果语言为一方,说话人及其语言以外的实体、事件、状态等为一方,强调两者之间的关系,区分为指称义、描写义、外延义、事实义和客观义;(2)如果强调语言与说话人心理状态之间的关系,从个人的、感情的方面,区分为态度义、情感义、内涵义、感情义和表情义,从知识的、事实的方面,区分为认知义和概念义;(3)如果强调语言外情景的变化如何影响语言的理解和解释,区分为语境义、功能义、人际义、社会义和情景义。

在语言学内部,语言学各平面对句子完整释义的作用常称作该平面的"意义",主要区分为词汇意义(即词项的意义)和语法意义(即语法结构的意义)。

从语言单位的大小的角度,还可以区分出语素义、词义、词组义、句子义和篇章义等。

2. 语义学的研究对象和学科分支

语义学是理论语言学的一个分支,也叫理论语义学,它研究语言意义的结构规律和演变规律。语义学的终极目标,是解决意义的生成问题,即,对由有限的意义初始成分生成出无限多的意义内容的机制做出解释和说明。语义的结构是对语义内容的抽象,或者说是语义内容的"骨架"。它表现为两种形式:语义聚合和语义组合。例如"猫"与其他动物构成一种语义上的聚合,"猫捉住了老鼠"这个句子中包括"猫"在内的各个成分的语义角色及其相互关系构成一种语义组合。语义演变的规律主要研究语义历时变化的起因、方式、途径和目的,以及语义演变和语法的关系等。例如对汉语处置义语义演变的研究,有助于弄清"把"的句法语义功能,从而更好地说明相关语法格式的语义结构。

在学科分支上,语义学可以分为描写语义学和历史语义学,前者是从共时静态的角度对语义现象和语义结构做出描写和解释,后者则是从历时动态演变的角度说明和阐释语义是怎样演变的。从语言单位的大小和层次的角度,语义学可以分为词汇语义学、句子语义学和篇章语义学。今天的词汇语义学与传统的词汇语义学在理论和研究方法上差别都较大。虽名"词汇语义",其实它已成为透视词组语义或句子语义的重要窗口。语义学还可以有个别语义学和理论语义学之分。一般所说的语义学是指理论语义学。个别语义学也可以叫作具体语义学,它研究个别语言的语义问题,如汉语语义学和英语语义学。理论语义学建立在个别语义学的基础之上,可以用来指导个别语义学;个别语言的语义分析可以以理论语义学为参照系来进行,并对理论语义学的研究有所反馈。

3. 语义研究的现状

在理论语言学的框架中,相对音系学和句法学而言,语义学的研究水平相对薄弱。所谓薄弱,是指语言学家目前对语义的结构规律和演变规律的认识是很不充分的。这种现状与语义在语言系统中的地位以及信息时代对语义知识的需求是不相称的。从语言的交际功能看,语义既是出发点,又是落脚点,语音和语法都只是表达语义的工具和方式,因此语义研究本应成为语言研究的中心。中国传统的小学就是以研究意义为中心的,这与印欧语系语言的研究传统有很大的不同。现在,国际上已有一些学派从不同角度探索语义和语法的相互关系及其制约词语搭配的普遍性原则,这是语言学发展的一个重要趋势。

造成语义研究相对薄弱的原因是多方面的。首先,语义内容主观性较强,语义层面较多。与语法和语音相比,人们在把握语义的时候往往缺乏严格的、容易操作的标准和分析程序,这跟语义的连续性这一本质特点有密切的关系。人们对连续性往往会有不同的切分和认识,从而造成对语义认识上的主观性和变异性。另一方面,由于现实世界是纷繁复杂的,层面难以分辨,投射于语言的语义层面,也势必造成语义层面的繁杂性。人们对现实世界的认知,在交际过程中对语言的使用,对百科知识的掌握,无一不跟语义相关。语义的这种繁杂性给研究者带来了许多难以克服的困难,往往使研究者不得要领。

其次,现代语言学中的"形式中心主义"也是导致语义学发展滞后的一个重要原因。现代语言学从结构语言学开始就走上了形式中心主义的道路,在语言理论框架中,语义的地位是附属的,没有成为语言学家首要考虑的对象。布龙菲尔德(Bloomfield)和乔姆斯基(Chomsky)的理论是形式中心主义的典型代表。布氏认为,"在语言研究中对'意义'的说明是一个薄弱环节,这种情况一直要持续到人类的知识远远超过目前的状况为止"。他还认为,"只有当某个言语形式的意义在我们所掌握的科学知识范围以内,我们才能准确地确定它的意义"。布氏坚持行为主义的意义理论,排斥对意义的主观解释,强调语言研究中必须坚持形式原则而不是意义原则。乔姆斯基虽然驳斥了行为主义的语言观,主张语言研究中的心理主义,但对研究意义的态度并没有实质性的改变,依旧坚持"句法中心主义"。两者的共同点在于都坚持把语言研究的核心限于纯形式的范围,都坚持在一个极小的范围内来研究语义。20世纪语言学方法论的核心就是结构主义的同质化运动,特点是不正面回答和解决意义问题,以保证研究的可证实性,导致牺牲了意义,缩小了语言研究的范围。

中国有悠久的语义研究传统,以"字"为核心的训诂语义研究在19世纪达到了很高的水平,20世纪的汉语语义研究也取得了很大的成就。但是,存在的问题也是明显的。一方面,对汉语悠久深厚的语义研究传统缺乏理论上的总结和提炼,汉语事实内部蕴含的具有普遍理论意义的语义结构规律和演变规律也未能得到充分阐发。另一方面,对不同语言研究传统的语义研究方法和成果综合考虑不够,没有很好地考虑语言共性和语言个性的关系。中国传统的语义研究的内容和范围跟现代语义学关注的问题关系不大,例如指称语义理论、题元语义理论、焦点语义理论和量词辖域理论,汉语传统的研究都没有涉及。运用现代语义学的理论和方法分析和解释汉语的语义问题,有时会有削足适履之感。另外,语音和语义关系的研究传统是本土的,而语义和句法关系的研究传统是西方外来的,中西两大传统如何实现会通融合,值得深入探讨。还有,中国传统语义研究的侧重点在于词义,这跟汉语的结构本位有关;但从世界语言学发展潮流看,语义学研究正在向纵深发展,对语义搭配组合研究水平的要求愈来愈高。如何从比较完备的词义研究过渡到词组义、句义以及篇章义的研究,是今天汉语语义学需要认真探索的重要课题。

中西语言研究传统的不同,很自然地会影响学者们对汉语结构及相关语义编码方式的研究方法。语言结构个性不同,相应的语义编码方式也会有所区别。不同语言在语义编码上的个性差异,从更高层面即语言共性的角度看,都是互补的。这种互补是我们建立会通的、具有广泛概括力的语义理论的重要前提。因此,努力从汉语语义研究传统和汉语事实中总结和构建理论,一定会对普遍语义理论做出贡献。

4. 改进语义研究的途径和方法

汉语语义研究的历史和现状要求我们重新思考提高语义研究水平的途径和方法。首要的一个问题是材料问题,即我们用什么样的材料来阐述语义理论,有哪些重要的材料或事实需要说明和解释。建立语义理论需要丰富的材料作为基础,以往的研究涉及的材料较为单薄。材料大体上可以从古今中外这四个方面来搜寻。

先说汉语的材料,就一般语料来讲,从上古到今天都极为丰富和完备。需要特别强调的是,汉语很早就有很完备的字书,这是前贤为我们整理得非常好的材料,可惜直至今天,这些材料都没有得到很好的利用。比较重要的字书有以下一些:《尔雅》《方言》《说文解字》《释名》《广雅》《一切经音义》等。其中,前五部字书清人都有非常好的注疏,如郝懿行的《尔雅义疏》、段玉裁的《说文解字注》、王念孙的《广雅疏证》等。除此以外,我们还有许多诸子典籍的注疏,如《十三经注疏》等。这些字书和注疏,可以帮助我们总结出中国古代语言学家的语义理论,了解古代汉语的语义系统及其向现代汉语语义系统演变的大致趋向,勾勒出一部汉语的语义发展史,为建立今天的语义理论提供重要的参考。

现代也有很多可以直接使用的、整理得非常好的材料,如《现代汉语词典》《汉语大字典》《汉语大词典》《辞源》等。需要注意的是,在研究时切忌把古今材料割裂开来考虑,需要的是古今沟通的眼光。如果我们发现古今的材料在理论上有极大的一致性,那么我们就应当把这种一致性用理论的方式表示出来;如果我们发现古今的材料在理论上不相合,那么也应当从发展的角度对这种现象做出合理的解释。

以上列举的材料虽然主要局限于词义的研究,然而这是研究汉语语义问题的首要材料。当然,仅使用上述材料是不够的。为了研究句义和篇章义,我们有必要进一步考察字或词在句子或语篇中的实际出现环境。因此,好的、完备的汉语语料库也是重要的材料。

语言对比和语言类型学也可以为语义研究提供很大的帮助。在努力利用和钻研汉语材料的同时,我们也需要较好地利用外语材料和语言类型学的材料。以英语为例,除了一般的语料和语料库以外,还积累了许多重要的、现成的材料,如《牛津大词典》《韦氏大词典》《牛津英语词源词典》《罗杰斯英语分类词典》等。

如果把古今中外的材料进行综合、比较,我们就有条件充分研究语义的个性和共性,进而发展有深度的语义理论。

关于语义的研究方法,在中西结合、古今沟通方面,前贤曾创造过良好的范例。杨树达(1953)曾这样总结他自己的研究方法:"第一,受了外来影响,因比较对照有所吸取。第二,思路广阔了,前人所受的桎梏,我努力挣扎摆脱他,务必不受他的束缚。第三,前人之做证明《说文》的工作,如段玉裁、桂馥皆是,我三十年来一直做批判接受的工作。第四,段氏于《说文》以外,博涉经传,所以成绩最高,其余的人大都在文字本身兜圈子。我于经传以外,凡现代语言及其他一切皆取做我的材料,故所涉较广。第五,古韵部分大明,甲文金文大出,我尽量地利用它们。第六,继承《仓颉篇》及《说文》以来形义密合的方法,死死抓住不放。"杨树达先生的研究为今天的汉语语义研究提供了有益的启示。立足于汉语的语义研究传统,结合西方的语义理论而不为其所桎梏,一定会创造出有解释力的理论条例。

1.2 语义研究的历史和流派

1. 语义研究的历史

语义研究的历史大体可以分为三个阶段,即语文学时期的语义探索和训诂语义研究、传统语义学以及现代语义学。早期的语义探索主要有两个方面:一是与哲学有关的对语义的认识,如对音义关系的认识;二是从训解古代经典的实践中总结出的对语义的认识。古希腊先哲们的语言学思想可从两组相对立的学说来了解(罗宾斯,1987:21),这两组对立的学说涉及了语言学中最基本的问题:

表 1-1 古希腊两组对立的语言学说

	音义关系	语言结构	代表人物
本质说(规定说)	有理据		斯多葛派
习俗说(约定说)	任意的		亚里士多德
类比说(规律论)		规则性	亚里士多德
变则说(非规律论)		不规则性	斯多葛派

亚里士多德认为,语言是约定的,因为没有一个名称是按本质产生的。而斯多葛派依据拟声和声音象征这样的事实,认为名称是按照本质形成的,最初的声音就是模仿所称呼的事物。他们的词源研究把重点放在词的"原始形式"或"最初的声音"上。伊壁鸠

鲁(公元前341—前270年)则持中间立场,认为词的形式是按本质产生的,但又因约定而发生变化。类比论者所追求的规律性分两个方面:一是语法特性相同的词的形式变化的规律性,包括这些词形具有的相同的形态属性和重音结构;二是形式和意义联系的规律性。变则论者否定一词一义的等式论,认为词的意义不是孤立存在的,意义可以根据词的不同搭配而有所不同。

与现代语义学有密切关联的是亚里士多德的"范畴说"。在他的体系里,建立了"实体"和"实质"这两个概念的对立:实体(substance)—偶有(accidents);实质(matter)—形式(form)。亚里士多德区分了十大范畴,即实体、数量、性质、关系、何地、何时、状况(所处)、所有(情景)、动作和承受(被动)。他还将世界万物运动变化背后的原因归纳为质料因、形式因、动力因和目的因。亚里士多德的学说对西方哲学、语法和语义研究的影响是深远的。

中国先秦有名学的研究,荀子、墨子和公孙龙子的学说是代表。关于名实关系和范畴理论,荀子的《正名篇》中有以下几个要点。(1)范畴分层次或大小。"故万物虽众,有时而欲遍举之,故谓之物。物也者,大共名也。推而共之,共则有共,至于无共然后止。有时而欲偏举之,故谓之鸟兽。鸟兽也者,大别名也。推而别之,别则有别,至于无别然后止。"(2)名实关系约定俗成说。"名无固宜,约之以命。约定俗成谓之宜,异于约则谓之不宜。名无固实,约之以命实,约定俗成谓之实名。"(3)制名以指实的途径。"然则何缘而以同异?曰:缘天官。凡同类、同情者,其天官之意物也同,故比方之疑似而通,是所以共其约名以相期也。……然后随而命之:同则同之,异则异之,单足以喻则单,单不足以喻则兼。"从源流上看,中国语义研究的传统与西方差异较大,这提示我们,应该对汉语的特点做深入的发掘,以发现汉语自己的语义规律。

西方早期整理荷马史诗的工作虽然涉及语法、语义问题,但在语言学史上并无明确的、重要的提及。与之相比,围绕训解古代典籍而形成的中国训诂学形成了一套完整的方法,即"因声求义"说。王念孙在《广雅疏证·序》中说:"窃以训诂之旨,本于声音,故有声同字异,声近义同。虽或类聚群分,实亦同条共贯。譬如振裘必提其领,举网必挈其纲。……今则就古音以求古义,引申触类,不限形体。"后来章太炎、王国维、杨树达、沈兼士等学者在训诂语义研究上做出了很大的贡献。

今天 semantics 这个术语最早可追溯至 1893 年法国语言学家布雷阿尔(Michel Bréal)所使用的 sémantique 这一术语,其中 sema 是布氏借用的希腊语的词根,意思即"符号"。布氏于 1897 年出版了《语义学探索》一书,从这个时间到 20 世纪 30 年代初的语义研究可称为传统语义学。传统语义学主要研究以下一些问题:(1)什么是意义;(2)词义、语音和客观世界三者之间的关系;(3)词义与概念之间的关系;(4)词义的演变;(5)词义的色彩;(6)多义词、同义词和反义词;(7)词典编纂的理论和实践。

奥格登(Ogden)和理查兹(Richards)的《意义之意义》是传统语义学的一部代表作。该书区分了十六种不同的意义(mean/meaning),以下是其中的几条(克里斯特尔,1995):

> John means to write.(意图)
> Health means everything.(表示)
> His book was full of meaning.(特别重要)
> What is the meaning of life?(观点、作用)
> What does 'capitalist' mean to you?(传达)
> What does 'cornea' mean?(现实所指及内涵)

最后一种用法较接近现代语义学中语义的概念。

从现代语义学的角度看,传统语义学研究存在两个方面的局限:一是缺乏明确的系统意识,原子主义倾向明显,虽不乏精彩研究个案,但有概括力的理论原则少见,研究的系统性落后于语法和语音的研究;二是研究集中于词义,对语义组合及句义的研究涉及较少,意义研究的深度和广度不够。

现代语义学于 20 世纪 30 年代初兴起,标志是德国语言学家特里尔(Trier)提出了语义场理论。这个理论借鉴了索绪尔(Saussure)结构语言学的理论和方法,明确将意义看作一个系统来加以研究,逐步形成了结构语义学派,代表人物是特里尔和英国语言学家乌尔曼(Ullmann)。用语义场理论对词义系统进行描写取得了一些成效,如亲属词语义场和颜色词语义场的研究。在语义场研究的基础上,语义学家借鉴音系学的分析方法,像对音位进行区别特征分析一样,对词义的义项做进一步的语义特征分析,形成了语义成分分析法(或叫义素分析法)。这种方法对清晰地描写词义结构关系很有帮助。

现代语义学注重对词组义和句义等组合义的分析和解释。这涉及"语义合成"这个经典问题。早在19世纪末弗雷格(Frege)就提出了著名的"语义合成原理",即"一个复合表达式的意义就是它的各个部分的意义的一个函项"。这个原理带有明显的数学色彩。意义的合成问题显然是高度复杂的,数学式的描述只是其中的一种研究方法。对语义组合的研究,不同语言学流派联系语言的结构提出了各自的方法和理论,今天的形式语言学、功能语言学和认知语言学等都对语义组合研究有所贡献,一方面形成了生成语义学和认知语义学等语义学流派,侧重从语言结构本身以及认知的角度研究语义;而另一方面,与弗雷格的方法一脉相承,形成了逻辑语义学和蒙太古语义学,侧重用逻辑特别是数理逻辑的方法研究语义。以上理论模式都与句法和语义关系的研究密切相关,这是今天语义学研究的一个核心问题。

2. 语义研究的流派:指称论和表征论

接续语言研究和逻辑哲学研究的传统,今天的语义学研究中有指称论和表征论两大理论流派(Saeed,2000,吴一安导读:F21—F23)。

指称论,也称为外延论,强调语言和现实之间存在着直接联系,把词语与其所指称事物之间的指称关系看作意义。指称论者认为,词语有意义,是因为它常常用来指称事物。具体词语所指事物构成不同的事物类别,例如,"猫"指的是世界上全部的各种各样的猫,它们构成"猫"的外延,形成"猫"这个类别。许多学者对指称论提出异议,原因主要有三个:第一,语言中有些词语没有指称对象,如"独角兽";第二,不同的词语常可以指称同一个事物,意义的内涵要比指称意义丰富得多;第三,与指称相关,很多自然语言的语义表达与逻辑语义上的"真实"(truth)无关。另外,语言中并不是所有词语都具备指称功能，例如虚词，它们的功能多服务于语句内部句法关系的构建以及语用的表达，而不指称外部世界的某一实体。还有一些词语，虽有指称功能，但其指称与语用关系密切，如"我""这里"和"现在"的指称随语境的不同而不同。

表征论强调对心理表征（mental representation）的研究。系统意义（或涵义（sense））构成词语与现实世界之间的一个层面，可以称为心理表征。词语之所以具有指称事物的功能，是因为它们与系统意义有密切关系。尽管指称是语言的重要功能，然而证据显示，相比简单的所谓"表指"（denotation），语言有更多的意义（meaning）。这里增加的额外的维度就是系统意义。对心理表征的解析涉及两个关键概念，即"意象"（image）和"概念"（concept）。先说意象，可以假定它与真实世界中实体的关系是一种相似。意象可以有变体，不同的说话者会依靠他们的经验而对相同的事物构建不同的意象，很难设定一个把一类事物（如三角形）的共有特征都整合起来的唯一的意象。于是，需要对意象理论进行修正，假设存在概念这个更为抽象的成分，可以用来处理事物的非可视特征，这些特征使"狗"成其为"狗"，也使"民主"成其为"民主"。同理，也可以对三角形做出命题式的定义。有学者评论，像萨丕尔（Sapir）那样认为意义是"思想的一个方便的包装"并不能解决问题，用"概念"取代"意义"也解决不了问题。因此，倾向于表征方法的语言学家建立了概念结构模型，作为语义学的基础。今天对概念结构的研究主要分为连接论和典型论两大理论。前者建立了网络状的概念等级（conceptual hierarchies）模型来描述概念之间的关系；后者建立了语义范畴等级，分为基本级、上位级和下位级，认为各层次概念的实用性和所含信息量不等，其中基本级在认知上最为重要。

从语义的本源看，它派生于语言、思想和现实三者的互动关系，而表征论的研究会不断地拓深我们对相关认知语义机制的认识，有希望成为中西语义研究会通的理论基础。

1.3 几组重要概念和语义研究的评价标准

本小节首先介绍有关语义学的几组重要概念(Lyons,1977；Saeed,2000)。

语义学和符号学(semantics and semiotics)。语义学区别于句法学和语用学。美国哲学家和行为语义学家莫里斯(Morris)系统地发展了符号学，明确提出了符号学的三大分野：语义学(semantics)研究符号和其指示的对象之间的关系；语形学(syntactics)研究符号相互间的形式关系；语用学(pragmatics)研究符号和解释者之间的关系。今天的语义学呈现出独立于符号学的倾向。我们采用较广义的语义学概念，即包括语用义研究的语义学。

语言语义学和非语言语义学(linguistic and non-linguistic semantics)。前者指从语言学的角度，或联系语言的结构对意义的研究，强调语义在语言框架中的地位；后者指从哲学、逻辑、心理、社会等角度对意义的研究。

指称意义和系统意义(reference and sense)。指称意义强调语言单位和所指的现实世界中的具体实体之间的关系，而系统意义(涵义)强调不同语言成分在语言系统中的语义区别、对立和关联。

语义学和语用学(semantics and pragmatics)。语义学关心的是独立于语境或特别用法的意义，主要研究字面意义。语用学研究依赖于语境的意义，或超越字面的非字面意义。广义的语义学也包括语用学研究的意义。判断意义是否属于语用学研究的范围，有以下几条标准：(1)是否考虑了发话人和受话人；(2)是否考虑了发话人的意图或受话人的解释；(3)是否考虑了语境；(4)是否考虑了通过使用语言或依靠语言而施行某种行为。

字面意义和非字面意义(literal and non-literal meaning)。字面意义指的是，说话者以一种中性的(neutral)、事实上准确的方式来说话时所产生的意义。非字面意义指的是，说话者用一种不真实的或看似不可能的词语来自由地描述事情以获得某种特别的效力,是对字面意义的超越。

句子、话段和命题(sentence, utterance and proposition)。句子是从话语中提取的抽象的句法成分或句法单位。话段是言语中的真实片断,例如,两个人说同一个句子,可以视为两个话段。命题是对语言中陈述句语义的逻辑抽象,关注的主要是函项(对应于动词)和论元(对应于主语和宾语),而不关注其他的语法成分,如动词词尾和冠词等。

语义研究的成效可参考以下六条评价标准:(1)是否对解决传统语义研究的难题有帮助,如语义的循环定义问题、词义定义的准确性问题,以及语境中具体语句意义的确认方法问题等;(2)是否对认识语言结构和语言分析的基本结构单位有直接的帮助;(3)是否对认识语言结构的其他层面有帮助,其研究成果是否有助于音系学、句法学、构词学和篇章学的进步;(4)从一种语言中发现的语义规律是否对别的语言的语义研究有所启发;(5)是否对认识人类的认知思维机制有帮助;(6)是否对人工智能和计算机处理自然语言有帮助,其研究成果可否供哲学、逻辑学、心理学等其他相关学科参考利用。

参考文献:

奥格登 C.K.,理查兹 I.A.,1923,《意义之意义——关于语言对思维的影响及记号使用理论科学的研究》,白人立,国庆祝译,林书武校,2000,北京:北京师范大学出版社。

陈保亚,2009,《当代语言学》,北京:高等教育出版社。

弗雷格 G.,1994,《弗雷格哲学论著选辑》,王路译,王炳文校,北京:商务印书馆。

Goldberg, A. E.,1995,《构式:论元结构的构式语法研究》,吴海波译,2007,北京:北京大学出版社。

吉拉兹 D.,2013,《欧美词汇语义学理论》,李葆嘉,司联合,李炯英译,北京:世界图书出版公司。

贾彦德,1999,《汉语语义学》,北京:北京大学出版社。

蒋　严,潘海华,1998,《形式语义学引论》,北京:中国社会科学出版社。

克里斯特尔 D.,1987,《剑桥语言百科全书》,方晶等译,1995,北京:中国社会科学出版社。

克里斯特尔 D.,1997,《现代语言学词典》,沈家煊译,2000,北京:商务印书馆。

利奇 G.,1981,《语义学》,李瑞华等译,1987,上海:上海外语教育出版社。

罗宾斯 R. H.,1979,《语言学简史》,上海外国语学院外国语言文学研究所译,1987,合肥:安徽教育出版社。

莫里斯 C.,1946,《指号、语言和行为》,罗兰,周易译,1989,上海:上海人民出版社。

萨丕尔 E.,1921,《语言论》,陆卓元译,陆志韦校,1985,北京:商务印书馆。

徐烈炯,1995,《语义学》,北京:语文出版社。

亚里士多德,工具论,载苗力田主编《亚里士多德全集》第一卷,1990,北京:中国人民大学出版社。

杨树达,1953/1983,《积微居小学述林》,北京:中华书局。

叶文曦,2002,中国二十世纪的语义研究,载林焘主编《二十世纪中国学术大典》(语言学卷),福州:福建教育出版社。

Fauconnier, G., 2008, *Mental Spaces*. 世界图书出版公司/剑桥大学出版社。

Haiman, J., 1985, *Natural Syntax*. Cambridge: Cambridge University Press.

Jackendoff, R., 1990, *Semantic Structures*. Cambridge: The MIT Press.

Lakoff, G., 1987, *Women, Fire, and Dangerous Things: What Categories Reveal about the Mind*. Chicago: The University of Chicago Press.

Langacker, R., 1987, *Foundations of Cognitive Grammar*. Cambridge: Stanford University Press.

Lyons, J., 1977, *Semantics*, Vols. I & II. Cambridge: Cambridge University Press.

Lyons, J., 1996, *Linguistic Semantics*. Cambridge: Cambridge University Press.

Maienborn, C., K. V. Heusinger & P. Portner, 2011, *Semantics: An International Handbook of Natural Language Meaning*. Berlin: De Gruyter Mouton.

Pustejovsky, J., 1998, *The Generative Lexicon*. Cambridge: The MIT Press.

Saeed, J. I., 2000, *Semantics*. 北京:外语教学与研究出版社。

Sweetser, E. E., 1990, *From Etymology to Pragmatics—Metaphorical and Cultural Aspects of Semantic Structure*, 2002, 北京大学出版社/剑桥大学出版社。

Talmy, L., 2000, *Toward a Cognitive Semantics*. Cambridge: The MIT Press.

Traugott, E. C. & R. B. Dasher, 2002, *Regularity in Semantic Change*. Cambridge: Cambridge University Press.

第二讲　语言、思想和现实

2.1　语义三角模型和语言编码
2.2　指称和涵义
2.3　隐喻和换喻

2.1　语义三角模型和语言编码

1. 语义编码和语言编码

语义知识的缘起,涉及语言对外部世界的编码,或者说,涉及语言、思想和现实三者之间的关系。意义从何而来?不同理论、不同学科会有不同的回答,因此也会产生各种各样的意义理论。在语言学中,意义来自语言、思想和现实三个层面的交互作用,意义跟语言的结构以及语言的编码机制密切相关,是所谓"语言语义学"(linguistic semantics)的研究对象。跟其他学科诸如哲学、心理学等对意义的研究不同,语言学对意义的研究特别需要考虑意义跟语言结构的关联,特别要研究语义和语法结构、音系结构之间的关系。

谈到语言,它是表达意义的符号系统,是一种反映现实的编码体系,必须涉及语言符号的载体,即语音问题。语音和意义的生发有密切的关系。索绪尔认为,语言符号的两面即能指和所指都是心理上的东西。"能指"即音响形象,"所指"即概念,音和义如此关联。索绪尔进一步说明了差异在结构模型中的重要作用,在能指和所指上均存在差异。差异是双向的,概念与概念的差异,音响跟音响的差异,导致符号和符号的差别。音和义发生关联时,有普通和非普通的差别。语言有拟声问题,这样的拟声似乎是一种直接的反映,语音的一些音响跟外部世界有近似的关系。但这并不是主流,主流在于音和义结合的关系是可以类推的,概念与概念也存在关联。

语言编码的总原则是,用适当的语言形式清楚地表达意义。语言编码主要有两个方面的任务:一是处理语言形式和语言意义之间的关系问题;二是处理语言意义和现实世界之间的关系问题。后者可以说是语义编码问题。语言编码总的趋势是追求一个形式对应一个意义,但在编码过程中会有很多复杂的情况和问题,其根本原因是,在历史发展过程中,语言形式和语言意义都容易发生变转。

意义就是从音与义的关联中派生出来的。在概念或所指层面,有专有名词这样的概念,例如"北京大学"这个名称,专门代表一个实体;也有单名这样的概念,例如"笔",反映的是一类现象。在音义结合时,单名和通名在概念上会有不同的问题。比如"北京""中国的首都""华北最大的城市"所指是一样的,是同样的现实现象,但内涵上有较大的区别,涉及现象的不同层面。在研究语义时,一定要跟语言结构模型结合起来。音响形象主要表现为分节的形式,比如音节,利用这样的单位构成能指形式。音与音之间的关联,义与义之间的关联,概念与概念之间的关联,不同语言表现是不一样的。

2. 语义三角模型

奥格登和理查兹《意义之意义》一书提出了语义三角,它是语言编码的一个经典模型,统合了"思想或指称""记号"和"所指对象"三者之间的关系。图 2-1 是奥格登和理查兹(1923)书中的原样。图 2-2 是图 2-1 的汉语翻译。为方便讨论,我们在图 2-2 三角形的三个角上分别标上了(1)(2)(3):

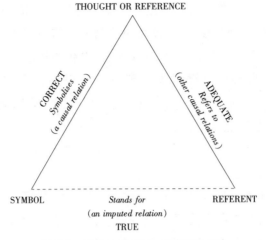

图 2-1 Ogden & Richards(1923:11)

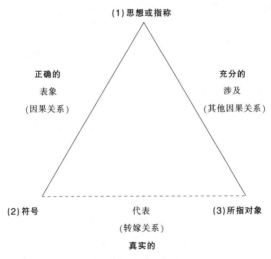

图 2-2 语义三角

上图有三个极点:(1)为思想或指称(thought or reference),(2)为符号(symbol),(3)为所指对象(referent)。(1)和(2)之间的关系为正确的表象(因果关系);(1)和(3)之间的关系为充分的涉及(其他因果关系);(2)和(3)之间的关系为真实的代表(转嫁关系)。

奥格登和理查兹认为,思想和符号之间有因果关系。我们说话时使用什么样的语符,部分是由我们所做的指称决定的,部分是由社会和心理因素决定的。这涉及我们做这种指称的目的,我们期望符号对其他人产生的影响,以及我们自己的态度。当我们听到一句话时,符号便使我们去进行一种指称行为,同时采用某种态度:根据环境,这种态度跟说话人的行为和态度大致相仿。

奥格登和理查兹认为,思想和所指对象之间也有一种关系,或是直接关系(就像我们想到或来到一个着色的表面时所看到的情况那样),或是间接关系(如当我们"想到"或"提起"拿破仑时)。在后面这种情况中,思想与其所指对象之间交织着的可能是很长一串符号情境:词——历史学家——同时代的记录——目击者——所指对象(拿破仑)。

奥格登和理查兹强调,在符号与所指对象之间,除了间接关系之外,没有任何有关的关系。这种关系表现在人用符号来代表所指对象,这就是说,符号和所指对象不是直接连在一起的(当出于语法的原因我们说有这样一种关系时,它仅仅是一种转嫁的而非真实的关系),而只是间接地由虚线把三角形的两边连起来。

进一步分析,符号与所指对象之间是一种间接的关系,例如,"杯子"是一个符号,它和所指对象不能直接发生关联,必须经过我们头脑的认知处理,即思想。又如"猫",也是在大脑中有了抽象的概念之后,才用它来指代客观世界中猫这种动物。符号指称所指对象时,选择什么样的语言形式也是有限制的,"猫"选择了一个音节,不能选择不成音节的形式。为什么如此?这里有语音心理感知方面的限制,编码问题由此产生。传统的语义学关心符号直接指称外部世界某一实体这样一种关系,属于早期比较幼稚的语义学。例如"看图说话"中,用猫的图片指代猫。我们成人对猫有些思考,表现为怎么样来分析"猫"的语义内容,怎么样派生编码,重要的是大脑如何思考或创造。这涉及命名的理据,不同语言会对猫有不同的命名理据,比如汉语对猫的命名与猫的叫声有关。

思想和符号之间存在因果关系,选择什么样的符号,与社会心理因素有关。社会心理因素不是随意的,存在限制和禁忌,因此会避开某些形式。比如给事物或孩子命名不是随意的,会反映出期望、喜兴或卑贱等心理。语言认知和功能的研究强调,人对事物的主观看法,特别是认知心理在构建符号和概念之间的关系当中起作用。主观性(subjectivity)在语义中留有痕迹,涉及行为、态度和思想，与语境、话段也相关。说话和命名不是简单的、客观的，有些符号特别是复合符号在表达概念的同时表达出了主观性。这在构词上会有反映，例如汉语中的儿化。思想和符号之间的关系不是简单、直接的关联。这里存在很多人的因素，所谓正确的表象或因果关系，是指选择符号表达思想、选择形式表达概念应该是恰当的。命名需要一些智慧，也需要语言社团的认可。

3. 符号编码的进一步分析

以上这些是简单的、单一的符号编码问题，其实还存在更复杂的情况。在奥格登和理查兹之前，美国哲学家皮尔士（Peirce）区分了 symbol，icon 和 index，这是三个不同层面的符号概念。语言中最常见的是 symbol，即象征。symbol 着眼于选择一个合适的形式对事物进行象征性的表达。形式和意义无关联，往往是形式用来象征它要表达的东西，例如，鼓掌可以表示欢迎。语言中大部分的符号都是这种性质，例如"书、笔、吃、看、高、小"等。有的象征更具有象征性，如"红"和"黑"。语言学里讨论得比较少的是 icon，即象似。如"淅沥沥"形容外面的雨声，就是一种 icon 的编码方式。index 就是征候，如听到雨声就知道下雨了，雨声与下雨有必然的关联；看到外面有强烈的电闪，就知道会有雷鸣，电闪和雷鸣也有必然的关系。任何事物都有自己的苗头，或者有其表征。如经过厨房，看见一只锅正在冒气，这是做饭的一个 index，打雷是下雨的 index。编码有时抓 index，只要抓住了 index，就可以进行编码。但在语言的编码上，对 index 的反映不及 symbol 多。为什么不能直接用语言反映 index？因为 index 只是事物的一部分，语言必须对事物的整体进行认知反映。通过听觉载体表现的 index 是有限的，以视觉或触觉载体进行 index 编码更方便、更典型一些。后两种符号的形式与事物本身有关系，比如 icon，形式和所指之间的联系存在明显的理据性。icon 常见的类型是同构型的，即形式的结构和外部事物的结构之间有一种映射的关系。典型的例子是地图。地图上不同地名之间的相对空间关系，映射不同真实地域之间的相对存在关系。但这种符号不能太多。语言当中的重叠式和连动结构，也可以视为一种象似关系编码，比如"掏出钥匙，打开了门，进了房间",语序象似真实世界中事件发生的时间顺序。

如何能够观察到符号对所指物的恰当反映？有些符号本身的特征能够提供线索,如复合词内部的构造理据就能够恰当地反映出它的所指:用"黑板"指称某一个所指物,是因为它是黑色的;用"粉笔"指称某一个所指物,是因为它是粉末做的。而有些符号和所指物之间的关系已经不清楚,如写字画图的工具,在汉语中为什么叫"笔",现在已经无从知道。但我们可以追溯,当时这么称名一定是有道理的,可以用历史词源学的方法去考证其理据。这种对能指和所指之间关系的看法与索绪尔是不一样的,索绪尔比较强调二者关系的任意性。

语言编码不可能一个形式只对应一个意义,因此存在大量的多义语素和同音语素。同音的问题,如说 shū,可以是"叔伯"的"叔",也可以是"输赢"的"输",还可以是一种粮食"菽"。这种同音形式涉及编码的问题,是不同符号的偶然同音。语言演变也产生了大量的同音字。汉语史上的"入派三声"就是一个典型的例子。入声韵的字和阴声韵的字原来读音不同,能保持形式上的区别;但是-p、-t、-k 入声韵尾消失以后,跟阴声韵合流,使得本来读音不同的字变成了同音字。

关于语义三角模型,还有很多问题值得探讨,如这个模型中没有区别理性意义和感情意义这两个层面。关于意义的层面,大家可以参考 Lyons、Leech 等学者的著作。

语义主要来源于思想、符号和所指对象之间的关系,涉及人类的认知。意义不是一个白板,人类大脑在语言和思想上具有创造性。实际上,我们在进行编码时,要遵循一些固定的轨道。这些轨道我们在后面会慢慢地揭示。

2.2 指称和涵义

本小节探讨与语义三角相关联的一个基本问题,即指称和涵义的问题。最初,主要是哲学家而不是语言学家关注这个问题,目的在于解释什么是意义(meaning)。有一派学者强调,名称通过指示或指称外界的事物而具有意义,一个名称的意义就是它所指示或指称的对象,两者存在对应关系,这是指称论。另一派则把名称看作词义,强调涵义问题。

1. 指称和涵义的区分

弗雷格在《论意义和意谓》(1892)①这篇论文中区分了"指称"(reference)和"涵义"(sense),认为一个名称的"指称"就是"被指涉的那个对象",而"涵义"则表明了"该对象被指涉的方式"。他举了两个例子来说明二者的区别。一个是等边三角形的例子:

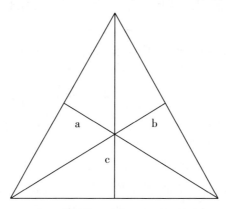

图 2-3 弗雷格区分指称和涵义的实例

图中,"a、b、c 为三角形中连接角与对边中点的直线,a 和 b 与 b 和 c 的交点为同一点"。这里,"a 和 b 的交点"与"b 和 c 的交点"这两个表达式的指称是同一的,而两者的涵义却不同。还有一个例子是金星,它在英语中可以叫 morning star(晨星),也可以叫 evening star(昏星),无论说哪一个,其指称都是金星,但涵义不一样。因此,弗雷格还强调,"Morning star is evening star"这样的陈述从指称的角度看是没有意义的,但是它带有信息内容,和涵义有关。

弗雷格还指出,有些名称只有涵义,而没有指称,如"那个学校的皇帝""法国当今的国王""离地球最远的那颗星体"。

---

① 也译为"论涵义和所指"。

从指称和涵义的角度，我们可以重新认识英国逻辑学家密尔（Mill）区分的专名和摹状词语之间的意义差别。如"伦敦"是专名，"英国首都"和"英国最大的城市"都是摹状词。这三个表达形式指称一样，但涵义是不同的，"英国首都"和"英国最大的城市"以不同于"伦敦"的指称方式，提供了关于一个城市的不同方面的信息内容。

　　弗雷格(1892)在考虑不同的语义层面时还从意义和指称的角度区别了以下三个层面：

　　（1）命题。命题的层面大致相当于句子的核心的一部分，命题主要与以下几个方面有关：意义、指称和真值。另外，命题意义与演绎推理有关，这是逻辑学要考虑的，但这里并没有考虑到具体的涵义的问题。

　　（2）专名（proper name）也有意义，也有指称，如"北京大学、北京市、爱因斯坦"，意义在这里有比较复杂的涵义。

　　（3）概念词，包括普通名词和空名，也有意义和指称。

　　在语义里要把专名和概念词区别开来；慢慢地我们还会发现，在句子的语义分析里代词要和其他的词区别开来，指示词要和其他的词区别开来，它们在意义上有重大的差别，在意义的分析上这些词的层面是不一样的。

　　这里我们再明确一下，到底怎样界定指称和涵义。指称有两种用法：一种是指与语言中一个词语相联系的外界的一个实体，但有些词没有明确的指称对象；还有一种是同一个对象可以是多个词语的所指，但它们不一定是同义词。我们经常把指称和涵义对举，指称是语言外的，而涵义是存在于语言内的一个语义关系系统，即如果你想了解涵义的话，必须从语言系统内部对它进行界定。这种界定可以是意义单位之间的聚合关系，也可以是搭配的组合关系，即可以从聚合和组合两个方面对一个涵义进行界定。比如汉语中的"红"，其涵义非常丰富、复杂：从聚合的角度看，它是不同于其他颜色的一种颜色；从组合的角度看，它有一些不同的、特别的意思。

2. 指称的分类

　　本小节进一步来分析一下指称的分类。以下分类和英语实例参考了 Lyons(1977:177—197),汉语中情况相近,不一样的地方我们会指出。

第一种是单数有定指称(singular definite),这是语言里最常见、最重要的一种指称。有定是语篇里的实现问题。所谓有定,指的是说话人和听话人在交际的时候知道某一个词指的是话语外的哪一个实体,如我说"这本书",你知道我说的是哪一本书。在语言里,单数有定指称主要实现为这样的几种语法表达形式:第一种是有定名词短语,比如"这本书",英语中有定已经语法化为定冠词the,如 the book;第二种是专名,如"北京大学、中华人民共和国";第三种是人称代词里的单数,如"你、我、他"。

第二种指称是跟真实(truth)和存在(existence)相关的指称。"The present king of France is bald"是一个经典的实例,这里 the present king of France 的指称是不存在的,这种自然语言的语句会导致很强的逻辑上的矛盾。因为 the present king of France 没有指称,所以后面的推理就没有办法进行下去了。这在哲学、逻辑学里是很大的问题。

第三种是有定的无指。无指是说没有具体的所指,在表达上可以这样说,但不知道它具体指称的对象。如"Smith's murderer is insane",听说双方都知道有谋杀史密斯的人,但不知道他是谁。

第四种情况是分布的类指,这种情况涉及歧义的分析。如"Those books cost 5 pounds"有两个意义:一个是分布的,指每一本书都花了五磅;另一个是集合的,指所有的书花了五磅。汉语里"那些书卖不了一百块钱"在特定语境下也有这两种理解。

第五种情况是特定的无定指称(specific indefinite)和非特定的无定指称(non-specific indefinite)。如"Every evening at six o'clock a heron flies over the chalet",heron(白鹭)是一个特定的无定指称。又如"Every boy loves some girl",every boy 是一个集合,指这个班所有的男孩,它是一个非特定的无定指称。在汉语中大体是一样的,如"他看见每天晚上有一个人经过他们宿舍门口去找一个人",句子前面的"一个人"也是一个特定的无定指称。

第六种情况是透明的指称和不透明的指称。如"Mr. Smith is looking for the Dean",Dean 的指称有两种情况,一种情况是透明的,另一种情况是不透明的,在很多情况下 Dean 是不透明的,即确定不了它指称的是哪个个体。

第七种情况是类指(generic),即指称一类实体。如"The lion is friendly beast/A lion is friendly beast/Lions are friendly beasts"。英语当中 the lion,a lion 和 lions 这三种形式都可以表示类指。汉语中可以吗?第一种情况不行,对应于 the 的"这个""那个"只能表示单指。"一头狮子"有的时候是可以的,如"一头狮子一生要吃很多肉食",但比较受限。"狮子们"也可以,但比较别扭。汉语往往用光杆名词表示类指,如"狮子是凶猛的动物"。英语和汉语的名词在编码时差别比较大,汉语是光秃秃的,不受制于语法;英语里往往要加一些零碎的东西。需要注意的是,汉语光杆名词的语义分析也有两种情况,一种是类指,一种是单指。如"狮子一生要吃很多肉食"跟"狮子还在笼子里吗?"是不一样的,前一个句子中的"狮子"是类指,后一个句子中的"狮子"是单指。

3. 异名问题解析

下面我们特别地探讨一下异名的问题。自然语言编码的时候,倾向于一个形式对应一个意义,但语言是不能完全做到这一点的。原因是语言编码有经济性的要求,而且语言是演变的。由此产生了异名的问题,即同样的一个指称对象,可以有不同的语言形式。异名的产生非常复杂,涉及很多因素,如社会心理因素、历史纵向积累、地域、社会风尚、习俗等。异名主要有这样几种类型(周方、胡慧斌、张履祥,1994):(1)从古语到今语,如"日—太阳"。(2)方言。(3)典故。(4)指代,局部代整体,如"鳞—鱼";以某事物的形状、特征、用途及构成该事物的材料来代称某事物,如"司晨—雄鸡""富贵花—牡丹";以已有之名代称外来事物或新生事物,如"西红柿—番茄";以人名代,如"杜康—杜康酒";以地名代,如"洛阳花—牡丹";以时序代,如"五月黄—枇杷"。(5)比喻,如"玉盘、银盘—月亮"。(6)拟声,如"知了—蝉""蛐蛐—蟋蟀"。

有时,人们使用异名的动机是为了把语义编码对象某一个方面的涵义表达出来。如"雄鸡"又叫"司晨","司晨"就把雄鸡报晓的涵义揭示出来了。有的对象有多种涵义,每一次编码一般来说只能反映一个方面的涵义。所以,会存在多种不同的说法,从不同方面来反映这个对象的涵义。例如,汉语中金星有"大嚣""太白""长庚""晓星""玉李"等异名形式。"大嚣"主要是从视野的角度来命名;"太白"主要从颜色的角度来命名;"长庚""晓星"都跟时间有关系;"玉李"主要是从质地和形状方面来命名。这样我们就知道,异名的产生跟涵义的表达关系密切,也就是说,它要尽量表达出同一对象的不同涵义。

还有一种动机是为了表达的简单,由缩略产生异名。如《三国演义》《红楼梦》和《水浒传》可以分别叫作《三国》《红楼》和《水浒》。再如"北京大学"也有异名"北大",与前面的例子比较只是缩略的方式不同。

可见,语言并不像数学集合论那样,用一个词来表达某一个外部实体。语言在语义方面创造的一个重要手法就是,它用异名的方法,把一个事物的涵义多方面地表现、揭示出来。这样,语义的表达和组合才会更加丰富多彩。所以,在语言里如果只考虑指称的话,是不能了解意义的全部的。哲学里主要考虑的是思想和现实的关系问题,即名称和真值的问题。而指称和语法组合之间的关系、词语的涵义与词语的组合之间的关系,都是语言学关注的问题了。指称侧重于外延,涵义侧重于内涵。以往的语义分析往往从指称方面着手,从涵义方面着手的深入的探讨还很不够。

2.3 隐喻和换喻

1. 隐喻的性质

在构建概念的时候,在为一个词义或一个对象选定符号的时候,是每一次表达都要用到一个新的符号吗?实际情况并不是这样的。这里涉及隐喻的问题。隐喻(metaphor)是上个世纪 80 年代提出的(Lakoff & Johnson,1980),主要是为了解决意义的性质、意义和句法的关系、意义的生成等问题。概念是可以通过人们的日常经验构建的。传统上释义采用限定、修饰的方法,如"argument:disagreement; quarrel; discussion"。实际上,日常我们认识argument时,比词典上的内容要丰富得多。新兴的隐喻理论为释义理论开辟了新的研究道路。在认知语义学看来,argument是一个被认知的意义,我们认知这个意义时通过war这个概念来说明,即"Argument is war"。这样的发现是成系统的,不同概念域之间存在着系统的关联。从文化、生活的角度看,我们对隐喻是紧密依赖的。今天的隐喻观跟传统的隐喻观之间的差别在于,它认为隐喻不是语言的异常的使用,在语言的语义体系里,有70%的概念是依赖于其他已有的30%的概念创造出来的。不同的语义范畴之间,哪个更直接就用哪个去构建别的语义范畴。这样来说,在一个语言的语义系统里,有些概念是基本的,有些概念是按照一定的规则派生出来的,这种生成规则按照隐喻和换喻来表示。隐喻现象和换喻现象反映了概念的特性,也反映了人类的思考方式。

2. 隐喻的三种类型

有几种常见的隐喻类型(Lakoff & Johnson,1980)。

第一种类型是结构隐喻,即一个概念通过另外一个概念被隐喻地加以结构化。英语里有这样一条隐喻规则,即"ARGUMENT IS WAR"。argument是建立在war之上的。在概念系统里,war在一定层面上比argument更基本。Lakoff是怎样证明war比argument更基本,或者说argument一定是凭借war来构建的呢?英语中存在以下这样一些组配(Lakoff & Johnson,1980:9):

> Your claims are **indefensible**.
> He **attacked every weak point** in my argument.
> His criticisms were **right on target**.
> I **demolished** his argument.
> I've never **won** an argument with him.
> If you use that **strategy**, he'll **wipe you out**.
> He **shot down** all of my arguments.

如果不把"ARGUMENT IS WAR"作为条件,这些组配是无法完成、无法成立和自圆其说的。这说明 argument 这个概念是通过 war 来建立的，如果没有对 war 的概念的理解，就不能构建出 argument 的概念，这就是结构化的语义。结构化的语义，是指在构建一个概念的时候，要把另外一个基本的概念整体地投射过去。如 war 有攻击、防守、目标、策略、胜利、失败等，先把 war 结构化，然后把这个结构整体地投射到 argument 上去，才能构建 argument。

这里我们回到语义三角。在语义三角里，只能考虑到 argument 指代人类的某一种行为，但是如果不考虑语句语义，能够很好地理解它的语义吗？不能。因为，语义是有深度和广度的，如果没有各种相关联的语句语义的支撑，我们对语义的理解会非常浅。这种东西可以帮我们看到语义上的蕴涵关系。这种蕴涵越多，我们的认知就越深。

第二种类型是方向隐喻。它不是依据一个范畴来构建另一个范畴，而是参照整个系统的概念来构建另一个概念。这里，概念的建立跟人们身体的物理经验有关，如汉语的"上—下、内—外、前—后、深—浅、中心—边缘"，英语的 up—down, in—out, on—off 等，都可以用来帮助我们建立概念。比如，英语中有"HAPPY IS UP/SAD IS DOWN"这样的隐喻。这里的涵义是通过隐喻来建立的，即在建立"高兴"这个概念的时候，一定要把它理解为向上；在建立"悲伤"这个概念的时候，一定要把它理解为向下。汉语也说"欢呼雀跃""心情低落"。可见人类语言在这一点上是有共性的。什么是"悲伤"，什么是"高兴"，这样的概念太抽象了，因此隐喻地构建概念是很必要的。以下再补充一些 Lakoff & Johnson(1980)举的实例：

> I'm feeling **up**.
> My spirits **rose**.
> You're in **high** spirits.
> I'm feeling **down**. I'm **depressed**.
> He's really **low** these days.
> I fell into a **depression**.

My spirits **sank.**

从涵义的角度看，如果要认识"高兴"，还要认识相关联的"清醒、健康、生命、多、好"等，甚至要认识与之有相反关联的"疾病、死亡、少、坏"等，因为英语中还有一些和"上－下"有关的方向隐喻，如"清醒是向上的，昏迷是向下的""健康和生命是向上的，疾病和死亡是向下的""更多是向上的，更少是向下的""好是向上的，坏是向下的"。有意识和无意识也可以投射，如"He waked up/He dropped off to sleep"。知道了这个隐喻系统，就可以类推英语小品词的用法。这是一个很复杂的意义网络。在这样的网络中，每一个词的涵义或者说每一组相关的词表达的概念都可以从纵深的角度去认识。这确实是认知语义学在分析词义方面取得的一项进展。

有时候，文化不同，空间投射的方向也不一样。汉语用空间的"前""后"来构建时间的观念，例如英语的 coming year，汉语用"明年、后年"来表达。

第三种类型是本体隐喻，即把一个抽象的东西比喻为一个实体。如 inflation 不是一个实体，但可以把它看作一个实体，"Inflation is lowering our standard of living"。汉语中如"走挺好的，跑就有点不太舒服了""我喜欢走，不喜欢跑"。"走"和"跑"出现在主宾语位置上时是动词还是名词，是上个世纪五六十年代汉语名物化问题大讨论中争论的焦点，实际上如果从隐喻的角度来看是把它们实体化了。英语中是名物化。这个问题从涵义的角度来看是动作和名物之间的关联。动作有动作的涵义，名物有名物的涵义。我们认识一个动作的时候离不开相应的名物；我们认识一个名物的时候，也离不开相应的动作。两者之间在语义上可以相互转化，在语法上会引发词类的变动。汉语中争论比较大，因为词形不变。英语中词形不变是有标记的情况，如 water 作"浇灌"时跟作"水"时的词形一样，但大部分情况下词形是改变的，一种是加-ing，另一种是变成-tion 的形式。

本体隐喻还有一些更小的类别：（1）指称，例如"My fear of insects is driving my wife crazy"。这里 fear 是指称的用法，或者说

被指称化了。(2)量化,如果一个抽象的东西,从本体的角度进行隐喻化,就可以对它进行称量。例如"耐心、权力、爱意、恨意、敌意"都可以被称量,如"他对我有一些敌意""我对他没有多少耐心"。(3)确认某一方面,有些东西本来不是实体,从语码方面把它编码为实体,确认它的某一个方面,如"战争的残酷、人性的美好",等等。(4)确认原因,确定某个抽象概念的某个原因。例如"the pressure of his responsibilities"是对问题原因的编码。(5)设置目标(goal)或激发某一个行动(action)。如"He went to New York to seek fame and fortune"将 fame 和 fortune 变成了行动的目标。

涵义和指称不一样。在一个确定的话语语境中,确定了某一实体就确定了指称,而涵义的深度有时是无限的。本体隐喻还可以进一步细化某一个概念的涵义。如"MIND IS MACHINE"是一个重要的隐喻,可以从各个方面对它进行细化,如"My mind just isn't operating today"。汉语中说"我的大脑短路了",道理是一样的。汉语中还有这样的说法:"脑袋进水了""脑袋生锈了"。

这样说来,语言中的概念构建在很大程度上是隐喻的。有一部分概念可能很基本,但很多概念,特别是抽象的概念,需要用隐喻的方式来构建。

3. 换喻

下面来讲换喻(metonymy)。今天也有学者把换喻看作隐喻的一种,那么隐喻就是广义的隐喻。传统上隐喻指相似,而换喻指相关。这显得有些过时。换喻的构建跟认知有什么关系?我们认知某一个实体时,往往会抓住某一个最凸显的特殊部分。这个特殊部分可以把这个事物跟其他的事物明显地区别开来。例如,我们看一个人长得很漂亮,可能认知的不是脸的全部,而就是一双眼睛。再如"The ham sandwich is waiting for his check"是研究换喻的一个经典的例子,这可以是一个服务生说的一句话,the ham sandwich 指称点了三明治的顾客,但因为服务生不认识他,也不知道他叫什么,所以就用 the ham sandwich 来表达。这就是换喻。换喻大体上有以下几种类型(Lakoff & Johnson, 1980):

(1)部分代表整体。这是最典型的,如"那位大眼睛""我认识那个眼镜"。

（2）生产者代表产品。如 Ford 代表福特汽车,毕加索代表毕加索的画作。

（3）使用物代表使用者。如英语中 the gun 代表 gunner,即枪代表枪手。汉语在编码时往往用一个"的"字结构对它的指称进行包装和固定,如"那个弹钢琴的""那个开车的",这是汉语编码的一个很重要的特点。

（4）控制者代表被控制者。如"Nixon bombed Hanoi",尼克松是美国总统,控制着美国政府,说尼克松轰炸河内意指美国轰炸河内。

（5）机构代表负责人。如"You'll never get the university to agree to that"。这里 university 不是指大学,而是指校方负责人。汉语中也可以这样说,如"环保局不同意",这里"环保局"不是指一个机构,而是指环保局的官员。

（6）地点代表机构。如"The White House isn't saying anything"。汉语如"中南海"是中国最高权力机构,"中南海震惊了"是机构震惊了。

（7）地点代表事件。如"Watergate changed our politics",watergate 指水门事件。汉语中这样的情况比较少。对于一个个体化的事件来说,如果不确定时间、地点、人物的话,就没办法了解这个事件的涵义,如民国时期的北京政变提示的是地点,而马日事变提示的是时间。

4. 对隐喻和换喻的进一步讨论

在语义和认知方面,隐喻和换喻是理解涵义时不可或缺的两个方面。只考虑组合、聚合在一个语法结构里的地位是不够的。隐喻和换喻可以加深我们对某一个概念、某一个思想的认识。这也是一种编码,从语义表达的角度来说,隐喻和换喻可以增强语义表达的力量,这就是为什么在日常表达中经常用到隐喻和换喻的原因。如果追问,为什么它们能够增强语义表达的力量呢? 从语用的角度来说,隐喻和换喻是说者为听者提供了认知的条件,或者说提供了加深理解的条件。最好的表达中这两种手段都会有很好的运用。表达、编码跟认知是相关联的。

认知语义学的隐喻和换喻的研究可以帮助我们重新理解概念或语义范畴的性质。比较新的认知语义学考虑了原型(prototype)和模板(stereotype)与换喻的关系。著名的实例如 Lakoff(1987)对英语中 mother 的分析。在一个社团中,普通、典型的 mother 模式起到了非常重要的作用。不同语言社团使用的原型是不一样的。英语可说"She is a mother, but she isn't a housewife",不说"She is a mother, but she is a housewife"。如果在这个社团中, mother 跟 working 关系密切,就无法理解第二个句子。在英语中,从换喻角度来考虑 mother, 确实会有核心的情况,这种典型情况涉及:(1)mother一般都是女性;(2)她生了孩子;(3)她提供了孩子的一半基因;(4)她抚养了这个孩子;(5)她和孩子的父亲结婚了;(6)她比这个孩子在辈分上高一级;(7)她是这个孩子法律上的监护人。但 stepmother 等非典型、非核心的情况用这个模板就不好定义了。mother 和 stepmother 不是严格的上下位关系,因而在定义上有矛盾。属于非核心的若干情况如下表所示:

表 2-1 Lakoff 对 mother 的语义分析

英语	汉语
1. stepmother	继母
2. adoptive mother	养母
3. birth mother	生母
4. foster mother	孩子不是自己所生,国家提供金钱抚养
5. biological mother	亲生母亲
6. surrogate mother	替身母亲,无婚姻关系,不提供抚育责任
7. unwed mother	未婚母亲
8. genetic mother	基因上的母亲

可见,mother 是一个非常复杂的概念。这涉及语义学的一个基本理论问题,即语义范畴与语义次范畴之间的关系应该如何描述和解释。如 mother 作为一个语义范畴,它与 stepmother 等次范畴之间的关系用传统的分类理论进行解释存在矛盾之处,即严格来说,

stepmother 并不是 mother 的次类。一个概念或一个范畴，其存在方式是呈辐射状的结构（radial structure）。有很多问题，现在引入原型或模板，在一定程度上得到了解决。

　　隐喻和换喻在不同的语言中、在一个比较高的层次上是有共性的。但不同的民族因为生存环境、文化传统、词汇形式不同，可能会有独特的隐喻和换喻。如在汉文化中，"红"经常被用来做隐喻的构建。再如"我今天上火了"，这也是一种隐喻的构建。这实际上是文化里的遗传代码，不同民族会用自己文化里的因素来构建自己的涵义和概念。实际上每一种语言对一个概念系统的认识是不一样的。任何一个民族，如果想把自己的语言特色表达出来，都会使用独特的隐喻和换喻。

　　隐喻和换喻有一个发展的过程，开始只是一个临时的搭配，临时在两个概念之间找到相似关系。随着历史的发展，隐喻和换喻会固定下来。语言就是有这样的一个波动，能指在不停地引申，即它的所指在不停地扩大地盘。词典里记录的很多都是死的隐喻或死的换喻，人们已经习以为常。如"光盘"，你可能觉得没有什么隐喻在里面了，难道是个盘子吗？这样的隐喻刚开始创造的时候是新鲜的，慢慢地它就死掉了。语言的魅力在于，言语交际在不停地追求、创造新鲜的语义，所以总有流行语，有的流行语确实为整个语言社团所接受，就保留了下来，被词典所记录，而有的就淘汰掉了。

　　隐喻和换喻，能够帮助我们从认知的角度来理解涵义的问题、概念构建的问题。概念的构建，指的是概念从哪里来。隐喻和换喻是概念的重要来源，是构建概念的一个非常重要的手段。意义不是完全像词典里那样的，如果完全按照词典，那么对意义的理解就会非常浅。有了隐喻和换喻，我们就知道涵义原来是这样展开的。从这个角度来说，语义学绝对不是简单的指称的问题，意义的很多问题跟真值也是没有关系的，它的来源有一些特定的渠道。在这个基础上考虑指称和涵义的区别，仍然是一个经典的问题。

　　联系语言学的语义研究，今天的语言学家对语言、思想和现实三者之间的关系持有三种立场（Saeed, 2000, 吴一安导读：F21—

F23）：第一种，这些问题应该由哲学家和心理学家研究，语言学家应该致力于系统意义关系问题的研究；第二种，语义的核心是指称问题，应该就各种指称关系发展相应的语义理论；第三种，需要在语言概念性质的探索和概念结构理论的发展基础上促进语义的研究。以上是三种重要的语义研究方法论的立场。与此相对应，当代语义学形成了词汇语义学、形式语义学和认知语义学三大流派。本书主要持第一种和第三种立场，但我们认为，只有在不断探究语言、思想和现实三者之间关系本质的基础上，联系语言的结构进行研究，才能推动语义学研究的进展。

参考文献：

奥格登 C.K.，理查兹 I.A.，1923，《意义之意义——关于语言对思维的影响及记号使用理论科学的研究》，白人立，国庆祝译，林书武校，2000，北京：北京师范大学出版社。

戴浩一，1985，时间顺序和汉语的语序，黄河译，1988，《国外语言学》，第1期。

弗雷格 F.，1892，论意义和意谓，载《弗雷格哲学论著选辑》，王路译，2006，北京：商务印书馆。

Goldberg, A.E.，1995，《构式：论元结构的构式语法研究》，吴海波译，2007，北京：北京大学出版社。

洪堡特 W.，1903，《论人类语言的结构差异及其对人类精神发展的影响》，姚小平译，1997，北京：商务印书馆。

萨丕尔 E.，1921，《语言论》，陆卓元译，陆志韦校，1985，北京：商务印书馆。

沈家煊，1993，句法的象似性问题，《外语教学与研究》，第1期。

涂纪亮，1996，《现代西方语言哲学比较研究》，北京：中国社会科学出版社。

徐烈炯，1995，《语义学》，北京：语文出版社。

周方，胡慧斌，张履祥，1994，《汉语异名辞典》，武汉：湖北人民出版社。

Bolinger, D., 1977, *Meaning and Form*. London: Longman.

Chafe, W., 1970, *Meaning and the Structure of Language*. Chicago: The University of Chicago Press.

Fauconnier, G., 2008, *Mental Spaces*. 世界图书出版公司/剑桥大学出版社。

Jackendoff, R., 1990, *Semantic Structures*. Cambridge: The MIT Press.

Lakoff, G. & M. Johnson, 1980, *Metaphors We Live By*. Chicago: The University of Chicago Press.

Lakoff, G., 1987, *Women, Fire, and Dangerous Things: What Categories Reveal about the Mind*. Chicago: The University of Chicago Press.

Langacker, R., 1987, *Foundations of Cognitive Grammar*. Cambridge: Stanford University Press.

Lyons, J., 1977, *Semantics*, Vols. I & II. Cambridge: Cambridge University Press.

Lyons, J., 1996, *Linguistic Semantics*. Cambridge: Cambridge University Press.

Maienborn, C., K. V. Heusinger & P. Portner, 2011, *Semantics: An International Handbook of Natural Language Meaning*. Berlin: De Gruyter Mouton.

Ogden, C. K. & I. A. Richards, 1923, *The Meaning of Meaning*. New York: Harcourt, Brace & World, Inc.

Pustejovsky, J., 1998, *The Generative Lexicon*. Cambridge: The MIT Press.

Saeed, J. I., 2000, *Semantics*. 北京:外语教学与研究出版社。

Sweetser, E. E., 1990, *From Etymology to Pragmatics—Metaphorical and Cultural Aspects of Semantic Structure*. 北京大学出版社/剑桥大学出版社。

Talmy, L., 2000, *Toward a Cognitive Semantics*. Cambridge: The MIT Press.

Traugott, E. C. & R. B. Dasher, 2002, *Regularity in Semantic Change*. Cambridge: Cambridge University Press.

第三讲　词汇语义分析

3.1　语义的基本单位和语义对立
3.2　语义特征
3.3　语义场的分析
3.4　词汇语义关系
3.5　语义分类和语义组配的分析
3.6　衍推和预设

3.1　语义的基本单位和语义对立

1. 语义单位和义位

上一讲我们介绍了语义三角模型，依托这个模型可以了解语义知识和语义编码的由来。对语言片断的语义进行具体分析，我们还需要进一步联系语言结构和语言单位。相对于语言有限的形式结构而言，语义的内容是庞大的、无限的。这里问题自然会产生出来，即如何从语义的具体单位入手来把握语义内容的生成？与语言其他层面平行，语义也可以确定各种单位。贾彦德（1999：29—37）认为，语义单位是语言中意义（或者说内容）的单位，共有七种，即义素、语素义、义位、义丛、句义、言语作品义和附加义。除了义素、语素义和附加义，其他四个语义单位和语言单位的对应关系如下所示：

义素，也叫语义特征或语义成分，是分解义位得到的。语素义是语素表达的意义，它与义位的关系不是构成关系，它的作用是提示义位或添加附加义。义位数量大，具有变动性；语素义数量有限，具有稳固性。义丛指词组表达的意义，它是由义位组合而成的。句义是句子表达的意义，它是由义位、义丛组合而成的。言语作品义指篇章或语段表达的意义，它由句义或义丛组合而成。

上述七种语义单位中，最基本、最重要的语义单位是义位（sememe），这个概念由瑞典语言学家诺伦（A. Noreen）最先提出。这里要区分词位（lexeme）和义位，词位是词汇的单位，义位是意义的单位。义位就是一个意义，相当于词的一个义项表达的意思。义位可以分为两类，即自由义位和非自由义位。自由义位参与义丛和句义的组配；而非自由义位只参与合成词的语义组配。例如，现代汉语的"书"可以表达"①写字；记录；书写：书法/②字体：楷书/③[名]装订成册的著作：一本书/④书信：家书/⑤文件：说明书/⑥姓"等六个义位，其中，只有第三个义位是自由义位，使用起来限制少，而其他几个义位都属于非自由义位，使用起来限制多。一个义位，特别是实义性的自由义位，也相当于逻辑或认知上的一个概念（concept）或一个范畴（category）。

义位在现代汉语中可由单音节词来表达，例如"书"，也可由双音节词或多音节词来表达，例如"书房"（[名]读书写字用的房间）、"书生气"（[名]指某些知识分子只注重书本，脱离实际的习气）。汉语中最典型的义位还是由单音节常用词来表达的义位。

两个语素的组合，可以是一个义丛；如果凝固成一个词，意义固定，被词典收入，即成为一个义位。例如"读书"既可以表示一个义丛，即"读"和"书"两个义位的组合，又可以表示若干义位，如《现代汉语词典》的处理，"读书"表以下三个义位："[动]：①看着书本，出声地或不出声地读/②指学习功课/③指上学。"

义位的内部还可以区分出两个层次，即基本义和附加义。基本义是义位的核心意义，又称理性意义或概念意义。附加义主要有两种，即感情色彩和语体色彩，都与语言的使用有关。感情色彩表达附属在理性意义之上的主观评价态度，进一步可以区分为褒义、贬义和中性义三种情况,例如"旗帜""旗号"和"旗子"均表示某种标志,但分别有褒义、贬义和中性义色彩。语体色彩与交际的得体要求相关,首先区分正式语体和非正式语体,其次区分口语语体和书面语体。例如"难过"主要用于非正式语体,而"悲伤"主要用于正式语体。又例如"姑娘"称女儿时,口语和书面语均可,而"闺女"称女儿时,口语色彩浓厚。

从语言实例中确定义位要考虑是否具有同一性,标准主要看在某一层面上意义是否相同。意义相同有两种情况:一种是语形上同形,意义相同,例如"我喜欢马"和"马正在吃草呢"两个片断中的"马"属于一个义位,只是两个不同的用例;另一种情况是语形上异形,意义相同,例如"潜艇"和"潜水艇",虽然语形不同,但是可以归纳为一个义位。

语言编码有复杂之处,比如存在大量同形词,语形完全相同,但表示不同的义位,例如现代汉语中"猫"可以表猫1([名]哺乳动物)和猫2([名]调制解调器的俗称)两个义位。又例如会1－会2、锁1－锁2。同音词的情况,也分属不同的义位,例如保－宝、歌－哥。

多个义位用一个词来表达,或者说一个词有多个意义,这就是多义词。它们概括反映相互有联系的几类现实现象。例如汉语"荔枝"这个多义词,《现代汉语词典》记录了两个义位:"[名]①常绿乔木,羽状复叶,小叶长椭圆,花绿白色,果实球形或卵形,外皮有瘤状突起,熟时紫红色,果肉白色,多汁,味道很甜,是我国的特产;②这种植物的果实。"显然"荔枝"所表示的这两种现实现象之间有密切的联系。多义词虽然有几个义位,但在使用中一般不会产生混淆,因为上下文可以使其中的一个义位显示出来,从而排除其他的义位。这样,一个词表达几个义位,可以大大减少语言符号的数目。

与多义词相对,单义词是只表达一个义位的词,像"礼物""桌子""锚"等都是单义词。科学术语一般都是单义的,并且没有各种附加义,例如"钾""地波""纳米""微积分"等。

2. 义位的性质和语义对立

词义对现实现象的概括具有一般性(叶蜚声、徐通锵,2010)。

现实现象是纷繁复杂的，人们要达到认知现实的目的，首先要做的就是对现实现象进行切分，把具有共同特点的现象归为一类，确定一个所指的范围，建立义位，然后用语词把它包装起来，加以命名，从而把它和其他现象区别开来。在分类的过程中，人们着眼的是一类事物内部所具有的带有普遍性的特征，而把具体的一个一个的事物所具有的特殊性忽略掉。比方说，现实世界里的鸟没有两只是完全一样的，它们可能在种类、颜色、形状、大小、习性、野生还是家养等方面存在差别，而汉语统统用"鸟"这个义位来概括表示。"鸟"这个义位的意义可以不管这种动物的种类、颜色、形状、大小、习性、野生还是家养等种种特殊性和复杂性，而只概括地反映所有鸟共同具有的一些特征，以便把它和虫、鱼、兽等其他动物区别开来。例如《现代汉语词典》对"鸟"的解释是"脊椎动物的一纲，体温恒定，卵生，嘴内无齿，全身有羽毛，胸部有龙骨突起，前肢变成翼，后肢能行走。一般鸟都会飞，也有的两肢退化，不能飞行。麻雀、燕、鹰、鸡、鸭、鸵鸟等都属于鸟类"。一个义位一经建立，就自然隐含着和其他义位的区别、对立和关联。

在某一具体义位所指称的事物范围内，有典型的样本和非典型的样本之分。例如对理解汉语"鸟"的词义来说，"麻雀"无疑是一个典型样本，而"鸵鸟"则是一个非典型样本。由此把"麻雀"看作"鸟"范畴的原型（prototype）成员。在一个语义范畴中，所属的各个成员之间存在"家族相似性"（维特根斯坦，1996：46—53），即存在"AB、BC、CD、DE……"这样的特征上的重叠和交叉，例如"鸡"在体积上与"鸭"相似，而"鸭"在可游水这一特征上与"鹅"相似，"鹅"在形状上又与"大雁"相似，凡此等等。

义位对现实现象的概括还具有模糊性（叶蜚声、徐通锵，2010）。义位的指称只有一个大致的范围，没有明确的界限。为什么义位具有模糊性呢？原因在于现实现象是复杂的，而且往往是连续的，用离散的语义单位对这种现实现象的切分也只能是大致的，不可能做到完全离散。例如我们通过"鸟"和"兽"这两个义位，可以把两类不同的动物区分开来，但是存在如"蝙蝠"这种既像鸟又像兽的动物，可知语言区分"鸟"和"兽"是有一定局限的。再者，义位所概括范围内的具体个体成员情形的多样性也是形成模糊性的原因。例如人的年龄可以划分为"童年、少年、青年、中年、老年"等五个阶段,相应地在汉语中可以用五个义位来表达,但每个义位所指的具体年龄段界限是模糊的,比如五十八岁的个体算中年还是算老年呢?三十八岁的个体算青年还是算中年呢?有时汉语为了表达的方便,还可以重新概括,于是就有了"少年儿童、青少年、中青年、中老年"等说法。

虽然词义具有模糊性,但词义所概括反映的现实现象的中心和典型是比较清楚的。例如我们不会怀疑二十岁的个体属于青年,八十岁的个体属于老年。从交际的角度看,一个义位的意义所指的现象大致要有一个范围,还必须含与其他现象区别开来的特征,但是允许界限有弹性。这对交际的正常进行是很重要的。在交际中,语义表达需要既明确而又有弹性。如果没有一个大致的范围和能与其他现象区别开来的特征,就不能对现实现象进行分类,语义表达就会产生混淆。可是如果要求词义非得像科学术语的语义那样判然分别,比如年满六十的个体才能说"老",五十九岁的个体就不能说"老",那么交际也就难以进行了。

义位具有系统性,表现为不同的义位之间存在广泛的对立关联。

语义对立指人们在语义编码时得到不同语义类别的一种机制。与音系学中音位的建立相仿,语义也一样,建立一个抽象的语义单位,首先必须有对立的观念。对立的研究在西方的哲学传统里早就出现了,语言学里比较早的叙述是雅柯布森(Jakobson)。

对立有严式和宽式之分。偶然成对,不具有预示彼此的信息,属于宽式对立,如"小王"和"小李"。而严式对立在直觉上是一种逻辑运作。假设甲和乙具有严式对立关系,那么甲和乙之间关系的性质可以描述如下:(1)这种关系不是偶然存在的,而是必然存在的;(2)甲和乙可以彼此预示;(3)甲和乙可以一方出现,而另一方不出现;(4)由甲方可以推断出乙方,反之亦然;(5)是各种语义关系中的首要关系;(6)是各种语义关系中最明确的一种关系;(7)和人们的语言意识有关。大家可能会问,这样的对立和反义关系有什么关系。可以说,典型的反义关系中的对立都是严式对立。

对立还可以做如下的分类(叶文曦,2006):

二元对立和多元对立。二元对立是指人们语言意识上习惯的一种简单对立。例如在⟨[东][南][西][北]⟩这一简单语义聚合中,[东]和[西]的对立、[南]和[北]的对立都是二元对立。多元对立是指非二元对立,是一个语义范畴和多个语义范畴对立,即一多对立。例如[东]分别和[南][西][北]的对立。从另一个角度看,二元对立涉及的成员集合都是封闭的,而多元对立涉及的成员集合都是开放的。在语义分析里,二元对立是分析的基础。

核心对立和边缘对立。核心对立指一个语言社团习惯了的、经常涉及的重要对立,在语义结构中占核心地位。例如金属义场⟨[金][银][铜][铁][锡]⟩中,[金]和[银]的对立、[铜]和[铁]的对立都是核心对立。边缘对立是指在语言意识上不易引起重视的对立。例如[金][银][铜][铁]分别和[锡]的对立都是边缘对立。这种对立在语言社团里不占有主要地位。

习惯对立和临时对立。有些对立是一个语言社团耳熟能详的,这就是习惯对立,也叫恒常对立,它带有必然性。例如汉语中的[冷]—[暖]、[天]—[地]、[爱]—[恨]等。而在说话或创作时,有时说话人或作者会把某两个意义临时突出对立起来,这就是临时对立,它带有偶然性。例如:"志意修则骄富贵,道义重则轻王公,内省而外物轻矣。"(《荀子·修身篇》)"修"与"重"就是一种临时对立。

直接对立和间接对立。有的对立是在同一个维度上展开对照,这就是直接对立,也叫同维对立,它往往在人们的语言意识中形成鲜明强烈的关联,也可以说是一种强对立。例如[南]和[北]的对立在一个方向维度上,属直接对立。而有的对立不在同一个维度上,这就是间接对立,也叫异维对立,是一种次要对立或弱对立,例如[南]分别和[东][西]的对立。

同级对立和异级对立。语义范畴大体上可以分为基本级、具体级和抽象级三种(叶文曦,2004),在汉语里分别由单字词、偏正式复合词和并列式复合词表示。同级语义范畴的对立是主流的、典型的,在语言形式上也是整齐的,语形的音节数量划一。例如:"细细的两根竹筷,搦在手上,运动自如,能戳、能夹、能撮、能扒,神乎其技。"(梁实秋《吃相》)其中的"戳、夹、撮、扒"就是同级对立。又如:"书香是与铜臭相对待的。其实书未必香,铜亦未必臭。"(梁实秋《书房》)其中的"书香"和"铜臭"也是同级对立。

异级对立是指不同级的语义范畴之间的对立。这种对立是非主流的,也不是典型的,语言形式不太整齐,语形的音节数量不一。例如:"是的,北平是个都城,而能有好多自己产生的花,菜,水果,这就使人更接近了自然。"(老舍《想北平》)"花""菜"是一个级别,"水果"是另一个级别。

复杂的异级对立实例如:"我仿佛记得曾坐小船经过山阴道,两岸边的乌桕,新禾,野花,鸡,狗,丛树和枯树,茅屋,塔,伽蓝,农夫和村妇,村女,晒着的衣裳,和尚,蓑笠,天,云,竹,……都倒影在澄碧的小河中,随着每一打桨,各各夹带了闪烁的日光,并水里的萍藻游鱼,一同荡漾。诸影诸物,无不解散,而且摇动,扩大,互相融和;刚一融和,却又退缩,复近于原形。"(鲁迅《好的故事》)"乌桕,新禾,……云,竹"是一个更为复杂的异级对立,鲁迅先生是语言大师,为了表达林林总总的理不清的景物,他把不同级别的、不是那么整齐的语义单位混在了一起。这是语义表达的一种很特别的方法。

凸显对立和非凸显对立。这种分类涉及语用。在一个复杂场景中,进入透视域和没进入透视域这两种情况是不一样的。菲尔墨(Fillmore)(2002)从语义对立的角度看,进入透视域的是显著的,而没有进入透视域的是不显著的。例如一个买卖事件中,有的句子凸显[买主]－[卖主]之间的对立,如"小王把这台电脑卖给了小李",而有的句子凸显[货物]－[货款]之间的对立,如"这台电脑值八千元人民币"。而其他对立如[买主]－[货款]、[买主]－[货物]、[卖主]－[货物]、[卖主]－[货款]、[卖主]－[时间]、[卖主]－[地点]等等有的时候在句子中不凸显出来,它们也是存在的,相对而言是非凸显对立。课堂中[老师]－[学生]、[台上]－[台下]、[听]－[讲]这些对立是凸显出来的,属凸显对立;这个场景中还存在着其他没有凸显出来的对立,是非凸显对立。

在这些类别中,前面的对立都是重要的对立,大多属严式对立,而后面的对立都是次要的对立,大多属宽式对立。在语义分析中要注意这个观念,即哪些是进入对立的,哪些是不进入对立的,哪些是可以合并的。在进行语义特征分析时,这种对立的观念能够帮助我们建立语义场,进行语义分析。

3.2 语义特征

语义对立的观念常常反映在语义特征的差别和对立上,如"南"和"北"、"东"和"西"、"大"和"小",即是特征上的相反。在今天的语义学,特别是结构语义学里,语义特征的分析非常重要。西方进行的主要是这样的研究(Lyons,1996),如:

man="human"×"male"×"adult"
woman="human"×"female"×"adult"
boy="human"×"male"×"non-adult"
girl="human"×"female"×"non-adult"

分析语义特征,首先要提取普遍因子或普遍特征(从类的角度看,实际上是一个语义类)。如 man,woman,boy,girl 这组词有一个普遍特征"human"。然后,按照一定的层次考虑对立,通过对比把语义特征提取出来。如 man,woman 与 boy,girl 之间的对立是成年与未成年的对立,man,boy 与 woman,girl 之间的对立是男性与女性的对立。通过对比分析,得出一组语义特征:human,adult/non-adult,male/female。

如果已经确认"human""adult/non-adult""male/female"都是语义特征,各种语言的语义系统都可以使用,就可以用大写来表示:HUMAN,ADULT/NON-ADULT,MALE/FEMALE。这样,man,woman,boy,girl 这组词的语义特征就可以表示为:

man="HUMAN"×"MALE"×"ADULT"
woman="HUMAN"×"−MALE"×"ADULT"

boy＝"HUMAN"×"MALE"×"－ADULT"
girl＝"HUMAN"×"－MALE"×"－ADULT"

可以看出，这是用数学公式对语义特征进行严格的形式化分析，其中的乘法符号"×"相当于结合，在国际上，使用合取的命题连接符号"&"也是可以的。每一个语义特征的对立都可以用正负号"＋/－"表示，但是"＋"往往省略。

这里有一个问题，在区分语义对立的时候，"MALE"和"FEMALE"这一对语义特征，哪个是基本形式呢？也就是说，在描写的时候是"＋/－MALE"还是"＋/－FEMALE"？汉语和英语中，这两种选择都是没有问题的，但在母系社会或母权社会里会比较特别，可能只能选择后者。

需要强调的是，提取语义特征时一定要把层次区分开，否则就无法考虑对立。如不能把 man 和 girl 放在一起，也不能把 woman 和 boy 放在一起，因为这样放在一起的话就无法分析和对比。再如"父亲"跟"姨父"的关系，从对立角度来说，要跨越多个层次才能发生关联。"父亲"跟"母亲"的对立、"姨"跟"姨父"的对立是同一个层次上的对立，而"父亲"跟"姨父"的语义关系是很远的，不能放在一个层次上分析，否则会造成分析上的混乱。所以，在对比时还要考虑到直接对立的概念，如果先把间接或边缘的对立拉进来，就无法对这个系统进行分析。

3.3 语义场的分析

1. 语义场的性质

在考虑建立语义特征时，相关的一个概念就是语义场，语义特征和语义场是不能分离的。如果没有语义场的概念，就无法进行语义特征的分析。上一节分析的 man, woman, boy, girl 就是一个非常小的语义场。

"场"概念引入语义学是结构主义语言学的一个非常重要的成果。它原是自然科学的概念，如电磁场、引力场等等，是物质的两种基本存在形式之一。存在于场中的物体能够相互作用。将场理论应用到语义学中,其基础就是共处一个语义场中的义位相互规定、制约和作用。

根据义位之间关系的不同,语义场可以分成不同的类。贾彦德(1999:147—171)将汉语的最小子场划分为十类:分类义场、部分义场、顺序义场、关系义场、反义义场、两极义场、部分否定义场、同义义场、枝干义场、描绘义场。这些义场层次差别非常大。

语义场具有以下几个特点(贾彦德,1999:143—147):(1)层次性。语义场的分析一定要把层次区别开来,即要有大语义场、小语义场、总语义场、次级语义场,这个场是分层的。如"万物"可以分层,首先是"有生命的"和"无生命的",在"有生命的"里可以分为"高级"和"低级",在"高级"里可以分为"有智能"和"无智能",然后再分"哺乳"和"非哺乳"。层级的区别主要在于是大的类还是小的类。(2)系统性。把若干个语义单位或概念区别出层级,把这些义位放在一起,它们一定存在互相关联、互相依存或互相对立的关系,如果没有关联,它们就不会构成一个系统。(3)民族性。不同民族对客观世界的认识必然会有所不同,最明显的例子就是对颜色语义场的分析。汉语的颜色词系统高度发达,不仅有赤橙黄绿青蓝紫等基本颜色词,还有很多非基本颜色词,英语就相对简单一些。

在语义场的分析中,首先要区分词位和义位,词位是词汇的单位,义位是意义的单位,义位相当于一个词表达的意思。第二个问题,就是要考虑如何提取语义特征。特征的提取有两种方法,一种方法是对比,另外一种方法是通过复合词内部的构造直接提取。第三个问题,要考虑语义场分析的意义何在。下面我们举一个汉语"穿戴类"语义场(曾文砚,2006[①])的例子,通过这里面的词位和义位的分析,考察一下其中有什么问题,在进行语义场分析的时候怎样跟语义特征结合,另外语义场分析有什么意义。

2. 语义场的分析方法

汉语当中的穿戴类语义场,可以把所有跟穿戴有关的词义单

[①] 曾文砚,2006,《穿戴类名词语义场分析》,北京大学本科生学年论文。

位都收进去。穿戴类语义场只是名物类语义场下的一个子场,但这个场足够大,也足够复杂。

在分析的时候,曾文砚(2006)建立了三个子场:(1)身体的服饰类语义子场;(2)头部的冠帽类语义子场;(3)脚部的鞋靴类语义子场。这样的分类要考虑到整个身体的服饰与头部、脚部的穿戴有对立,抓住这样的对立才能区别为三个子场。从对立的角度,有人可能会说,这样的对立不是二元对立,而是三元对立。实际上,这样的对立可以还原为二元对立。首先是躯干和非躯干的对立,非躯干有两部分,是头和脚的对立,从空间上来说是上跟下的对立。

服饰类语义场还可以细分为三类,它们也是对立的,首先要考虑整体和非整体的对立,然后再区分上跟下的对立:(1)从整体角度分出"衣服类"语义子场,此类名词着眼于整体的服装,从上身和下身整体来考虑;(2)从上身角度分出"上装类"语义子场,此类服饰名词只就上身而言;(3)从下身角度分出"裤裙类"语义子场,此类服饰名词只就下身而言。

这里要考虑到,整体类里常见的至少有这么多词可以表示衣服的总称:衣服、衣裳、衣衫、服装、穿着、穿戴、打扮、衣物、服饰。这多种多样的表达形式的性质是什么?有什么作用呢?如果进行语义分析应怎么办?

我们前面在讲指称和涵义的时候指出,在语言里,如果从指称的角度来说,自然语言确定了一个义位的外延、指称范围,只由一个词来表达就可以了。但是从涵义的角度来说,世界是复杂的,涵义是非常复杂的,有的时候自然语言追求同样的外延由多种不同的涵义表达。"衣服、衣裳、衣衫、服装、穿着、穿戴、打扮、衣物、服饰"在涵义上有所不同。另一方面和语用有关,不同的语境,就会创造不同的词语。不同的语体对词语的色彩也有不同的要求,"穿着、打扮"偏向于口语的风格,"衣服、服装"偏向于书面语的风格;"衣裳、衣衫"偏向于历史色彩,"服装、服饰"偏向于现代色彩。这些词是有各自的使用范围的,有正式语体和非正式主体、通俗和文雅、历史和现代的区别,从词汇的角度来进行分析,要把这些层面都区分开来。如果把很多词都拽进来，是非常混乱的。比如说把八九个表衣服的词汇单位都放到语义场里来分析，是不能提示出词和词之间的语义关系的。也就是说，在分析语义场时，所有表示衣服的一类词在设定语义单位时只需要一个（如"衣服"）就可以了，其他的需要另外说明。

所以，在分析语义场的时候不能大杂烩，不要把所有表示某方面意义的词汇都放在一个层面上进行区分。面对一批词汇，要把该区别的区别，该淘汰的淘汰，该区分层次的区分出层次来。这样整理，这个语义场就比较简明、整齐，不会出现杂乱的情况。所以，语义场里每一个语义单位的设立都是有道理的。当然，遇到一些涉及时代或语体的情况，也可以设立语义特征或是交代清楚对立的关系，如［古代］和［现代］是一对对立特征，［通俗］和［文雅］是一对对立特征，［正式］和［非正式］是一对对立特征。这样，一个看似复杂的语义场就会变得井井有条。

3. 从复合词提取语义特征

下面仍以穿戴类语义场为例，说明一下怎样从复合词里提取语义特征。从复合词里提取语义特征是汉语语义分析取得的成果。西方的语义分析研究里没有这种方法，西方是从"man, woman, boy, girl"这样的聚合中通过两两比对提取语义特征。

从复合词中可以提取语义特征，基于特征和类的对立，或者说基于汉语中存在"1个语义特征×1个语义类别"这样一条语义编码公式（第四讲还会讨论）。例如，"毛衣"中"毛"是特征，"衣"是类别；"线衣"中"线"是特征，"衣"是类别。［毛衣］和［线衣］的对立最终归结为特征的对立。在整理完一个语义场之后，就可以知道复合词是从哪些方面编码的，哪些特征可以帮助我们认识这个语义场。穿戴类语义场所涉及的语义特征如下所示（曾文砚，2006）：

语义特征为后面事物大类的一个小类。如"衣物""蓑衣""裘衣"等，"衣"是一种"物"，"蓑"是一种"衣"。"蓑"是"衣"的特征，"衣"是"蓑"的类别。这是语义场里常见的一种编码。

语义特征为衣物所穿的位置。如"外套""内衣""上衣""头巾"

"手套"等。这些特征反映的是空间上的语义特征,有些是相对位置,如"内""外""上"等,有些是实际位置,如"头""手"等。

语义特征为规格长度。如"大衣""小褂""长袍""短裤"等。

语义特征为季节。如"春装""夏装""秋装""冬装""夏衣""冬衣"等。

语义特征为时间。如"晨衣"等。

语义特征为质料。如"皮衣""棉裤""布鞋""木屐""草帽"等。

语义特征为地域。如"中装""洋装""西服"等。

语义特征为穿戴者的身份。如"僧衣""道袍""军装""皇冠""学生服"等。

语义特征为动作所表示的功用。如"罩袍""罩衫""跑鞋""跳鞋""睡帽""寝衣"等。

语义特征为外形。如"喇叭裤""直筒裙""橄榄帽"等。

语义特征为图案。如"龙袍""蟒袍"等。

以上这些特征不是两两对比得出的,而是考虑到一个小的语义场里的对立得出的。它们不是隐含着的,而是直接被编码在复合词中。

从一个语义场里,我们能够提取出一套特征的类别,这些特征的类别对于我们理解穿戴类语义场的语义编码具有非常重要的作用。这也意味着任何语义场都有固定的编码渠道,这个编码渠道可以帮助我们理解复合词的语义构造。

我们实际上也给大家慢慢引进了一些抽象的语义类别,如"空间""规格""时间""质料""地域""身份""动作""对象",等等。这些抽象的语义类别可以用来表示语义特征。对这些抽象的范畴我们还没有很好地定义,好像很自然地就把它们引进来了。这些特征是我们进行语义分析的很好的根据。通过这些语义特征,我们可以告诉大家什么是穿戴:首先它是一个场,这个场里有很多次类,这些次类是按照特征来进行编码的。这种方法也可以用于说明其他语义场,特别是分类语义场。

3.4 词汇语义关系

词汇语义关系可以分为两种,即聚合关系和组合关系,它们各自又可以区分出不同关系层次。Cruse(1986:86—88)提出了一个基本关系层次,即一致关系(congruence)的四种语义类别关系,这种关系侧重外延语义:

(1) 同一关系(identity):A 类和 B 类具有相同的成员。

(2) 包含关系(inclusion):B 类完全包含在 A 类中。

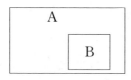

(3) 重叠关系(overlap):虽然 A 类和 B 类具有共同的成员,但是,每一类都具有不属于对方的成员。

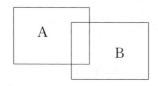

(4) 分离关系(disjunction):A 类和 B 类没有共同的成员。

可以据此来理解其他的语义关系,如同义关系与同一关系相符合,上下位义关系与包含关系相符合,兼容关系与重叠关系相符合,不兼容关系与分离关系相符合。

同义关系是指几个语形不同而意义相同或基本相同的一组义

位之间的语义关系。例如汉语"恭顺""和顺""柔顺""随顺""温顺"和"依顺"是一组同义义位,表示的都是"顺从"的意思。处于同义关系中的各个义位所指称的现实现象的范围是重叠或大体重叠的,但各义位强调的重点和方面可以有所不同,因而在理性意义上表现出细微的差别(叶蜚声、徐通锵,2010)。同义义位可以具有不同的感情色彩。例如 little 和 small 都是"小"的意思,small 不带感情色彩,而 little 带有说话人的主观评价,有指小和爱称的感情色彩。同义义位还可以有不同的语体风格色彩。例如"颔首"和"点头"意思相近,但前者较古雅,只能用于书面语,后者多用于口语。同义义位有细微的差别,而这些差别又往往影响到词的搭配习惯。例如,英语中的 rancid 和 addled 同义,都有"食物变质"的意义,但搭配不同,前者搭配 butter,后者搭配 egg。

Lyons(1977:291—295)对**上下位义关系**进行了较详细的分析。他认为上下位义关系"是一种存在于更具体的或下坐标的词位和更一般的或上坐标的词位之间的纵聚合意义关系"。例如:

  cow—animal(母牛—动物)
  rose—flower(玫瑰—花)
  honesty—virtue(诚实—美德)
  buy—get(买—得到)
  crimson—red(深红色—红色)

在表述上,Lyons 选用了 hyponymy(下义词)这一术语,例如"*Cow* is a hyponymy of *animal*"。下位义可以用单边推导加以确定。例如:

  She was wearing a crimson dress. → She was wearing a red dress.
  I bought it from a friend. → I got it from a friend.

上下位义关系也是一种可传递关系,例如:cow → mammal → animal。名词之间的上下位义关系可以用适当的句法表达式来判定,例如公式:X is a kind of Y。在语义上,一个下位义通常包含了某个形容词性修饰成分的意义,下位义对应于这个意义与上位义的并合。

但是,动词、形容词、副词和其他词类的相关分析难以使用上述公式。

兼容关系(compatibility),Cruse(1986:92—93)给出一个鉴别方法:如果 X 和 Y 是兼容的,那么,A 是 f(x)与 A 非 f(x)逻辑上独立于 A 是 f(y)与 A 非 f(y)。例如以下一组实例:

  homeless—heavy
  rare—round
  dog—pet
  husband—policeman

即上述对子中的两项对于一个对象可以同时成立,例如一个人可以是一位 husband,同时又是一位 policeman。

不兼容关系(incompatibility),Cruse(1986:92—93)给出一个鉴别方法:如果 X 和 Y 是不兼容的,那么,A 是 f(x)衍推 A 非f(y)。例如 cat—dog:

  It's a cat. 衍推 It's not a dog.

Lyons(1977)在对立(狭义对立)和对比的名目下列出的下面一系列重要的语义关系都属于不兼容关系:

(1) 反义(antonymy)。有两种情况:一种是可分级的,例如 hot—cold;另一种是不可分级的,例如 male—female。可以通过语义蕴涵关系来加以分别。不可分级的,如 X is female→X is not male,X is not female→X is male;可分级的,如 X is hot→X is not cold,X is cold→X is not hot,但是,不可有相反的蕴涵关系,如 X is not hot→X is cold 是不成立的。在逻辑上,不可分级反义关系对应于矛盾关系,而可分级反义关系对应于相反关系。可以用程度副词或疑问词来检验是否属于可分级类型,如可分级类型可用 very,very much 搭配,或可用 how,how much 提问。

(2) 互补对立(complementaries),不可插入中间状态的词语,例如 boy—girl,married—single。

(3) 换位对立(converseness),例如 husband—wife,可以用 X is the husband of Y→Y is the wife of X 这样的蕴涵关系式来鉴别。也写作 R(x,y)=R'(y,x)。

（4）方向对立（directional opposition），例如 up—down，arrive—depart，come—go。

（5）垂直对立（orthogonal opposition），例如 east—south/north。

（6）非二元对立：如所有星期X的集合内不同元素之间的对立。

还有三种词汇语义关系需要了解，即部分和整体关系、成员和集群关系、部分和聚集关系。

部分和整体关系（meronymy），例如"手臂—身体""轮圈—自行车"。这种关系与所属结构有关，例如英语"John's right arm""John has right arm"属于不可转让的类型；而"John's book""John has a book"属于可转让的类型。部分和整体关系还具有可传递性，例如，house→door→handle。这种可传递性影响句子语义成立与否，能说"The door has a handle"，但不能说"The house has a handle"。

成员和集群关系（member—collection）（Saeed，2000：70—71），例如：

    ship—fleet（船—舰队）
    tree—forest（树—森林）
    fish—shoal（鱼—鱼群）
    bird—flock（鸟—鸟群）

部分和聚集关系（portion—mass）（Saeed，2000：71），例如：

    drop of liquid（液滴—液体）
    grain of salt/sand/wheat（颗粒—盐、沙子、麦子）
    sheet of paper（页—纸张）
    lump of coal（块—煤）
    strand of hair（股、缕—头发）

由上述讲解可知，语义关系是多层面和多维度的，分析和了解一个义位或一个语言成分所表达的语义，必须综合考虑相关的各种语义关系。

3.5 语义分类和语义组配的分析

进行词汇语义分析的目的还是为了解决语义的组配问题。因此语义的分类研究显得尤为重要,中西在这个方面都有重要的探索。语义组配有不同的层面,而每个层面都有自己的理据(motivation)。

1. 语义场、语义特征和语义组配

语义场的研究会涉及不同词在句法里的语义组配问题。一个语义场里的义位,在跟其他语义场的义位进行组配的时候,不能产生特征上的矛盾。如"穿"与"戴""系""披""蹬"等是对立的,它跟相关的可穿类名词进行搭配时,可以说"穿衣服、穿棉袄、穿羽绒服、穿裤子",但不能说"穿围巾",只能说"披围巾"或"系围巾"。这些词搭配的理据在于穿戴物所附着的身体的不同部位,是身体整体或某一个部位跟所穿戴物的相对的空间关系。所以,语义场里的编码会影响到高层上的组配。这一点在学外语时也有所反映,如要学会 wear 怎么用,需要把英语里搭配的语义特征的类别弄清楚才可以。

对某一类语义场来说,有些动词特别敏感,有些动词是不敏感的。如"买、做、拿"也可以跟穿戴类语义场中的义位搭配,这些动词跟"戴、系、披"这些动词在性质上有什么差别?"买、做、拿"这一类动词适用于很多语义场,不是对穿戴类语义场特别敏感的一类动词。

还有一些语义场的个案分析,可参考贾彦德的《汉语语义学》。

2. 现实理据和义位的组配

义丛的语义组合要符合现实理据,即只有现实现象之间存在相关关系,相应的义位才有可能组配。Cruse(1986:100—111)区分了以下三种关系:

(1)亲近关系(philonymy),符合现实理据,是正常的组配,例如"A dog barked"。

(2)异常关系(xenonymy),不符合现实理据,是不和谐的组配,例如"A cat barked"。

(3)重说关系(tautonymy),虽符合现实理据,但属于赘述的组配,例如"? The speaker is speaking"。

刘叔新(1990)、张志毅、张庆云(2001)从"同素"的角度研究了词语间的语义依赖关系引发的组配。两个义位组配成立的条件是,一方成为另一方含义的重要成分,例如:写一笔、钓一鱼、唱一歌、炒一菜、射一箭、奏一乐、晒一太阳。组配中前面的动词性义位隐含后面名词性义位的语义内容。

Cruse(1986:106)区分了以下三种级别的不成立的组配关系:

(1) 不适宜的(inappropriateness)。组配时违反了同义词选择的限制条件,例如"The aspidistra kicked the bucket",这里应使用与 kicked the bucket 同义的 died。

(2) 矛盾的(paradox)。不可能用同义词替代的方法解决组配的不和谐,但可以用相应的上位词替代消除组配的不和谐,例如:a male aunt 不成立,但把 aunt 替换为它的上位词如 relation,则组配可以成立。

(3) 不和谐的(incongruity)。无法用上位词替代的办法消除组配的不和谐,例如:a lustful affix 不成立,把 affix 替换为 thing 得到的组合即 a lustful thing 仍不成立。

3. 语义的本体分类和选择限制模型

传统的语义组配分析局限于纯粹的词汇语义层面,没有把语义和语法结合起来,因此概括力和解释力都不够。只有探讨语义进入语法组合的途径和方式,才能更好地说明语义结构的性质和语义组配的规律。

义位进入语义组合之后发生了什么?一般会由语法结构组合的类型赋予具体的功能。Lyons(1977:438—466)认为,在语法结构之外存在一个独立的语义的本体分类层面,本体分类决定语义分类,语义分类决定表达功能的分类,而表达功能的分类决定语法结构的形成。句法范畴的语义界定依赖于指称(reference)、陈述(prediction)和修饰(modification)等表达功能。语义本体分类和语言中的词类关联密切。名词、动词、形容词、副词等主要词类的存在其实预设着实体(entities)[①]、动作(actions)、性状(properties)和

[①] 这里的"实体"(entities)和亚里士多德的"实体"(substance)概念不同。

关系(relations)等语义本体范畴的存在。本体范畴清单如下：

> 人(persons)
> 东西(things)
> 动作(actions)(包括事件(events)和过程(processes))
> 性状(qualities)

对实体从具体到抽象可以进一步区分等级。第一级实体：人、动物、东西，特性是具有可感知的属性，是相对恒常的存在，存在于任何时间的时点之中，在心理上存在于三维空间之内，是可观察的。第二级实体：事件、过程、事物的状态(state of affairs)，特性是与一定的时空关联。第三级实体：命题(proposition)，特性是抽象的，存在于时空之外，例如信念、预测、判断这样的命题态度。

第一级实体和第二级实体的区别在于它们离散为个体或重新识别的方式不同，第二级实体比第一级实体具有更多的感知和概念上的构建。第二级实体没有明确的标准来区分个体情状和类情状，难以区分"同一个情状"和"同类情状"，而第一级实体可以区分"同一个人"和"同一类人"。第二级实体和第三级实体的区别在于，前者是可观察的，后者是不可观察的；前者与时空相关，而后者与时空无关；前者与真假无关，而后者与真假有关，可以断言、否定，可以记起、忘记。第二级实体和第三级实体的一个相同点是都可以名物化(nominalization)，例如"John's arrival"就是动作 arrive 的一个名物化表达。

在当代语法语义及语言类型学研究中，可以从生命度(animacy)的角度对实体和相关语言成分区分出等级。生命度等级表示如下(主要参考 Croft,1990:111—117;Whaley,1997:172—182)：

> 有生命物(animate)＞无生命物(inanimate)
> 有生命物(animate)：人类(human)＞动物(animal)
> 人类(human)：成人(adult)＞婴儿(infant)
> 动物(animal)：大动物(big animal)＞中等尺寸动物(medium-sized animal)＞小动物(small animal)
> 无生命物(inanimate)：自然力(natural force)＞抽象物(abstraction)

与生命度等级相关的代词和名词性成分等级序列如下:

第一人称代词和第二人称代词(1&2 person pronoun)>第三人称代词(3 person pronoun)>专有名词(proper name)/亲属名词(kin terms)>指人名词性成分(human NP)>有生命物名词性成分(animate NP)>无生命物名词性成分(inanimate NP)

从指称语义的角度看,一定的语形类别表示一定的语义类别,Kempson(1977,参考 Saeed 2000:30)建立了以下对应:

表 3-1　语义类别和语形类别的对应关系

语义类别	语形类别
个体(individuals)	专名(proper names)
个体的集合(sets of individuals)	通名(common names)
动作(actions)	动词(verbs)
个体的属性(properties of individuals)	形容词(adjectives)
动作的属性(properties of actions)	副词(adverbs)

语义组配和语法结构是紧密相关的,可以依托或参照语法结构探索语义组配的规律。"选择限制"(selectional restriction)是一个较早提出的语义组配模型(Katz & Postal,1964;Cruse,1986:100—111;徐烈炯,1995:131—143)。这个模型有以下三个要点:

(1)语义分解(semantic decomposition)。以句法组合为基础对结构中的词进行语义成分的分析,例如 bachelor(单身汉)的语义成分是(人)(男性)(成年)(年轻)(未婚)等;chase(追逐)的语义成分是(活动)(物体)(目的)(移动)(抓住)(快速)(方向)等。上述单位的语义成分可以分层次用语义标示表达出来,例如 chase 的语义标示如下所示:

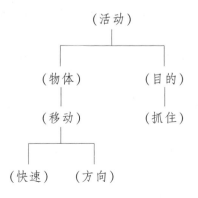

上述语义成分和句法成分的关联为,(活动)有主语,而(方向)和(抓住)都与宾语相关。

(2)选择限制。词语的语义组配规律可以表现为组合位置具有特征或规则上的限制条件,例如与 chase 组配的名词性成分,无论是动作的发出者,还是动作的承受者,都必须具有[animal]这个语义特征,而不可能是无生命物。又例如英语"The stone slept"不成立,原因是违反了选择限制,sleep 必须搭配有生名词,而 stone 是无生名词。

Cruse(1986:104)区分了选择者(selector)和被选择者(selectee)。选择者预设了一项或多项被选择者的语义特征。例如 a pregnant X,pregnant 预设 X 应具有[female]这个语义特征。又例如 drink X,drink 预设 X 应具有[liquid]这个语义特征。相反,一般来说,被选择者不会预设选择者的语义特征。

(3)投射规则(projection rule)。卡茨(Katz)把弗雷格的语义合成原则加以具体化,认为语义从小单位组合成大单位存在合成规则,叫作投射规则。语义规则与句法规则相似,也具有递归性,即不论词组或句子的语义结构多么复杂,都可以反复使用投射规则加以合成。投射规划分为三类。

第一类为内嵌规则(embedding rule),将一个单位的语义标示中留存的变项进行代入操作,代入另一个单位的语义标示。例如,chase the bachelor 的语义合成过程中,bachelor 的语义标示内容代入 chase 语义标示的"抓住"位置之后,完成合成。

第二类为附加规则(attachment rule),将修饰成分的意义附加到中心成分的意义上面。例如 chase the bachelor in the car,in the car 的语义标示内容是 chase the bachelor 的附加内容。

第三类为转化规则(conversion rule),这类规则处理语义内容相同但语法形式不同的现象。例如"John intentionally killed himself"和"John committed suicide"之间存在语义转化关系,意义相同的原因是两个句子的语义标示具有相同的语义内容,即都有(act)(death),并且动作执行者与死亡者同一。

4. 生成词汇学的语义分类和语义组配研究

今天关于语义分类和语义组配的前沿研究以 Pustejovsky

(1995)提出的生成词汇学理论为代表。这个理论借鉴西方哲学中的传统研究,特别是亚里士多德的四因说,提出了语义分类的一个新的框架。生成词库理论认为(宋作艳,2011),语言的意义是带有组合性的,是在动态中生成的。而传统的词义描写采用的是静态的方法,如列举法和区分义项等,缺点是不能反映词义在组合中给语义组配带来的渗透性,不能说明词语在上下文中产生的语义创新。生成词汇学通过设立一些生成机制,说明词义在上下文中得以延伸的条件和规律。

Pustejovsky建立了三分的概念网格,其中实体(entity)、事件(event)和性质(quality)三大类取自传统的研究,而把自然类、人工类和合成类全面推广则是这个语义分类方案的特色。在三大类中,Pustejovsky探讨了属性结构(qualia structure),这是非常关键的内容,无论是动作、性状还是实体,都有属性结构。从词库的角度来说,一个词的面貌大致是这样的:任何一个词都有属性结构、论元结构和事件结构(参见后续相关章节)。可以从构成、外部形式、功用、施成性等四个方面来考察每一个词的属性结构(Pustejovsky,1995:85—104):

(1) 构成属性(CONSTITUTIVE),指一个客体和它的构成成分或恰当的部件之间的关系。要素有:材料(material);重量(weight);部分和构成成分(parts and component elements)。如arm之于body来说是构成,nose之于head来说也是构成。

(2) 形式属性(FORMAL),即在一个较大的域当中把实体区别出来的形式特征。要素有:确定方位(orientation);量(magnitude);形状(shape);维度性(dimensionality);颜色(color);位置(position)。可以理解为外部的形式的特性。例如car有formula X,与plane和ship相区别。

(3) 功用属性(TELIC),指一个施事实施一个行为的目的,指一个客体内置的目的或功能。要素有:客体的目的(goal)和功能(function)。目的可以分为两类:直接的目的,如beer隐含着直接的目的,是用来喝的;计划的功用(proposed telic),即有的时候在做某件事时要使用它,如knife具有一个间接的目的。一般来说,在词库里会把一个词本身具有的东西内置进去,打个比方,就好像它出生时就包含着某种基因,如 drink 就是 beer 的一个基因,cut 就是 knife 的一个基因。"把刀子递给我"中的"递"和"刀子"的动名组配,与 cut 和 knife 的组配相比,其地位及性质是不一样的。

(4) 施成属性(AGENTIVE),指与一个客体的起源或产生相关联的若干因素。要素有:创造者(creator);人工类(artifact kind);自然类(natural kind);原因链(causal chain)。创造者,如"书"必须有一个写书的人,内置着一个创造者。人工类天然地要跟施成属性施动发生关联,天然地要跟某些动作搭配。如"妈妈做好了一个蛋糕",蛋糕是人工物,它一定涉及一个自然的原因链或致使链,只有这样才能产生一个蛋糕,可以把它叫作施动性。

用上述这四种属性可以刻画一种语言里所有的词义,不只是名词性的,还有动词性和形容词性的。但尚属初步探索,如果刻画一个动词性成分,比较麻烦。动词有哪些属性比较难办。如"读"的目的是什么,比较难刻画。

人工类跟自然类最大的差别在于,它涉及人的意图,意图会影响到语义的组配。尤其是,人工类经常涉及施成属性和目的性,如在下面两组例子里,说英语的人都有这样的语感:"This is a good chair / * This is a good rock" "I will enjoy this chair / * I will enjoy this rock"。chair 属于人工类,good 和 chair 就会产生很自然的组配;rock 属于自然类,good 和 rock 的搭配就不成立了。所以人工类和自然类的区别直接影响到语义组配的问题。

有的语义类涉及的意义方面是单一的,比如"老虎""树"这些自然类;而有的语义类涉及多个意义方面,这在今天的前沿研究里叫作多义面。人工类常常会涉及多个义面的集合。例如 newspaper 有多个义面:第一个义面是物理客体(physical object),如可以用报纸包东西;第二个义面是读的信息(information);第三个义面是一个机构(organization)。

语言里常见的多个义面的关联,大体上有这样几类(Pustejovsky,1995:31):

(1) 可数(count)和不可数(mass)交替。如 lamb 既指一个一个的动物,也指作为食物的肉类。

(2) 盛器(container)和被盛物(containee)交替。如 bottle。

(3) 凸体(figure)和背景(ground)交替。如 window,在"The window is broken"中指凸体,在"Mary crawled through the window"中指背景。

(4) 产品(product)和生产者(producer)交替。如 newspaper,在"The newspaper fired its editor"中指生产者,在"John spilled coffee on the newspaper"中指一个产品。

(5) 植物(plant)和食物(food)交替。如 apple 有的时候指植物,有的时候指吃的东西。

(6) 过程(process)和结果(result)交替。如 merger,在"The company's merger with Honda will begin next fall"中是过程,在"The merger will produce the cars"中是结果。

(7) 地点(place)和人(people)交替。如 New York 是一个地点,同时也跟人有关系,在"New York kicked the mayor out of the office"中指的是纽约市的人。

生成词库理论区分了三类动名语义组配的情况(宋作艳,2011):

第一种类型是"纯粹类型选择"(pure selection),动词要求的语义类型可以被名词性成分的语义直接满足,例如"John read the book",此例中的 read 要求与之组合的名词性成分带有物质实体和信息这样的语义属性,而 book 正好可以直接满足这一要求。因此,read the book 这个组配是恰当的。

第二种类型是"类型调节"(type accommodation),动词要求的语义类型虽无法由名词性成分直接满足,但该成分可以从其上位类那里继承一个语义属性,从而满足动名语义组配的要求。例如"Mary wiped her hands",动词 wipe 要求名词性成分应该具有 surface 这样的属性,hands 的语义描写中没有这一属性,但 hands 的上位类 phys-obj(物质实体)那里有这一属性,于是,hands 可以继承这一属性。因此,wipe 与 her hands 的组配也是合法的。

第三种类型是"类型强迫"(type coercion)。从惯常的组配规律看，有一种类型的动名组配看似不恰当，但动词可以对名词性成分的语义类型进行强制性的转换，以满足语义组配的条件。例如"John began the book"，我们知道，begin 通常搭配一个表达事件的名词性成分，而 book 是一个纯粹的实体。于是，这里的 begin 就会强迫 book 进行语义类型的转换，利用 book 属性结构中的施成属性 write 和功用属性 read，在语义理解上把 book 转换为如 writing the book 或 reading the book 这样的表事件的名词性成分。正是因为存在这样的语义转换机制，began the book 这样的组配虽简略，但仍然是成立的。

"John began the book/Mary created the book/Mary sold the book to John"这三个例句的情况是不一样的，book 会展示出三个不同的语义层面：第一个要把 reading 强制性地解读出来；第二个展现的是 information；第三个是一个简单的 object。如果没有很好地描写 book 的属性，就没有办法说明以上语义组配。

又例如"John finished the coffee"，如果 coffee 在属性结构上描写得比较充分，考虑动名组配时就比较方便，能够比较好地描写动名组配。coffee 的属性结构里隐含着 drink，相当于"John finished drinking the coffee"。汉语中也可以说，如"他喜欢绿茶"，一般指他喜欢喝绿茶。

以上就是最近二十年词汇语义学的一项前沿研究，一个重要的方面是对名词分类做出了一些重要的工作，区分了人工类和自然类。另外，"类型强迫"的提出可以帮助我们重新考察动名组配的语义条件。

3.6　衍推和预设

词义以及相关的句义组合还会在衍推（entailment）和预设（presupposition）两个方面存在关联。衍推在所有的意义理论中都起着重要的作用，而预设在语义和语用两个层面也都起着重要作用。

1. 衍推和语义推理

衍推(entailment)[①]也可称作一种狭义的蕴涵,即反映必然性的蕴涵关系(Lyons,1996:124—130)。从命题 p 衍推出命题 q 的条件是:如果 p,那么自动地推出 q。在逻辑语义上,可以依据"真实"(truth)对衍推做出严格的定义。所谓真实,指语句的语义内容与现实存在相符合。衍推可以被严格定义为:如果命题 p 为真,则命题 q 必然为真;如果命题 q 为假,则命题 p 必然为假,那么命题 p 衍推命题 q。

衍推的产生一方面来源于词汇语义关系。例如上下位义关系引发的替换性的意义关联,可以用衍推来说明。比如"动物"和"狗"两个义位之间存在上下位义关系,从"我看见了一条狗"可以衍推出"我看见了一个动物",这里用"动物"替换了"狗"。因此,衍推能够对"'狗'是'动物'的下位义词"做出一个准确的形式上的说明。

词汇语义上的梯级(scalar)关系也会引发与肯定和否定相关的衍推(Fauconnier,1975;Horn,1997;Ladusaw,1997;Israel,2001,2004)。最典型的梯级是数量,例如基数词的聚合{1,2,3,4,5,6,7,8,9},从"小王有 9 个苹果",可以衍推出"小王有 8 个苹果",也可知可以肯定少于 9 个的整个量幅{1,2,3,4,5,6,7,8}。而"小王没有 1 个苹果"可以衍推出"小王没有 9 个苹果",也可知可以否定多于 1 个的整个量幅{2,3,4,5,6,7,8,9}。语言中的其他梯级可以理解为在性质上类似数量等级。于是有下列梯级类型(Israel,2004):

数量(quantity):all, most, many, some; none, hardly any, few

认识情态(epistemic modality):necessary, likely, possible; impossible, unlikely, uncertain

温度(temperature):boiling, hot, warm; freezing, cold, cool

[①] entailment 有不同译法,这里采用"衍推",看作是特殊的蕴涵。

倾向(preference)：adore, love, like; loathe, hate, dislike
评价(evaluation)：excellent, good, OK; terrible/awful, bad, mediocre

上述梯级关系同样可以进行与肯定和否定相关的衍推，例如，从"It is freezing"可衍推出"It is cold"，而从"It is not cool"可衍推出"It is not cold"。

在梯级上，衍推有两个方向：(1)下向衍推，例如英语 nobody, few people, at most two students 之类词语的使用，这些词语可以反转包含谓语形式的句子的衍推。例如，原本"They ran fast"可衍推"They ran"，即大量衍推小量。但是，命题"Nobody ran"却可以衍推"Nobody ran fast"，命题"At most two students ran"可以衍推"At most two students ran fast"，也即小量衍推大量。(2)上向衍推，保持语义力关系向上，例如英语 more 的使用，"Tom had one hundred dollars in his pocket. John had more"中，前面一句中的量增加，后边一句中 more 的量自动向上增加。

在梯级表达上，有两类极性词语(polarity items)：(1)负极词语，表示梯级上最小量意义，例如英语 any, at all；(2)正极词语，表示梯级上最大量意义，例如英语 utterly, thoroughly。极性词语在肯定和否定句中的分布是不对称的，负极词语一般出现在否定句中，不出现在肯定句中，例如，"Tom (* did/didn't) read any French book these years"；而正极词语的分布正好相反，例如，"Tom (is/ * isn't) devoted to you utterly"。

衍推的产生另一方面来源于句义上的同义关系。同一个句子的语义表达常常有主动形式和被动形式。例如，从"中国人建造了万里长城"可以衍推出"万里长城是由中国人建造的"。

由上可知，衍推在性质上属于一种语义推理(semantic inference)，它不依赖于语境。衍推反映的是句子命题之间存在的必然性的语义关系，命题为真必然来自命题为真，命题为假必然来自命题为假。

2. 分析性和综合性

关于真实，在逻辑哲学研究中，康德(Kant)提出"分析性真实"

这个概念,即,逻辑上如果主词的意义包含谓词的意义并且能够由分析揭示,那么这个命题在分析性上真实。例如"All girls are female"的真实可以由主词表达式的分析来说明,girl 可以分析为:human, female, non-adult。因此命题"All girls are female"可以等同于"All human, female, non-adults are female"。这里一个分析性上真实的命题是必然真实的。根据这个定义,不能进行分析的命题都是综合性的。因此语句可以分为以下两类:

(1) 分析性语句,即语义的真实性判定依赖于其自身语义结构的语句,例如"单身汉是未婚的"。重言和矛盾这两种语义的真实性仅凭逻辑规律就可判定。

(2) 综合性语句,即语义的真实性判定依赖于其他具体经验知识的语句,例如"雪是白的"。

3. 意义公设(meaning-postulates)

在逻辑哲学研究中,卡尔纳普(Carnap)提出了意义公设(Lyons, 1996:124—130;徐烈炯,1995:125—127)。在自然语言的语义分析中,我们可以简略地把意义公设看作表达语词涵义的衍推公式,用于限定或澄清语词的意义。

参考前面的词汇语义关系描述可以知道,上下位义关系也可以用意义公设来说明,例如用"下位义→上位义"(→表示衍推)这样的公式,进行"dog→animal"这样的语义推理表达。不兼容关系也可以用衍推和否定来说明。同义表达的鉴别同样也可以用意义公设来说明,例如 puppy 和 baby dog 是同义的,当且仅当两个表达式有共同的衍推。

意义公设分析相比语义特征分析法的好处在于,不必把义位的系统意义穷尽地分解为一组意义成分,就可以为一个义位的系统意义做出大致的说明。与此相关的是,一个具体义位的若干意义公设是否可以依据它们的分析性的度进行层级排序,例如:

bachelor→unmarried
bachelor→adult
bachelor→man

一种语言的说话者会认为,一个义位的某些衍推要比另外一些衍推重要。

目前意义公设分析可以作为语义特征分析的一个有效的补充,系统意义关系可以依据意义公设加以形式化。

4. 预设(presupposition)

与衍推对立,不同句子意义之间还存在预设关系。预设指某一事态成立所必须满足的条件,或指说话人说某一句子时持有的假设(克里斯特尔,2000:283;Levinson,1983:167-225)。在语言的信息结构里,预设信息还和焦点信息相对立(见本书第十讲)。

常见的预设有三类:(1)存在预设,预设陈述对象的存在,例如"鲁迅是《狂人日记》的作者"预设了"存在鲁迅这个人";(2)事实预设,预设了某种事实,例如"张三没来大家很失望"预设了"张三没来"这个事实;(3)种类预设,预设主语所表示的对象属于某种事物类别,例如"雪豹是一种豹"预设了"雪豹"属于"哺乳动物"这一类别。

句义组合中的某些词语容易引发预设,这就是预设触发语(presupposition triggers),其中一类如表达已发生事情的动词性成分"后悔""认识到"等。例如"小王后悔吃了那种奇怪的食物"预设"小王吃了那种奇怪的食物"。

如何区分句义的衍推和预设?可以参照下面的表格(Kempson,1975:49)(其中 T 表示"真",F 表示"假","→"表示"如果……那么"):

表3-2 衍推和预设的区分

衍推关系				预设关系			
句子 a		句子 b		句子 a		句子 b	
T	→	T		T	→	T	
F	←	F		F	→	T	
F	→	T∨F 或真或假		─(T∨F) 无所谓真假		←	F

以上表格里句子 a 衍推句子 b 的实例如:a.张三买了一支钢笔;b.

张三买了一件文具。句子 a 预设了句子 b 的实例如:a.张三陪哥哥逛了故宫;b.张三有哥哥。

区分衍推和预设可以使用简便的否定鉴别法,即否定一个句子一般不能否定相关的预设,预设并不会失效;而否定了一个句子,往往就否定了这个句子的衍推,衍推就会失效。例如:

  a. 球星梅西来过中国。
  b. 球星梅西没有来过中国。
  c. 存在梅西这位球星。

a 和 b 都预设了 c。

  a. 小王今天见到了一位老朋友。
  b. 小王今天没有见到一位老朋友。
  c. 小王今天见到了某个人。

a 衍推 c,b 不衍推 c。

  预设的问题很复杂,关于它的性质还需要进一步探索,这涉及语义和语用之间的关系研究。在第十讲我们还会从信息结构的角度来了解预设和焦点的区别。

参考文献:

菲尔墨 C.J.,1968,《"格"辨》,胡明扬译,2002,北京:商务印书馆。
符淮青,2006,《词义的分析和描写》,北京:外语教学与研究出版社。
郭　锐,2002,《现代汉语词类研究》,北京:商务印书馆。
贾彦德,1999,《汉语语义学》,北京:北京大学出版社。
克里斯特尔 D.,1997,《现代语言学词典》,沈家煊译,2000,北京:商务印书馆。
克鲁士 D.A.,1986,词汇的组织,《语言研究论丛》第六辑,刘叔新译,1991,天津:天津教育出版社。
黎良军,1995,《词汇语义学论稿》,桂林:广西师范大学出版社。
利奇 G.,1981,《语义学》,李瑞华等译,1987,上海:上海外语教育出版社。
刘叔新,1990,《汉语描写词汇学》,北京:商务印书馆。
刘叔新,周荐,2000,《同义词语和反义词语》,北京:商务印书馆。
马庆株,1991,顺序义对体词语法功能的影响,见《汉语语义语法范畴问题》,1998,北京:北京语言文化大学出版社。
沈家煊,1999,《不对称和标记论》,南昌:江西教育出版社。

石安石,1993,《语义论》,北京:商务印书馆。
石安石,1994,《语义研究》,北京:语文出版社。
石毓智,1992,《肯定和否定的对称与不对称》,台北:台湾学生书局。
宋作艳,2011,生成词库理论的最新发展,《语言学论丛》第四十四辑,北京:商务印书馆。
宋作艳,2015,《生成词库理论与汉语事件强迫现象研究》,北京:北京大学出版社。
苏新春,1997,《汉语词义学》,广州:广东教育出版社。
王洪君,2011,《基于单字的现代汉语词法研究》,北京:商务印书馆。
维特根斯坦 L.,1953,《哲学研究》,李步楼译,1996,北京:商务印书馆。
徐烈炯,1995,《语义学》,北京:语文出版社。
雅柯布森 R.,1942,音位的概念,载姚小平主编《雅柯布森文集》,钱军,王力译注,2001,长沙:湖南教育出版社。
雅柯布森 R.,1949,普通语言学当前的问题,载姚小平主编《雅柯布森文集》,钱军,王力译注,2001,长沙:湖南教育出版社。
雅柯布森 R.,1974,标记与特征,载姚小平主编《雅柯布森文集》,钱军,王力译注,2001,长沙:湖南教育出版社。
叶蜚声,徐通锵,2010,《语言学纲要》(修订版),王洪君,李娟修订,北京:北京大学出版社。
叶文曦,2004,汉语语义范畴的层级结构和构词的语义问题,《语言学论丛》第二十九辑,北京:商务印书馆。
叶文曦,2006,语义对立和语义同一,载苏新春,王惠主编《第六届汉语词汇语义学研讨会论文集》,Singapore：COLIPS Publication。
张志毅,张庆云,2001,《词汇语义学》,北京:商务印书馆。

Croft, W., 1990/2000, *Typology and Universals*. 北京:外语教学与研究出版社。
Cruse, D. A., 1986, *Lexical Semantics*. Cambridge: Cambridge University Press.
Fauconnier, G., 1975, Pragmatic Scales and Logical Structure. *Linguistic Inquiry* 6:353—75.
Horn, L. R., 1997, Presupposition and Implicature. In Lappin, S. (ed.) *The Handbook of Contemporary Semantic Theory*. Oxford: Blackwell.
Israel, M., 2001, Minimizers, Maximizers and the Rhetoric of Scalar Reasoning. *Journal of Semantics* 18(4):297—331.
Israel, M., 2004, The Pragmatics of Polarity. In Horn, L. R. & G. Ward (eds.) *The Handbook of Pragmatics*. Oxford: Blackwell.
Katz, J. J. & P. M. Postal, 1964, *An Integrated Theory of Linguistic Description*. Cambridge: The MIT Press.

Kempson, R. M., 1975, *Presupposition and the Delimitation of Semantics*. Cambridge: Cambridge University Press.

Ladusaw, W. A., 1997, Negation and Polarity Items. In Lappin, S. (ed.) *The Handbook of Contemporary Semantic Theory*. Oxford: Blackwell.

Levinson, S. C., 1983, *Pragmatics*. Cambridge: Cambridge University Press.

Lyons, J., 1977, *Semantics*, Vols. I & II. Cambridge: Cambridge University Press.

Lyons, J., 1996, *Linguistic Semantics*. Cambridge: Cambridge University Press.

Pustejovsky, J., 1995, *The Generative Lexicon*. Cambridge: The MIT Press.

Saeed, J. I., 2000, *Semantics*. 北京:外语教学与研究出版社。

Whaley, L. J., 1997/2009, *Introduction to Typology*. 北京:世界图书出版公司。

第四讲　语义范畴的层级结构

4.1　认知语义和语义范畴的层级结构
4.2　汉语中抽象级语义范畴的鉴别
4.3　关于语义范畴层级的进一步说明
4.4　汉语的一条语义编码公式

4.1　认知语义和语义范畴的层级结构

本讲讨论一个语义编码的基本问题,即语义范畴的层级。在讲这个问题之前,要先区分两个概念:语义范畴和语义概念。语义范畴(category)比较侧重外延,即某个范畴概括的范围,当然也涉及涵义。语义概念与语义范畴相近,既有指称的问题,也有涵义的问题;既有外延的问题,也有内涵的问题。这是今天的语义学中一个非常基本的问题,我们从这里出发,来探讨汉语的词汇语义结构。

1. 范畴化和范畴分类层级框架

什么是范畴化？我们在讲语义三角时谈到,语义三角有三个极:一个是 thought,一个是 symbol,还有一个是 referent。thought 这一极涉及范畴化的问题,也就是说话人怎样用语言的手段对外部世界进行切分,如怎样把水果分为苹果、梨、葡萄等,怎样把光谱切分为赤橙黄绿青蓝紫,这都是范畴化的过程,或者说概念化的过程。不同民族、不同语言或不同时代对世界的切分,细致程度不同。如英语对汽车的编码非常细,汉语对汽车的编码非常粗。上古汉语从颜色、年龄、腿的形状、毛发的部位等对牛和马进行切分,范畴化非常细致;而今天已经不是农业社会,所以对牛和马的切分就比较粗一点。

在范畴化的机制里,有一个层次的范畴非常重要,这就是基本层次范畴(basic-level categories)。基本层次范畴是美国心理学家罗什(Rosch)1975年提出的,它在认知心理上,在人类的概念层级中不是较高层次的范畴(如"动物、家具"),也不是较低层次的范畴(如"拾猎、摇椅"),而是位置居中的范畴(如"狗、椅子"),在人类认知中处于基本的地位,词汇语义的庞大内容都是从基本的语义范畴开始生成的。罗什的理论框架大致是这样的:

TAXONOMIC HIERARCHY(分类层级)	EXAMPLE(实例)	
SUPERORDINATE(上位级)	ANIMAL(动物)	FURNITURE(家具)
BASIC LEVEL(基本级)	DOG(狗)	CHAIR(椅子)
SUBORDINATE(下位级)	RETRIEVER(拾猎)	ROCKER(摇椅)

这是一个范畴的分类层级框架,分为三级:最上一层是上位级,最下一层是下位级,中间一层是基本级。人们在对现实进行语义编码的时候,基本级是最重要的。

按照罗什等(Rosch & Mervis,1996:451—452)的理论,基本层次范畴之所以重要,有以下四个方面的原因:

(一)感知方面,这个层次范畴的成员具有感知上相似的整体外形。如谈到"树""狗""马",各种各样的树、狗、马都会有一个相似的整体外形,在认知上能形成反映整个类别的单个心灵意象。这可以在认知心理上进行测试,如找几十个积木来,这些积木有颜色、形状上的区别,孩子们可以用各种办法进行归类。这些归类是有认知心理上的基础的。所有的狗有一个单个的心灵意象,这是人的认知基础。如果没有这个认知基础,在编码时就没有办法操作了。

(二)功能方面,它是人们能运用相似的行为跟范畴各成员互动的最高层次,是一个概括的层次。如"他喜欢喂猫""喂了好多猫",都有一些相似的互动行为。

(三)言语交际方面,这个层次上的范畴往往用较短、较简单的语形,一般都是单音节的;另一方面,从使用频率上来说,它是比较常用的;还有就是它独立于特定语境,通常用比较中性的语词来表达,也就是说它往往不含有特定的情感意义。基本级语义范畴往往是比较中性的,它不涉及褒贬;如果涉及褒贬,往往不是基本级语义范畴。这些语词较早进入词库,也是儿童在语言习得时掌握得最早的。

(四)在知识组织方面,人类的大部分知识都是在这个层次上组织起来的。在这个层次的基础上可以进一步抽象化和具体化。

2. 汉语语义范畴的层级框架

在汉语里我们提出了类似的层级框架(叶文曦,2004):第一个是基本级,第二个是抽象级,第三个是具体级。在这里我们做一个符号上的约定:用"[ ]"代表一个语义单位,就像音系学里用"/ /"代表音位一样;用"→"表示语义范畴的语形实现。

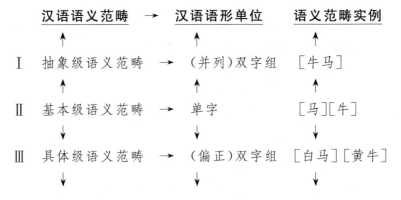

基本级(basic level),也可称为原级,汉语语形上常由单字单音节来表达,英语中也一样。也就是说,在语义上都是最基本的,在语形上也都是最简单的。现代汉语用什么样的方法来识别基本级语义范畴呢?第一个条件,这个单字要能单用,即能单独成词,如"那是什么?——狗""这是什么?——书","狗"和"书"都能够单用,这些能够单用的单字一般构成基本级。如果牵涉古汉语就比较麻烦了。古汉语中很多单字已经不能单用了,如表达洗漱义的"洗""漱""沐""浴""盥",这五个字在古汉语中都能够单用,都是基本级。在现代汉语中有些就不是基本级了,如"沐""浴"和"盥"。当然,"沐"和"浴"在特殊情况下也是可以单用的,但根据出现的频率和特定的语境,最好不要把它们处理为基本级单位。可见,基本级范畴只是由现代汉语这个共时系统里的常用单字来表达的。第二个条件是,一般来说,如果能参与构成多个并列式和偏正式双字复合词,即往上能构成抽象级,往下能构成具体级,这样的单字表示的就是一个基本级语义范畴。最典型的是名物类,如[马][山]。从三个级的编码来看,名物类编码和动作类编码、性状类编码显然不同,名物类比较容易找到三级的对立关系,但动作类不一样,往下走比较难,具体级在三级里就变成一个边缘的编码了。如[说][笑]是基本级,往上编码是[说笑],往下编码就比较难了,[鬼笑][怪笑][尖笑][爆笑]也可以,但有的时候未必直接用于动作的具体表达,如"他一脸鬼笑"。性状类也一样,如[美]和[好]都是基本级语义范畴,再往下分就比较麻烦了,具体级比较少一点。所以,在编码时名物类、动作类、性状类在具体级范畴上的数量分布是不平衡的。这就是编码的不对称现象。

具体级(concrete level),也可称为分类级,语形上由偏正双字组来表达。一个典型的具体级语义范畴是由一个基本级语义范畴加上一个语义特征组合而成的。现有的偏正双字组是一个基本级语义范畴进一步分类的结果。例如[白马][战马][劣马][野马]等就是对[马]的再分类。这里比较难处理的是[家具]这一类,它在这个框架里是具体级的范畴。其中的[具]除了参与下一级的构建构成具体级[家具]外,还可以参与上一级的构建构成抽象级[器具]。但是,[具]在现代汉语中一般不单用。那么它是不是一个基本级语义单位?这个问题比较麻烦,需要特别地来考虑。这种情况可以作为编码的特例,或者古汉语的遗存。[机]也是一样,如[计算机]是具体级,但[机]要变成基本级必须加"子",[机子]才是基本级。

抽象级(abstract level),也可称为集合级,语形上由并列双字组来表达。一个典型的抽象级语义范畴是由两个基本级语义范畴平列组合而成的,例如[牛马][山河][行走][说笑][新旧][美好]等。抽象级语义范畴的指称范围,或者说外延,有的时候不仅涵盖参与组构的基本级范畴,而且在整体语义上具有抽象性,如"油盐"可能比"油"和"盐"各自涵盖的范围之和还要大一点。"油"在具体指称的时候只有"油","盐"在具体指称的时候只有"盐",而"油盐"既有油,又有盐,可能还指其他东西。从这个意义上说,参与组构的两个基本级语义范畴表示的是抽象级语义范畴中的两个原型(prototype)。对抽象级语义范畴也可以做进一步的抽象构建,如汉语可以用四字构建[牛马猪羊][油盐酱醋]等更抽象的抽象级语义范畴。

这三个层级就是汉语中最自然的语义单位。我们会碰到各种各样的词,现在我们就知道,这些词的语义地位是不同的,最重要的是基本级语义范畴,任何语言都是这样的。在汉语系统里,常用单音节字来表示基本级语义范畴,但是也有用非单音节字来表示基本级语义范畴的情况,如"桌子"。另外,常用的概念未必都属于基本层次范畴。比如说"蛋糕"和"鸡蛋"都是常用的概念,但都不是基本级,其中的"蛋"和"鸡"是基本级。

英语的编码跟它的语言单位、音节结构也是有关系的。如果是基本级语义范畴,在语形表现上也常常是单音节的。汉语中有[马]这样的基本级单位,英语中有[horse]。所以在任何语言中单音节都是非常重要的语形编码。英语中如 animal, furniture, retriever, rocker 等音节都比较复杂,往往是两个音节以上的,这与其范畴层级也有自然的关联。

从具体级的角度来说,汉语和英语在构建方式上有什么差别?如英语中的 dog 和 animal,在语形上没有任何关联,构建 animal 时根本看不出来这里有没有 dog 的问题。而汉语中的"白马",其语义和"马"有密切的关联。所以从语言语义的角度来说,英语的语义编码不能照应到语言结构关系,汉语的语义编码能够照应到语言结构关系。理想的语义编码应该是汉语这样的编码,具体级的编码应该跟基本级有关系。

从抽象级的角度来说,在英语里有没有类似汉语"牛马"的复合词?我们只找到和汉语类似的一个并列式复合词,即bittersweet,表示的是一种植物。德语中有一批这样的词,需要另外来研究,其他印欧语中比较少。

在编码时,抽象级的构建应该跟基本级有关系,具体级的构建也应该跟基本级有关系,但英语没有做到。英语有一种词如 watergate,如果这样编码,它的具体级和基本级是有关联的,但 watergate 这种词是最近几十年英语中新兴的构建。如果这种构词很多的话,英语中的具体级和基本级的关联就会比较密切,就不会像 dog 和 retriever,只能在纯粹的语义里看到它们之间的关联,在语言结构上根本看不到。中国人学英语比较困难,跟这方面是有关的。retriever 得重新记忆,它跟 dog 没有关联。汉语的编码在一定程度上是顺着语义脉络进行的,这跟印欧语差别比较大。

基本层次范畴是根据认知心理提出来的,认知涉及思维方式,不同民族、社会都有共同的认知能力,但这种能力通过什么样的依托来实现是不一样的,可以用英语,也可以用汉语。就好像打开了不同的窗户,这些窗户都可以让现实照进来,但是在照的时候就会有差别了,这种差别就反映在构建语义范畴层级的语言方式是不一样的。

语言结构和思维有关系,但我们认为更深刻的还是语言结构内部的问题。汉语的语形比较整齐,都是单字单音节,往上组配、往下组配的时候都构成对称的双音节;英语中的词有的长有的短,没有办法像汉语一样结合在一起,这跟她的语形有关系。所以,语义虽然是一个独立的层面,但在编码时还是要受制于语形。音系学上也有一些研究,单音节是非常重要的,汉藏语系的语言中单音节是一个很重要的问题,这实际上从另一个方面说明多音节的编码没有印欧语多。

以上就是语义范畴层级的问题,这是最近几十年来比较新的研究,我们认为这是很基本、很重要的。从逻辑语义上来讲,基本级是层级的核心,不同级别的语义范畴有不同的组配要求。另外,跟逻辑语义学也有关系,汉语有汉语的推理办法,汉语中概括的问题、复合概念的问题需要进一步的讨论,这跟西方的传统还是有区别的。

4.2 汉语中抽象级语义范畴的鉴别

下面我们进一步谈谈,汉语中的抽象级语义范畴如何鉴别的问题。鉴别的办法有以下五种:

第一种鉴别方法:出现了双字,释义中用"和""而""并""或",一定是一个抽象级语义范畴。例如:"茶饭:茶和饭,泛指饮食。"这是《现代汉语词典》里的释义。我们知道,"茶饭"不是简单包括"茶"跟"饭",还可以包括其他东西,如可能"菜"也在里面。"茶"和"饭"是饮食里最典型的两种。又例如(释义引自《现代汉语词典》):

尘芥:尘土和小草,比喻轻微的事物。
编遣:改编并遣散编余人员。
诧谔:吃惊而发愣。
成败:成功或失败。

第二种鉴别方法:用并列短语释义或分别释义。例如:

查禁:检查禁止。
查究:调查追究。
超越:超出;越过。
撤离:撤退;离开。

第三种鉴别方法:释义时同义平行,对称系联。例如:

安恬:安静/恬静
诧异:惊诧/惊异
惫倦:疲惫/疲倦
绑扎:捆绑/捆扎

有的对称关系更复杂一些。例如:

快慰:愉快/欣慰;欢愉/欢欣
壮阔:宏壮/广阔;宏大/广大

如果发现这些释义能够系联起来，也就容易判明是抽象级语义范畴。这一点跟涵义的构建有关系，"安"和"恬""静"是有关系的，"诧"跟"惊"是有关系的。

第四种鉴别方法：可颠倒。例如：

酬应：应酬
薄厚：厚薄
别离：离别

第五种鉴别方法：出现在固定格式中。例如：

眉清目秀（眉目/清秀）
呼风唤雨（呼唤/风雨）
开天辟地（开辟/天地）
大街小巷（大小/街巷）

4.3 关于语义范畴层级的进一步说明

以上就是词在 symbol 层面上编码的问题，我们的观念是这样的：在研究、理解语义时，每一个词的地位是不同的，有的是基本的，有的是派生的。汉语的编码中，基本级是很重要的，抽象级和具体级在编码时都是按照理据进行的。选择"牛马"这个语形是有道理的，选择"白马"这个语形也是有道理的。

这里有一个问题，就是基本级的语形是怎么来的。这必须用历史语言学、考证的办法来解决，有的已经解决了，有的还没有。比如"亭子"的"亭"，可能跟"停留"的"停"有关联。这些办法能够帮助我们理解构建基本级概念时的理据，但不能够解决所有的问题。

抽象级一般是两个基本级的并列，但偏义复词如"盥洗""窗户"怎么处理？在古汉语这个共时系统里，"盥"和"洗"、"窗"和"户"是独立的，地位是平等的，甚至可以颠倒。随着历史的发展，其中某一个字或者语素的语义功能慢慢萎缩，就变成了一个陪衬，变成了偏义复词。如"盥洗"这个词最初是在魏晋南北朝时期出现的,那个时候"盥"和"洗"的地位是平等的,而现在"盥"的地位已经不重要了,"洗"成了中心。"窗户"这个词第一次出现的时候,"窗"和"户"也是并立的,"户"指门。后来"户"慢慢读成轻声了,语义上已经削弱,把"窗"突显了出来。"窗户"和"盥洗"这类词的分析我们需要特别考虑。从构词的角度来说好像是抽象级,但实际上已经不是典型的抽象级了,现在它们慢慢向基本级靠拢。意义相同的两个词如"窗户"和"窗"在层级上是不一样的。在语言的历史发展过程中会产生这样的情况。

语义范畴的层级结构同时涉及历时和共时。以上举的例子都是一些特例,不是共时编码的主流,偏义复词在语言系统里并不多,常见的只有十几个。如果存在大量这样的情况,整个编码系统就瘫痪了。如果说未来编码的理想状态是大部分形式保持意义上的关联,这个陪衬也并不是没有作用,双音节化对汉语的句法有很大的意义。索绪尔区分了共时和历时,语言里不但有共时的问题,还有历时的问题,这两个层面纠缠在一起,给语言的分析带来了一些难度。

4.4 汉语的一条语义编码公式

下面我们具体谈一下特殊的编码问题。一个语义单位在一个语言系统里的生命,在于它跟其他语义单位有对立关系,也就是说它有自己的地位,而不像前面我们讲的"盥洗"的"盥"和"窗户"的"户"。这里面就涉及语义特征。对事物类和实体类进行刻画,需要各种特征,这一点是比较稳固的。但随着社会实践的发展,对类的认识和刻画是没有尽头的,因此,特征的地位是变动不居的。语义范畴是一种语义类别,跟语义类别相伴生的是特征。也就是说,如果要认识事物的话,必须要认识它的特征,从不同的角度对它进行刻画。这里引进一个公式,即汉语单字格局的语义编码格式:

$$1 个字义 = 1 个语义特征 \times 1 个语义类$$

字义的编码有两个方面:一个方面是语义特征;另一个方面是类别。也就是说,在进行编码的时候要同时考虑到特征和类这两个方面。但是大家要特别注意,编码的时候,一次理想的共现,是一个特征和一个类的共现,这是语义编码的首要原则。如果涉及多个特征相配,特征和类别就必须分出层次来。如"马"编成"大白马","白"和"大"都是特征,"马"是类别。在第一次编码的时候是"白"和"马"编在一起,第二次编码的时候是"大"和"白马"编在一起,仍然是一个特征加一个类别,只不过这个类别变成具体级"白马"了。什么样的语义类别和什么样的语义特征来搭配,是由现实决定的。在构建涵义的时候有这样一个轨道,这取决于理据。理据就是人们对现实现象认识的习惯及刻画的方式、角度。这些方式、角度以及认识的习惯都是固定的,所以涵义可以从语义编码的角度来把握。

语义编码的例子请看古代汉语。以下 a—g 是以《毛诗传》的材料(引自向熹,1981;齐佩瑢,1984)为基础做出的语义编码的刻画:

  a. 錡→[有足]×[釜]
    釜→[无足]×[釜]
  b. 羔→[小]×[羊]
    羊→[大]×[羊]
  c. 狩→[冬]×[猎]
    苗→[夏]×[猎]
  d. 衣→[上]×[衣]
    裳→[下]×[衣]
  e. 跋→[草]×[行]
    涉→[水]×[行]
  f. 卜→[龟]×[卜]
    筮→[蓍]×[卜]
  g. 螟→[食心]×[虫]
    螣→[食叶]×[虫]
    蟊→[食根]×[虫]
    贼→[食节]×[虫]

b 中"羔"和"羊"的编码,是从大跟小的角度来编的,"羔"是小羊,"羊"是大羊。d 例中,"衣"是上衣,"裳"是下衣。现在"衣裳"里的

"裳"已经很少用了,只出现在个别词中,如"霓裳羽衣曲"。再如 e 例中,"跋"是在草上行走,"涉"是在水上行走。g 例中,"蟊"是吃根的虫,"贼"是吃节的虫。所以"蟊"和"贼"以前是分别编码的,现在"蟊贼"转指人。

外显化的方法有两种,一种是增加语义类别,一种是增加语义特征。前一种情况如"芹",双音化为"芹菜"之后,"芹"表特征,原来"芹"所隐含的类别由增加的"菜"外显化了;"杨"也一样,双音化为"杨树"之后,"杨"表特征,原来"杨"所隐含的类别由增加的"树"外显化了。后一种情况如"鹭",双音化为"白鹭"之后,"鹭"表类别,原来"鹭"所隐含的特征由增加的"白"外显化了;又如"蒿",双音化为"青蒿"之后,"蒿"表类别,原来"蒿"所隐含的特征由增加的"青"外显化了。

从古汉语的特征和类别我们可以看到,在编码的时候,一般情况下形状、颜色、性质、质料、功能、位置比较重要(参考齐佩瑢,1984:101—138)。例如:

a. 形状(形貌):
陵→[隆高]×[山](《释名·释山》)
筐→[方]×[筐](《毛诗传》)

b. 颜色:
海→[晦黑]×[水](《释名·释水》)
鹭→[白]×[鸟](《毛诗传》)

c. 性质(性情):
脓→[酽厚]×[汁](《释名·释形体》)
琼→[美]×[玉](《毛诗传》)

d. 质料(成分):
桓→[木]×[豆](《说文》)
登→[瓦]×[豆](《毛诗传》)

e. 功用(作用):
腕→[宛屈]×[形体](《释名·释形体》)
囿→[域养禽兽]×[园](《毛诗传》)

f. 位置:
角→[生于额角]×[形体](《释名·释形体》)

g. 时间：
圃→[春夏]×[场]（《毛诗传》,下同）
场→[秋冬]×[场]
植→[先]×[种]
稺→[后]×[种]

h. 声音：
雷→[硠雷之声]×[雷]（《释名·释天》）

i. 所及：
孝→[父母]×[善]（《毛诗传》,下同）
友→[兄弟]×[善]
雕→[金]×[刻]
琢→[玉]×[刻]

j. 比喻：
乔→[似桥]×[山]（《释名·释山》）
跟→[似木根]×[形体]（《释名·释形体》）

如"陵"就是高山，它的特征是高起。早期汉语中的"筐"不是圆筐，而是方筐。颜色方面，"鹭"就是"白鹭"。"登"是跟"豆"一类的，所谓"五谷丰登"就是粮食装满了瓦罐，例子不再逐一分析。我们能不能从构词的角度来分析说明涵义构建的轨道？实际上是可以的。我们以前分析语义特征时有一个弱点，就是好像语义特征是凭空而来的。从古代汉语、现代汉语的构词里我们都能看到，语义特征有它的轨道，这也是个编码理据的问题。有人可能会问，这样进行编码之后，基本级哪儿去了，比如连"雷"这样的词都成了具体级。但古代汉语可能不是这样，在很早的远古汉语层面有基本级，那个时候基本级就隐含了。如在古汉语的层面不说"芹菜"而说"芹"，古人能理解出里面隐含着的基本级[菜]吗？实际上是可以的。后来这个隐含的内容外显出来了，就说成"芹菜"了。

动作方面也是一样（参考蒋绍愚，1989:50—51），例如：

a. 主体：
鸣→[鸟]×[鸣]（《说文》,下同）
吠→[犬]×[鸣]

b. 对象：
    洗→[足]×[洗]（《说文》，下同）
    沐→[发]×[洗]
    浴→[身]×[洗]
    盥→[手]×[洗]
c. 方式、状态：
    睨→[衺]×[视]（《说文》，下同）
    瞻→[临]×[视]
    观→[谛]×[视]
d. 工具：
    挟→[笞]×[击]（《说文》，下同）
    挟→[车鞿]×[击]
    捭→[两手]×[击]
    捶→[杖]×[击]

"鸣"是鸟鸣，"吠"是犬鸣；"洗"是洗足，"沐"是洗发，"浴"是洗身，"盥"是洗手。所以任何编码，其涵义都是有轨道的。

性状也是一样（参考蒋绍愚，1989:51－52），例如：

a. 事物：
    肥→[牛羊]×[肥]（《说文》，下同）
    腯→[豕]×[肥]
b. 方面：
    明→[视]×[明]（《尚书·洪范》，下同）
    聪→[听]×[明]
    睿→[思]×[明]
c. 性质：
    暑→[湿]×[热]（《说文解字注》，下同）
    热→[燥]×[热]
d. 程度：
    縓→[一染]×[红]（《尔雅·释器》，下同）
    赪→[二染]×[红]
    纁→[三染]×[红]

"明"是视的明,"聪"是听的明,"睿"是思的明,"睿"要跟"明""聪"联系起来理解,说这个人很睿智,实际上是指他思明;说他聪明,最初是指视和听,后来慢慢转成指思维的睿智。"暑"一定是带有湿的热,"热"是干热。

所以对立的问题很重要,还有一个系统的问题。我们学习语言,如果只了解只言片语,这个系统是把握不好的,只能大概知道指称,涵义常常就无从了解。

参考文献:

蒋绍愚,1989,《古汉语词汇纲要》,北京:北京大学出版社。
齐佩瑢,1984,《训诂学概论》,北京:中华书局。
向　熹,1981,《毛诗传》说,《语言学论丛》第八辑,北京:商务印书馆。
徐通锵,1997,《语言论》,长春:东北师范大学出版社。
叶文曦,1999,汉语单字格局的语义构造,《语言学论丛》第二十二辑,北京:商务印书馆。
叶文曦,2004,汉语语义范畴的层级结构和构词的语义问题,《语言学论丛》第二十九辑,北京:商务印书馆。
张　敏,1998,《认知语言学与汉语名词短语》,北京:中国社会科学出版社。
赵元任,1968,《中国话的文法》,载刘梦溪主编《中国现代学术经典——赵元任卷》,1996,石家庄:河北教育出版社。
周法高,1962,中国古代语法·构词编,中研院史语所专刊(三十九)。
周　荐,1991,复合词词素间的意义结构关系,《语言研究论丛》第六辑,天津:天津教育出版社。

Lakoff, G., 1987, *Women, Fire, and Dangerous Things: What Categories Reveal about the Mind*. Chicago: The University of Chicago Press.
Rosch, E. & C. B. Mervis, 1996, Family Resemblances: Studies in the Internal Structure of Categories. In Geirsson, H. & M. Losonsky (eds.) *Readings in Language and Mind*. Oxford: Blackwell.

第五讲　语义格和句子的语义结构

5.1　"场景"和语义格
5.2　汉语的语义格分析
5.3　语义格、动词配价语义和句子的语义结构
5.4　语义和论元结构
5.5　致使的语义分析
5.6　作格性的语义分析
5.7　中动的语义分析

5.1　"场景"和语义格

语言是对外部世界的编码。怎样用有限的语言手段对无限多的语义内容进行编码呢？符号序列的编码和单个符号的编码在"概括"这一点上是相似的，词组义和句子义对现实世界的反映也是概括的。但在词组或句子层面进行语义分析，情况要复杂得多。

1. "场景"和句义编码

按照菲尔墨（2002:165－187）的理论，语义学的研究对象是话语所产生或引发的认知场景，意义是联系着"场景"（scene）的。"场景"一词可指视觉形象，还可指任何一个具有一体性的独立的知觉、记忆、经历、行动或物体。场景可以是静态的，也可以是动态的。词、短语、句子乃至一段话语都可以用来确定场景，但是，它们突出和强调的只是那个场景中的某一部分。场景与人类的认知密切相关，一个现实世界的场景需要按照某个原型场景的范式（paradigm）或原型来感知。

如何在话语中重建场景？菲尔墨认为需要考虑两个方面：一是话语中的词汇或语法材料；二是理解者本人的想法，这个想法来源于他对当前语境的知识、对普遍世界的知识和他对讲话者意图的设想等。这里的问题是，一个句子的语义相对一个场景来说过于简略，在进行编码时采取什么样的策略呢？菲尔墨又引入了"透视域"(perspective)这一概念，认为，在一段话语的任何一处，我们都是从一个特殊的透视域去考虑一个场景的，或者说，我们只是集中注意那个场景的某一部分。菲尔墨以商务事件为例，说明一个单一的小句要求对事件选择一个特殊的透视域，任何具体的动作行为只要求将一个或几个实体置于透视域，例如，"卖"(sell)是把卖主和货物放入了透视域。如此，场景中的某些方面在句子中表现为核心谓语动词、主语及直接宾语等，这是句子的核心成分；而场景中的某些方面如时间和空间等因素，不一定是某个类型的情境所特有的，所以在句子中表现为环境性成分，它们是句子的非核心成分。

从编码的角度看，需要探究这样的问题，即，具体场景中哪一个或哪一类参与角色可以进入透视域？哪一个实体可以进入核心，表现为句子的核心成分？有无普遍原则来决定哪一个做主语，哪一个做宾语？

菲尔墨认为，存在显要性等级(saliency hierarchy)这样的原则，它决定什么样的参与者应该进入透视域。场景中实体成分显要性等级高低的决定因素如下：(1)受影响的实体有无生命；(2)受影响的实体有无变化；(3)有定性(definiteness)和整体性(totality)；(4)词汇个性因素。

菲尔墨认为，还存在另外一种显要性等级，它在透视域和句子语法结构关系之间起到映现(mapping)的作用，它决定如何为置于透视域中的名词性成分指派语法功能，等级如下：(1)主动(active)成分级别高于非主动成分；(2)原因成分级别高于非原因成分；(3)人类(或有生命的)感受者级别高于其他成分；(4)被改变了的成分级别高于未被改变的成分；(5)完全的(complete)或个体化的(individuated)成分级别高于一个成分的某一部分；(6)凸体级别高于背景;(7)有定的成分级别高于无定的成分。

2. 语义格的设立

句义分析和语义角色的概括需要一套本体或初始范畴,菲尔墨的方法是建立一套语义格范畴(case),如下所示:

表 5-1 语义格范畴

施事:由动词确定的动作能察觉到的典型的有生命的动作发出者	Agentive(A)
客体:由动词确定的动作或状态中(的客体),其作用要由动词本身的词义来确定,最好应限于由动词所确定的动作或状态所影响的事物(最中性)	Objective(O)
工具:对由动词确定的动作或状态而言作为某种因素而牵涉到的无生命的力量或客体	Instrument(I)
使成:由动词确定的动作或状态所形成的客体或有生物	Factitive(F)
处所:由动词确定的动作或状态的处所或空间方向	Locative(L)
时间	Time(T)
与事:由动词确定的动作或状态所影响的有生物	Dative(D)
受益	Benefactive(B)
伴随	Comitative(C)
永存/转变	Essive/Translative (E/TR)

菲尔墨认为,这些格都是语义格,跟传统的格不同。传统的格概念虽然也涉及语义,但在很大程度上是语法的问题,指的是语义结构的语法实现形式,表现为表层的语法标记,所以也可以称为语法格,如主格、宾格等。一个句子有语义结构,还有句法结构,语义是深层的,句法是表层的。传统的语法格主要是表层的问题,不是所有的语言都有语法格;菲尔墨讲的语义格主要是深层的问题,所有的语言都应该有语义格。另外,这些基本的、跟句法关系非常密切的语义格,它们跟词汇里的语义角色是不一样的,如质料、颜色也是高层级的语义范畴,但它们属于词汇语义范畴,而不属于句法语义范畴。

在今天的研究里,句法语义范畴这个清单的数量是不确定的,有的学者认为有十几个,有的认为有几十个,有的认为有上百个。以上这个格清单是菲尔墨经典研究里注意到的抽象的语义范畴,这些范畴对于句子的语义结构来说是重要的,但是远远不够。

这个研究应该是初步的,但确实是经典的,一方面是它对一些重要的语义格的定义,另一方面是它对格标的看法。每一种语义格在英语中都有自己的格标,常见的如下(菲尔墨,2002:42):

表 5-2 英语中的格标记

语义格	格标
Agentive	by
Objective	"零"
Instrument	by;with
Factitive	"零"
Locative;Time	根据有关名词来选定
Dative	to
Benefactive	for

英语用这些格标与名词的搭配,来判定名词性成分担任的语义角色。这种办法是菲尔墨的一个发明,即在没有形态变化或形态变化比较少的语言里,同样能找到一些格标,这些格标往往是前置词或后置词。英语里主要是前置词,韩语和日语里主要是后置词,汉语里一般是格标放在名词前面,还会使用一些框式结构。

根据这些基本的语义格,菲尔墨提出,可以依据动名语义关系把动词编入一个词库。一个动词能和哪些语义格搭配是固定的,把可能跟它相配的语义格都编进去。如 open 能够选择格,在一个句子里会有一些常见的格,如下面这些格框架(菲尔墨,2002:34—40):

+[__O]　　　　　The door opened.
+[__O+A]　　　　John opened the door.
+[__O+I]　　　　The key opened the door.
+[__O+I+A]　　　John opened the door with a key.

前面的横线表示动词出现的位置。后面我们会讲,一个动词在选择格的时候,有的是必选的,有的是非必选的。必选的格一般不打括号;非必选的,在句中可以出现也可以不出现,可以加括号,如表示为+[__O+(I)+(A)]。用这样的方法可以给每个动词的语义描写格框架。这是很有用的,如机器翻译,把汉语翻译成英语就要抓住格标记,如"把"一定用来标记一个客体格。

在经典的研究里,菲尔墨已经注意到了生命度的问题。名词的生命度是非常重要的特征,会决定很多东西,有的动名组合里面名词必须具有有生性特征,如施事和与格必须是有生命的。

3. 语义结构的模型

如何描写一个句子的语义结构?菲尔墨提出了一个经典的模型。一个句子的语义结构可以按照以下三条公式来描写。

(1) S→M+P

以上 S 表句义;→表"扩展为";M 表情态,指否定、时、式和体等与整个句子有关的情态成分[①];P 表命题,即一组牵涉到动词和名词的关系项。

(2) P→V+C_1+C_2+C_3+…+C_n

以上 V 表动词性成分,C 指的是由名词性成分表示的语义格。P 可以扩展为一个动词加一个或一个以上的语义格范畴,如 V+A、V+A+O 等。

(3) C→K+NP

以上 K 表格标记,NP 表名词性词组。

例如"猎人可能把那只狼杀了"里的"可能"和"了"就是 M,即情态性成分;动词为"杀";"猎人"为 C_1,即一个施事语义格;"狼"为 C_2,即一个受事语义格;"把"为 K,即受事语义格的格标记;"猎人杀那只狼"就是 P。

经典的研究里非常重要的是,在一定程度上考虑了句法和语义的关系。深层结构是一个假定的语义结构,这个假定的结构里 V

---

① 这里的"情态"概念较宽泛。

带有很多名词性语义变元。怎样把这个深层结构实现为表层的句法呢？这就涉及语义和句法的关系。语义格在实现为表层句法结构的时候怎样实现为主语，怎样实现为动词的宾语，怎样实现为介词的宾语，这些问题到现在也没有彻底解决好。菲尔墨做出了一些初步的考虑，有这么几条规则：

（1）选择显性的格的形式即异干法、加词缀、加前置词或后置词等；

（2）"录入"特定的成分；

（3）主语化、宾语化、顺序排列、名词化。

关于主语化，菲尔墨的规则是这样表述的：在 P 转为 V+C 结构时，主语选择的一般规则是，如果有施事格 A，这个施事格实现为主语；如果没有施事格而有工具格 I，那么 I 为主语；如果 A 和 I 都没有，那么客体格 O 为主语。这里相当于设立了一个序列，即 A>I>O。

例如"John gave the books to my brother"这个句子的语义和句法生成的主要步骤如下所示：

（1）设立深层结构：

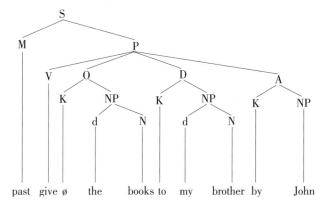

（2）主语提前：

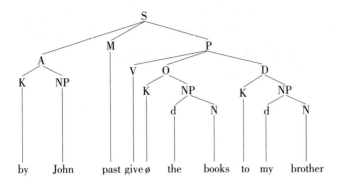

（3）删除主语前置词：

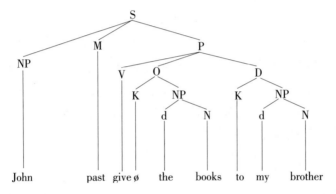

（4）删除宾语前置词：

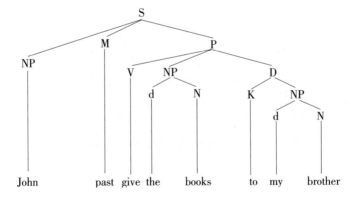

(5) 最终一种表层结构形式：

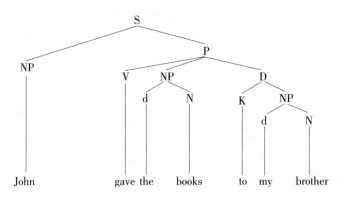

M 是 past 所表示的时间成分；P 转写为 V＋O＋D＋A，A 是施事格，D 是与事格，O 是客体格；它们再分别转写为 K＋NP，NP 是限定词加一个名词。John 是施事格，by 是格标；my brother 是与事格，to 为格标；the books 是客体格，格标记是零。通过主语提前以及删除各种前置词，最后得到表层结构"John gave the books to my brother"。

菲尔墨的经典研究也激发了后续的句子语义以及句法和语义关系的研究，如 Jakendoff 的概念结构研究、Langacker 和 Talmy 的认知语义研究、Levin 的事件语义学研究等。目前很时髦的题元语义角色（theta role）研究，也是从这个经典的研究中发展而来的。

在今天汉语的研究里，我们在描写句子的语义结构时也在很大程度上参考了印欧语言，特别是西方的格语法和题元语义角色的研究。这里有两个基本假设：一是动词中心论，即在描写句子语义结构时以动词为中心描写其中的动名关系；二是没有显性的标记，要找到隐性的语义范畴或隐性的格范畴。这是两个非常重要的假设。

5.2　汉语的语义格分析

参考菲尔墨的经典研究，下面我们更进一步地分析汉语的语义格范畴。

句子的某一部分如名词或动词，它的语义一方面由其本身决定，另外一方面由组合决定。这与我们前面讲的单纯的词汇语义分类是不一样的。如果要分析句子的语义，必须要考虑一个组合给这个句子的语义带来了怎样的规定性，这样才能知道它的语义内容。汉语中大规模的语义格描写已有鲁川和林杏光（1989）（林杏光，1999）的方案。下面以鲁川和林杏光设立的汉语语义格方案为基础讲解一些重要的语义格。

经典的格方案有两个特点：一是数量比较少，二是没有区别层次。其缺点是不足以描写一种语言里全部的语义角色，而语言中各种各样的语义角色是非常复杂的。鲁、林方案如下：

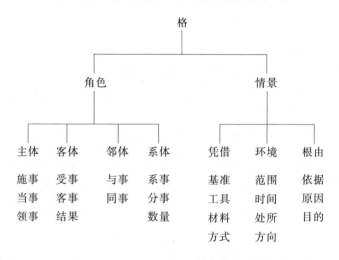

这个方案跟菲尔墨的方案相比有很多扩展，如主体格加了"当事"和"领事"；客体格加了"结果"，特别强调了"受事"；邻体格加了"同事"；系体格加了"分事"；凭借格加了"基准"和"材料"。

下面我们逐一地来分析说明。

1. 主体格

施事，事件中自发动作行为或状态的主体。带自主性（或意愿性）(volitional)特征。自主性一方面是指有自己的主观意愿，另一方面是指对一件事有控制力。只有高生命度的主体才具有自主性，要么是人，要么是动物。鲁、林方案把自然力也算作施事，例如"大风吹走了气球""洪水冲垮了堤坝"。自然力显然不是高生命度的,但从隐喻的层面来理解,可以把它当作能够发出动作的一个主体。施事格标有:(1)被、叫、让、给;(2)由、归;(3)零形式。

当事,事件中非自发动作行为或状态的主体。非自发动作行为动词如"碰见、牺牲、丢、知道、懂得、塌、死"。名词在跟这些动词发生关联的时候,表示的只是事件当中相关的担当主体,不是主动的动作发出者。如"我碰见了他"不是"我"的主观意愿,"我"没有主动地发出动作,"我"不能够理解为施事,而是与事件相关的当事;"我丢了钱包"中的"我"也是丢钱包这件事情的当事。非自发状态的表达使用形容词如"成熟、白",例如"苹果成熟了""脸白了"。系属词"是、姓、叫、等于"等的主语也是当事,例如"他是老师""他姓王"中的"他"。当事的格标往往是零形式。

领事,事件中领属关系的主体。领属关系也不是自发的行为。如"他拥有一幢别墅"中,"他"就是领事。主要分两种情况:(1)后面的成分归其所有,如"有、拥有";(2)后面的成分是它的一个组成部分,如"有、长着、留着"。

以上就是主体格。由此可以知道,有些出现在主语位置上的名词性成分,虽然它后面有动作,但它并没有强烈的施动性,"有、具有、碰见"等动词的主语表达的只是事件的相关者而已。当事和领事这两类分出来是很好的语义描写。

2. 客体格

受事,与施事相对,指的是事件中自发动作行为所涉及的已存在的直接客体。典型的受事一定是事先存在的。如"我打碎了这个杯子""他敲破了那块玻璃","杯子"和"玻璃"都是事先存在的,受事性很强;而"他正在画一幅画"中,"一幅画"的受事性是很弱的,因为事先还不存在这件东西。另外,受事是直接的客体,不是间接的客体,是与人或动物的动作行为相关的客体。与施事对称,自然力所涉及的客体,如前面讲到的"大风吹走了气球""洪水冲垮了堤坝"里的"气球"和"堤坝",也是这些事件里受自然力影响的已存在的直接客体。受事和施事有一个很大的差别:施事自身的状态一般不会发生改变,但受事在事件中深受影响,往往涉及状态的改变,如"我打碎了杯子""我踢破了那扇门"。在典型的施受关系里,这种影响是非常深刻的。汉语往往用动结式表达这种影响的结果,例如"打碎""踢破"。英语没有动结式怎么办？同样的语义,不同的语言可以用不同的方式表达,汉语中用"打碎"这种分析的方法,英语中只用 break,动作的结果义是隐含的。所以英语中 hit 和 break 的区别很大,hit 只表示动作,break 还隐含着结果 broken。受事格标:(1)把、将;(2)对;(3)零形式。

客事,跟当事相对,指事件中非自发动作行为所涉及的已存在的直接客体和所属动词"有"涉及的客体。它们本身没有经受强烈的影响,没有显著的变化。如"我碰见了小王",对"小王"没什么影响,"我收到了那封信","那封信"也没怎么样,"我有一个笔记本","笔记本"也没有显著的变化。与客事搭配的动词主要有两类:(1)非自发动作行为动词,如"收到、撞见、丢、知道、懂得、得到";(2)所属动词"有"。

结果,指的是事件中自发动作行为所产生、引起或达成的结局,一般是从无到有的。从语义上来说,一是有一个自发动作行为,二是有一个过程,三是最终有一个结局。如"他写好了一封信",这封信在他写之前是不存在的。"他建好了一幢房子"跟"他拆掉了一幢房子"是不一样的,前一句中的"一幢房子"是典型的结果,而后一句中的"一幢房子"是典型的受事。结果格标:(1)把;(2)(V)成;(3)(V)出;(4)(V)好;(5)零形式。

3. 邻体格

与事,指的是事件中有利害关系的间接客体。语言中多是双宾语结构(或叫"双及物"结构)在语义上涉及与事。如"我告诉了他那件事""我给了他一本书""我向他咨询了这个问题""我给他打了一壶水""我跟他要了一杯茶"中的"他"都是与事。与事格标:(1)给;(2)向;(3)替;(4)跟;(5)为;(6)零形式。

汉语中有一个典型的例子,即"王冕七岁时死了父亲",这是现代汉语研究的一个热门问题,已经发表了多篇文章。在这个句子中,"王冕"做"死"这个动词的主语,但他并没有死。从语义的角度来看,"王冕"跟"死了父亲"是什么关系？我们可以把"王冕"看作与事,"王冕"跟这个事件有利害关系,他受损了,"父亲"可分析为当事。又如"汽车加满了油","汽车"因为"加满了油"而受益,也可以叫作与事。汉语的与事可能比印欧语要宽泛得多。汉语有"王冕七岁时死了父亲"这样的句子,英语中没有办法按照这样的次序表达,只能说"Wang Mian's father died when he was seven"。所以,我们在考虑汉语的语义格时要灵活一些,有些成分表面上看做主语,但实际上是与事。这个问题是现代汉语句法语义分析中的一个难点,它没有格标,但确实是一个事件当中有利害关系的间接客体。

同事,指的是事件中所伴随或排除的间接客体。伴随的情况,如"小李和小王打了一次架"中的"小王"是同事;排除的间接客体,如"这个房间里除了小王我都认识"中"除了"和"小王"的搭配,"小王"是同事。同事格标:(1)跟、和、与、同;(2)除了;(3)连;(4)零形式。

4. 系体格

系事,也是出现在宾语位置上,表示的是一种常态或事件主体的类别、身份或角色。如"他是一位老师"是常态,"老师"是系事。"他出演了那部电影中的男一号","男一号"也是系事。又如"这场比赛他踢前锋","踢"和"前锋"直接的动作关系比较弱,"前锋"也是系事。动词主要有两类:(1)判断动词类,系事的外延跟前面的当事相等或属于同一范围;(2)行为动词类,例如"演、唱、踢"。系事格标:(1)作为;(2)零形式。

分事,与领事相对,是事件领事的组成部分。如"他有一个弟弟","弟弟"就是分事。再如"这张桌子有四条腿","四条腿"也是分事。

数量,是指事件当中相关的数量和频率。数量分三种:名量、动量和距离。名量例如"他书只借了两本"中的"两本";动量例如"张三来过北京三次"中的"三次";距离例如"刚才他走了十里路"中的"十里路"。

5. 凭借格

基准,是在事件中进行比较所参考的间接客体。它是一个次要的格,事件性较弱。例如"我比他高","我"跟"他"作比较,"他"

就是一个基准。汉语中"VP＋得/不＋过＋NP"这样的格式,如"我跑得/不过他"中的"他"也表示基准。"AP＋过＋NP"格式也涉及基准的表达,例如"今年好过去年"中宾语"去年"表示的语义角色,也是一种参照的基准。这种情况下动作性并不是很强,只是一种比较的说明。

工具,指事件中所用的器具。这里涉及动词和介词的界限。"用、拿"后面跟的如果是工具,一般把它们理解为虚化程度更高一些的介词。如"他拿笔写了一封信"跟"他拿着笔"中的两个"拿"是不一样的,后一个"拿"是语义较实的动词,前面一个"拿"已经抽象化了。再如"大家都用着水呢"和"他用水浇花"中的两个"用"也是不一样的。汉语中工具格会引发一些动词的虚化,这种虚化使动词往介词方面发展。工具格标:(1)"用"类;(2)"拿"类;(3)零形式。

菲尔墨讲过工具是无生命的,但有些例子,如"我们最好不要用猴子做实验","猴子"的语义角色就是一个例外。所以,经典的方案强调无生命,这对大部分的工具来说是可以的,但仍存在问题。另外,汉语中比较有意思的是,工具可以实现为动词的宾语,如"吃大碗、写毛笔",很多学者把"大碗"和"毛笔"理解为工具。

材料,主要涉及事件中所用的材料或耗费的资源。这里有一个先决条件,即材料在事件中要产生变化,要么是消耗(如"用电"中的"电"消耗掉了),要么是转化(事物从一种形态转化为另一种形态,如米转化成粥)。如"工人们用铁炼出了好几吨钢","铁"就是材料。材料格标:(1)用;(2)拿;(3)由;(4)把;(5)零形式。

方式,是事件当中所采用的方式或者形式,如"用左脚踢球"中"用左脚"表示踢球的方式。像"走正步"和"写宋体",传统上也被认为宾语表示方式,但是这种情况跟"吃大碗、站柜台"的情况一样,可能需要另外分析。方式格标:(1)用;(2)以;(3)像…似的;(4)零形式。

6. 环境格

范围,事件中所关涉的领域或范围及所伴随的情况,往往用框式结构来表达。框式结构是一种非连续性的结构,如"关于……问题、在……方面、就……问题、在……上、在……下、在……中"。有的情况会有争议,例如"这件事情轰动了全国","全国"是一个范围还是客事?分析为纯粹的范围或纯粹的客事都会有问题,所以这种情况我们存疑。

时间,在具体的语义格分析中有两种情况:一种是表示事件发生的时点,即哪一个具体的时间点;另一种是时段,即两个时间点之间的间隔。常见的表时间的格标有:(1)从;(2)在;(3)趁;(4)到;(5)打。

汉语里比较有意思的是,表示时间的名词性成分可以直接做宾语,如"他今天玩了两个小时"。像"浪费了大半天","大半天"分析为时间好还是分析为资源好?我们认为分析为资源好,这里并不是说这个事件经历了多长时段,而是指浪费了多少资源。

处所,指的是事件发生的场所、境况或经过的途径。如"蚊子飞进了房间",涉及场所,也涉及飞的时候经过的路径。"吃食堂、站柜台"还要另外分析,它可能涉及多个语义层次,有一个层次可能是处所,另有一个层次可能是方式。处所格标:(1)在;(2)往;(3)从;(4)沿着;(5)自;(6)到;(7)当着……的面;(8)零形式。

方向,事件当中的空间方向,如"他向北走了""火车朝南开了","北"和"南"为方向格,"向"和"朝"为格标记。

7. 根由格

依据,指事件所遵照或指靠的根据,如"鸡蛋论个卖""苹果论斤卖","论"后的东西被认为是一种依据,格标如"根据""靠""论"。

原因,指引起事件的原由或原因,常用"因为……"来表达,如"因为天气的原因,他取消了旅行","天气的原因"为原因格。零形式的情况则比较麻烦,如"他抢红灯",有人把"红灯"分析为事件的原因,这种情况好像表达的是行车事件的原因。再如"这件事把他累坏了",一般来说我们不能把"这件事"分析为施事,因为它是无生命的,把它分析为原因也会有争议。

目的,指事件所达到的目标。可以用"为了……(而)……"来表达。比较难分析的是零形式的情况,如"跑官""排火车票",这里压缩了很多东西。

以上这些就是常见语义格的分析。主体格和客体格是最重要的两类。语义表达中并不是所有的情况都像说"我喝水、我吃饭"这么简单,有的时候还会涉及双宾语、多个语义角色的问题,即这件事你跟谁做的、这件事影响到了谁、这件事里谁是一个间接的参与者,这就是邻体格的问题。大家不要认为这个格系统一定能描写所有的事实,这是不可能的,一定有例外。但是这些格基本上概括了大部分的典型事实。有些问题从语义格的角度来看会比较容易解释一点,如五个W的问题,这些问题一定要在语义里表达出来,只不过不同语言实现这些角色、表达这些角色的方式差别很大。这样我们就认识到,在主语、宾语位置上的名词性成分会有多种语义情况,不只是我们以前知道的施事和受事。

5.3 语义格、动词配价语义和句子的语义结构

下面我们从语义格和动词的关系的角度进一步来分析句子的语义结构。在理解语义结构的时候,一个句子能不能表达自足的语义,是有一些直接知识的。如"我吃"在很多情况下都是语义不自足的,而"我吃饭"是自足的,这是有语义上的理据的,即对于句子当中的动词来说,有些格是必选的,有些格是可选的。这一点在菲尔墨的经典研究里是有的,如客体、工具有的时候是可选的。但是哪些格是必选格,哪些格是可选格,西方的研究并没有系统地解决这个问题。这里判断的一个标准就是语义的自足和不自足。

1. 怎样确定必选格

怎样确定必选格呢?根据林杏光(1999:195—196)的研究,有以下几种办法。

第一种办法是主体客体法,分几个步骤来进行。

第一步是先从主体格里选,主体格里有施事、当事、领事,但每次只能选一个,如果是施事就不能是当事和领事,如果是领事就不能是当事和施事。

第二步,从客体格里按受事、客事、结果的顺序选一到两个。

第三步,如果发现在第二步中一个也没有选出来,如果在意念

上已自足,就确定只有一个必选格,如"我休息了""他们俩结婚了","休息"和"结婚"这样的动词,在第二步里是选不出来了,语义已经自足。

所以汉语里句子有两种情况,一种是带宾语,一种是不带宾语。带宾语的句子是自足的,而不带宾语的句子未必不是自足的,如"我在喝饮料呢"是自足的,"我休息"在语义上也是自足的。汉语中比较麻烦的情况是,没有宾语的句子可以补出宾语来。例如,"我休息了"-"我休息了两个月","他们俩结婚了"-"他们俩结婚二十年了",但是没有"两个月""二十年",这些句子也是自足的。在什么条件下会出现这种情况?一般是在动词表示弱施动性的情况下,即这个动词所表达的动作不会影响到其他个体,如"休息"是"我"的事情,"结婚"是"他们俩"的事情,没有客体格的问题。"他结婚了"也是自足的,这种情况跟"她嫁了""他娶了"是不一样的,在弱施事的情况下,它只表达对自己的事情的叙述,不涉及另外的客体,在语义上也是自足的。

第四步,在客体格当中选不出来,而且意念不自足,就选别的语义格,如"住万柳","住"选择了一个处所格,"团结同学"中,"团结"选了一个同事格。

第五步,如果按照第四步还选不出来,只好在介宾短语里选了,如"为了自己的前途着想","着想"选了一个目的格。

第二种办法,也是在汉语中非常重要的,即加"的"转指法。转指是动词加"的"以后不指它自己,而是指动词的施事、受事、工具等,如"他是干什么的?——开车的","开车的"转指开车的人。转指如果没有歧义,说明一个必选格就可以了,如"飞的"指什么在飞,"飞"选了一个主体格;如果有歧义,一般需要两个必选格,如"喝的"在"我们不缺喝的"中指客体格,在"喝的都出问题了"中指主体格,于是"喝"可搭配主体和客体两个必选格。这种办法能够解决80%的格的问题。

第三种办法是,造一个最小的主谓自足的小句。最小的,指有三个成分,动词前面的、后面的成分都是动词的必选格。

以上这三种办法结合起来就可以确定哪些格是必选格,哪些格是非必选格。

2. 动词的配价语义分析

与必选格有关的一个问题是配价问题。20世纪90年代中期，配价问题在国内的研究达到了高潮。配价实际上是以动词为中心来观察它所关联的语义成分。这种研究最初是从德语来的，德语有非常完备的配价语法辞典。

配价这个术语借自化学。从所关联的名词性成分的角度，可以给动词区分功能上的小类（袁毓林，1998）。一价动词，关联一个从属成分，如"士兵们正在休息"，"休息"只能关联一个从属成分"士兵们"，是一价动词。其他如"睡觉、后退、躺、躲藏、到达、跑、飞、爬、跳、洗澡、理发"等。一价动词施动性较弱，它不会把别人或别的东西怎么样。这是这类动词归类的理据。

二价动词，一般来说能够关联两个从属成分。从自足和不自足的角度来说，这类动词在关联两个成分的时候，句子在语义上才自足，如"驱逐、参观、帮助、讲、打听、藏、割、倒、贴、挂、捞"等。

三价动词，指有的动词在表达的时候，如果语义上自足，必须涉及三个成分，如"总经理赠送每个员工一个笔记本"，这里"赠送"涉及三个成分：总经理、每个员工、一个笔记本。其他如"请教、给、告诉、送、赔偿、喂、卖、寄"等。三价动词在汉语中都涉及双宾语。关于双宾语，朱德熙先生有精彩的文章，大家可以参考。

汉语动词一般分为一价、二价和三价。从语义的角度来说，我们更关心是什么原因导致语言中出现了这样的情况？前面已经说明了，一价动词是弱施动性的，做一件事不关乎别人的事，如"孩子睡觉了"，这里的施动性也就很弱。二价动词涉及强施动性，也叫强及物性（transitivity），其语义上的特点是甲使乙产生了比较明显的变化，如"我移动了这张桌子"，这是一个施动性非常强的语义表达。当然，并非所有的二价动词都是强施动性的，有些二价动词的施动性也比较弱，它只涉及一个相关者，如"我参观了北京大学图书馆"，"图书馆"只是"参观"的一个相关者，"参观"在施动性、及物性方面并不是很强。三价动词涉及物流和信息流的走向问题。也就是说，在物和信息的传递过程中，发出者、接受者和动作行为三者之间的关系是它的语义基础。

价和以前讲的格有什么不同？价一般来说都是必选格，必选的名词性成分才可以称为价。动词词典里记录的动词用法情况是比较复杂的，如"参观"的用法："参观工厂、参观一下、参观古代建筑、参观参观、参观不了、参观得了"，这是从《汉语动词用法词典》（孟琮等，1999）上摘录下来的。最终，如果把动词、格都弄清楚了，就可以为汉语归纳出常见的几十种或上百种句义组合模式。

5.4 语义和论元结构

1. 论元结构和题元语义角色

在当代句法语义研究中，语义格一般称作"题元语义角色"（theta role），它和句法上的论元密切关联。下面我们谈一下论元。论元是很时髦的，在今天涌现出来的句法语义研究里不能不谈论元结构（argument structure）。这里只从语义的角度说一下什么是论元结构。论元结构里会有几个论元的选项：C_1，C_2，C_3……C_n。菲尔墨的格语法里就有这样的内容，但是在今天的研究里，句法和语义结合得更为密切。论元结构是句法和语义结合的结果。论元结构是一种句法结构，这里实际上要考虑以下三个方面的问题（顾阳，1994）：

（1）题元语义角色（语义格）的组配。动词跟哪些格组配。

（2）抽象的论元结构描述。关于论元，不同的学者有不同的理解，有的学者把它理解为句法问题，有的学者把它处理为语义问题。我们把它理解为句法问题，论元与题元语义角色确实紧密相关，但论元是句法范畴的东西，是名词和动词搭配的问题。抽象的论元结构一般是这样描述的：

论元结构：域外论元＋动词＋域内论元＋新增论元
实例：　　　施事　　　　　客体　　　　处所

在论元结构里主要区分三种论元，这三种论元在定义上是严格的，最重要的是域内论元和域外论元，施事实现为域外论元，表受事的客体格实现为域内论元。在西方语言学,尤其是生成语言学里,发现一种重要的句法机制,即动词壳(VP-Shell),其中动词跟它的宾语之间的结合最能反映句法的本质。虽然一个动词可以带主语、宾语,但实际上它们的句法地位是不同的。V+NP是最重要的,动词跟域内论元的关系是核心,它能够在一定程度上反映句法和动词的本质。这是最近十几年语言学家认识到的。

（3）论元和语义搭配时怎样实现为句法。例如,在这样的模型中,施事实现为域外论元,对应于主语;客体实现为域内论元,对应于宾语;处所实现为新增论元,对应于介词结构。这样的句法语义关联是一种无标记的情况。有标记时存在各种各样复杂的情况。如受事做主语,汉语中有大量的受事主语句,如"饭吃了"。再如"那锅饭吃了十个人""王冕七岁时死了父亲",这些都给语法学家出了难题。

域外论元和域内论元在句法上不在一个层次。域外论元是动词短语 VP 投射之外的一个名词,是由 VP 整体指派的论元。一般只有一个成分充当域外论元,其语义角色就是施事,词类成分是名词性的,句法上做主语。域内论元是由动词 V 作为指派语指派的名词,有直接内部论元,还有间接内部论元。

2. 题元语义角色的分析

下面讲一下新的关于语义角色的分析,即题元语义角色的分析。语义角色的分析在 20 世纪 80 年代末出现了变化,即语言学家发现关于格的分析里有很多问题,一是格的数量无法确定,二是格的定义不同的学者有不同的看法。Dowty(1991)提出另外一种方案,他换了一个方法思考施事和受事。他借鉴了认知语言学的原型概念,认为虽然在语言里无法确定有多少个语义角色,但有两个语义角色是最重要、最核心的,即施事和受事。不过在 Dowty 看来,也不是哪个成分是施事,哪个成分是受事,而是哪些成分施事性强一点,哪些成分受事性强一点。他采用了两套特征来定义施事和受事:

原型施事	原型受事
意愿性(Volition)	变化性(Change of state)
感知性(Sentience and/or perception)	渐成性(Incremental theme)
使动性(Causation)	受动性(Causally affected)
移位性(Movement)	静态性(Stationary)
自立性(Independent existence)	附属性(Existence not independent of event)

原型施事跟原型受事是对立的,它们处于一个语义系统的两端,其他的语义角色都可以在两端中间进行定义。这是一种新的语义分析方法,加深了我们对施事和受事的认识。

在语义角色和论元选择的关系上,Dowty 前进并不大,跟菲尔墨大同小异。比以前改进的是论元怎样实现为句法。Dowty 认为,含原型施事特征最多的论元做主语。这里有两个推论。推论一:如果两个论元含原型施、受事特性的数量(大致)相等,则其中之一或两者都可以做主语或宾语;推论二:在三价动词中,含原型受事特性较多的非主语论元做直接宾语,含原型受事特性较少的非主语论元做间接宾语或介词宾语。如果两个非主语论元含原型受事特性大致相等,其中之一或两者都可以做直接宾语。

这就是 Dowty 提出的语义和句法的匹配,最新的内容就是他把原型放进来了,另外操作起来更灵活,还考虑到直接宾语和间接宾语的问题。下面我们看看他所理解的特性是怎样的。

意愿性,跟自主相关。如"我看了一场电影"是意愿性的,可变换为"我去看了一场电影",加"去"意愿性更明显。意愿性跟非意愿性相对立,如"小王滑倒了"是非意愿性的,施事性弱,或者不具备意愿性的特征,所以不能加"去"。这一点大家可以参考马庆株的《自主动词和非自主动词》。

移位性,特指不含自主性或使动性的移位,即无生命体的或偶然性的移位,如"The bullet overtook the arrow""Water filled the boat"。这种观察是很有用的。我们在讲施事的时候讲过一个例子,即"洪水冲垮了堤坝",我们认为"洪水"是施事,因为它是自然力。但我们没有注意到,"洪水"移位了。再如"子弹打中了靶子",

"子弹"移位了。如果移位了,就具有施事的一个很重要的特征。但是在有的情况下,移位性并不特别地表现出来,如"我喝完了那杯水""我吃了这几个苹果""我打了他"这些句子里都有施事,但移位性并不很明显。因此并不是所有的施事移位性都很强。

自立性,指先于动作而存在,不随动作发生而变化。这一点正好跟受事构成对立,受事具有附属性,即不能独立于动作而存在。但施事的情况不一样,它是先于动作而存在的,它的存在不会随着动作发生而变化。如"John needs a new car",new car 附属性比较强,自立性比较弱;John 自立性比较强,附属性比较弱。

变化性,是原型受事的特征。有三种变化:(1)进入存在状态;(2)无限定地改变位置;(3)停止存在状态。如"John made a mistake""John moved the rock""John erased the error",以上三个例子是变化的三种情况。这里我们再补充一种情况,即"破损"。这也是一种常见的、典型的变化。如"玻璃碎了"不能说玻璃不存在了,只能说玻璃被损坏了;"杯子敲破了",杯子还是存在的,但已经破损掉了。

渐成性,强调时间上的连续性,如"画画好了",画是一步一步画成的,有渐成性,不是一下子就存在的,有一个过程。渐成与变化不同,变化是由不存在到存在,或者由存在到不存在这样一个非常离散的状态,不强调连续性。一个事件中可能两种情况都会存在,如"他盖好了房子",这里既有渐成性,也有变化性。

其他几个特性这里简单介绍。感知性,是指施事性参与者对人或事物的感知或认识,例如"John knows/believes the statement""John sees/fears Mary"中的 John 具有感知性特征。使动性,是指施事作为致使者引发被致使者发生某种变化,例如"His loneliness causes his unhappiness"中的 his loneliness 具有使动性特征。受动性,与使动性对立,指受事遭受施事的影响,例如"Smoking causes cancer"中的 cancer 具有受动性特征。静态性,与移位性对立,相对于具有移位性特征的另一个事件参与者而言,受事性参与者处于静态,例如"The bullet entered the target"中的 target 具有静态性特征。附属性,与自立性对立,指受事性客体不能独立于事件而存在,其状态的变化是在事件中实现的,例如"John built a house"中的 house 具有附属性特征。

原型分析的核心思想,即特征不是有和无的问题,而是程度的问题。如施事不是是与否的问题,而是在多大程度上是施事。

5.5 致使的语义分析

致使(causative),也叫使动、使役,传统的研究已经有很多,最近的分析更细致了,另外也有一些类型学上的考虑。它原来指一种抽象的语法关系。例如"The cat killed the mouse",可以把 killed 的深层语义结构分解为 caused …… to die。这是上个世纪六七十年代美国语言学家的一个重要贡献。kill 隐含着一个致使,它会影响到句法语义的多个方面。在英语中,虽然没有系统的形态手段来表示致使,但实际上一些词缀还可以表示致使关系,例如 domesticize(驯化)中的-ize(化)。又如,土耳其语的词缀能系统地区分动词的使役用法和非使役用法。韩语和日语也一样,自动词与使动词在形态上有区别。现代汉语有多种方法表示使动,如"使……吃"是用句法的手段,汉语没有形态的办法。上古汉语用准形态变化的手段区分自动和使动,如变调、清浊的变化、辅音的交替等。

关于致使场景的分析,当前比较流行的是一种双事件的分析方法(克里斯特尔,2000)。什么情况造成致使性?一定有一个使因事件,还有一个结果事件,这两个事件构成因果关系,这种因果关系导致了致使场景的产生。致使场景有以下两个特点:(1)包含两个或两个以上事件,如"I persuaded John to leave"。有些句子表面上看并不包含两个事件,但可以分析为两个事件,如"I broke the vase"="I made the vase break"或"I caused the vase to break"。(2)两个事件之间有作用－效应关系:事件一导致事件二,或事件二因事件一而发生。事件一叫致使事件(causing event),事件二叫被使事件(caused event)。例如"I persuaded John to leave"中致使事件是"I persuaded John",被使事件是"John left"。

致使性的语义结构可以看作是二层语义结构的复合(Lyons,

1977:488—494），于是在 Lyons 看来，"X killed Y"的语义结构可以做如下分析：

(1) AFFECT(AGENT,PATIENT)（实施(operative)）
(2) PRODUCE(CAUSE,EFFECT)（使役(factitive)）
(3) PRODUCE(AGENT,EFFECT)（实施—使役）

以上(3)是(1)和(2)合并的结果。动词 kill 可看作实施动词，也可看作使役动词。

如果把致使场景看作一个整体，那么，致使场景有两个参与者：致使者(causer)和被致使者(causee)。致使事件的发动者称为致使者，被使事件的主体参与者称作被致使者。被致使者是致使场景编码的关键，它具有双重角色，既是致使事件中的动作行为支配和影响的对象，又是被使事件的主体，因此被致使者是致使场景中不可缺少的角色，是连接致使事件和被使事件的必备环节（郭锐，2003）。

在类型学上可以把致使结构分为三种类型（郭锐，2003）：分析型致使（analytic causatives）、形态型致使（morphological causatives）和词汇型致使（lexical causatives）。这是句法表达上的区分。现代汉语主要是分析型致使，上古汉语既有分析型致使，也有形态型致使，可能还有词汇型致使。分析型致使的典型情形是，表达使因的概念和表达结果的概念各自有独立的谓语形式。如"I caused John to go"中 cause 是原因，go 是结果，是两个独立的形式。但语言里一般不太愿意使用这种纯分析的形式。英语中使用纯分析形式会产生特别的含义，如"I opened the door"和"I caused the door open"，前者表达的是正常的开门方式，后者表达的是一种非正常的开门方式，在语用上表达是异常的。如果说"I brought it about that John went"，这是一种非常笨的、文绉绉的、别扭的说法。汉语中"我使他离去了"这种表达也很笨。所以语言中一般不太欢迎纯分析性的致使，除非它要表达特别的含义。

在致使语义的研究里，有一个理论比较有影响，即因果链理论（Croft,1990）。这个理论假设事件构成有因果的方向性，可以通过因果性联系起来，被影响实体的终点在一个原子因果事件中是下一个事件的发起者。这个序列称为因果链(casual chain),子部分称为因果链片段(segment)。例如"John broke the boulder with a hammer",分析的结果为一个事件序列:grasp—contact—change state—result state,首先是抓住(grasp)锤子,然后是敲击(contact),在敲击过程中被敲击的卵石会发生变化,有一个变化的状态(change state),最后呈现结果状态(result state)。在这个因果链里,任何一部分都是一个子片断。变化状态和结果状态很重要,很多致使事件都会涉及变化和结果。运用因果链理论,可以把致使事件中发生的情况分析得更细致、更清楚。

5.6 作格性的语义分析

从语义编码的角度看,前面所讲的致使性既重施事,也重受事,但显然受事在整个动作历程中有繁复的表现,不但受到动力动作的直接触及,还进一步发生了状态的变化。在有些语言中,也存在另外一种类型的语义编码,它的编码重心不在施事(施受关系)上面,而是在受事或当事上面,表达受事或当事所遭受或经历的动作历程。例如汉语"船沉了","船"为客体,"沉了"是对"船"所遭受的动作历程的陈述,在这个表达中,没有指出或不必指出施事角色。又例如"系里来了一位新老师"中也没有施事角色,"来了"表达当事角色"一位新老师"所经历的动作历程。

这种语义编码机制有语言形式上的证据。据语言类型学的研究(克里斯特尔,2000:130),在有的语言类型里,及物动词的宾语与不及物动词的主语有相同形式(即同格),称作"通格"(absolutive),及物动词的主语是一种形式,称作"作格"(ergative)。通常认为爱斯基摩语、巴斯克语等语言属于"作通格语言",英语、斯瓦希里语(Swahili)等语言属于"主宾格语言"。

与作格性相关联的是宾格性(accusative)(克里斯特尔,2000:5)。宾格与主格(nominative)相对。在用屈折形态表示语法关系的语言里,宾格指名词短语(通常是单个名词或代名词)充当动词的宾语时所取的形式。如拉丁语实例 Video hominem/ * Video homo, hominem 称作宾格形式。在没有形态变化的语言里,宾格不明确。例如英语,一个词是否是动词的宾语通常取决于词序,"Dog bites postman/Postman bites dog",postman 没有任何形态变化。英语中唯一有真正宾格形式的是某些代名词,例如"He hit him/She saw her/The man whom I saw"。

Dixon(1979)设立了 S、A、O 三种核心语义－句法关系初始成分(primitives),如果某种语言是通过格的屈折变化或动词的词缀来表示 A(及物动词主语)、S(不及物动词主语)和 O(及物动词宾语)三者之间的关系,就会形成"形态作格"或"形态宾格"语言。作通格语言为 A//S、O 格局;主宾格语言为 A、S//O 格局。两种格局的区分表示如下:

$$\begin{matrix} & & A & \text{ERGATIVE} \\ \text{NOMINATIVE} & \{ & S & \\ & & & \} \text{ABSOLUTIVE} \\ \text{ACCUSATIVE} & & O & \end{matrix}$$

除了 A//S、O 和 A、S//O 这两种格局外,还存在 A//S//O 三分格局,不过这种类型的语言极少。

关于作通格语言,Dixon(1979)列举了澳洲土著语言 Dyirbal 如下实例:

(1) ŋuma banaga+n^{y}u   'Father returned.'
(2) yabu banaga+n^{y}u   'Mother returned.'
(3) ŋuma yabu+ŋgu bura+n   'Mother saw father.'
(4) yabu ŋuma+ŋgu bura+n   'Father saw mother.'

以上,ŋuma 表"父亲",yabu 表"母亲",banaga 表"回来",+n^{y}u 为后缀,表"非未来时",buṛa 表"看见",+n 为后缀,表"非未来时",+ŋgu 为后缀,作格形式标记。ŋuma 在(1)中做主语,在(3)中做宾语,两例中都没有格的标记,是通格形式。例(3)中的 yabu 和例(4)中的 ŋuma 都做及物动词的主语,都加作格标记+ŋgu。

"作格性"这一概念也可以用于英语和其他语言,虽然这些语言里作格关系的形式标记缺乏或不明显。例如英语"The stone broke the window/The window broke",这里不及物动词的主语与及物动词的宾语形式相同,动词的施事主语类似于"作格主语"。

作格动词因此也称作"非宾格动词"(unaccusative verbs)。

如果从分裂作格性(split ergative)(Dixon,1979)的角度来看，对动名语义关系的本质的观察会更清晰一些。分裂作格性是指，在一种语言中，作通格标记只见于一部分情形，而其他情形采用主宾格标记模式。例如，一些澳大利亚土著语言，代词系统是主宾格的，而名词系统是作通格的。在一些亚洲语言如印地语中，过去时是作通格的，其他时采用主宾格。Dixon(1979)对制约分裂作格的因素做出了语义上的解释，认为，作通格和主宾格系统的出现是由强制性句子成分类型的语义性质促动的，主要有三个：主要动词的语义性质、核心名词性短语的语义性质和小句的时体等。

曹东(2012)①在考察了若干种有代表性语言的材料的基础上，将名词性等级和分裂作格系统的关系概括如下：名词性等级越高，越具有施事性，就越和施事具有天然的一致关系，S就容易与A合用格标记，形成主宾格系统；相反，名词性等级越低，就越和受事具有天然的一致关系，S就容易与O合用格标记，形成作通格系统。这一规律体现了格标记的经济性原则。曹东(2012)把分裂作格与代词及名词的等级序列之间的关联概括为表5-3(见下页)。

这里的关键问题是，如何对不及物动词主语的语义和及物动词宾语的语义进行分析。在功能语法看来，作格指的是小句中表示施事或动作的外因的成分所具有的形式(Halliday,1985:161—175;胡壮麟、朱永生、张德禄,1989:71—104)。传统及物分析法着重于一个历程是否涉及参与者，一个动作行为是否延及某一实体。而作格分析法着重于一个动作行为的原因是来自内部还是来自外部。英语下列两组句子均成立：

  The man hunted the wolf. /The man hunted.
  Tom opened the door. /The door opened.

传统及物分析法对第一组句子分析较多，而不太关注第二组句子的情况。

---

① 曹东,2012,《作格分裂模式的连续统分析》,北京大学硕士论文。

表 5-3 几种分裂作格语言的等级配列

		Dyirbal*	Cashinawa	Jiwarli	Yidinʸ	Ritharngu	Nhanda	Arabana	Thargari;Mangarayi
代词	人称代词 第一人称	主宾格	主宾格	主宾格					
	第二人称								
	第三人称				主宾格	主宾格			
	指示代词		三分				主宾格	主宾格	主宾格
名词	有生命 专有名词/亲属称谓	作通格	三分	三分					
	人类名词		作通格			三分			
	高等动物				作通格				
	低等动物					作通格	作通格	作通格	
	无生命 无生命物				作通格	作通格			作通格

Halliday 认为，每个历程（process）都有一个与之联系着的参与者，而这个参与者是历程中的一个关键角色（key figure），通过它，历程得以实现和存在，而如果没有这个参与者，就根本不会存在历程。这个成分可以称作"中介"（medium）。例如"Tom opened the door/The door opened"，前一句中动作 opened 的原因来自外部的 Tom，而后一句中并没有表达出动作 opened 发生的原因。两句

---

* 此行为分裂作格语言。关于这些语言的介绍，参考曹东（2012）原文。

中 the door 具有相同的功能,都是 opened 得以实现的中介。Halliday 对下列例句进行了语义结构的界定:

The boat sailed. /Mary sailed the boat.
The cloth tore. /The nail tore the cloth.
Tom's eyes closed. /Tom closed the eyes.
The rice cooked. /Pat cooked the rice.
My resolve weakened. /The news weakened my resolve.

及物解释:Actor+Process / Actor+Process+Goal
作格解释:Medium+Process / Agent +Process+Medium

在作格功能里,中介等同于及物分析法中以下历程中的语义角色(Halliday,1985:106—175):

物质历程(material process)中的行动者(Actor)和目标(Goal)
范畴意义:Doing(doing, happening, doing to/with)
例句:The lion caught the tourist. / The bruises went away. / I don't drink coffee.

行为历程(behavioural process)中的行为者(Behaver)
范畴意义:Behaving
例句:He's always grumbling. / I failed in both subjects.

思维历程(mental process)中的感知者(Senser)
范畴意义:Sensing(seeing, feeling, thinking)
例句:Mary liked that present. / I need your help.

言说历程(verbal process)中的说话者(Sayer)和靶标(Target)
范畴意义:Saying
例句:John said he was hungry. / They asked him a lot of questions. / Don't blame me.

归属历程(attributive process)中的承载者(Carrier)
范畴意义:Being (attribute)

例句：Your story sounds complete nonsense. / We're getting late.

识别历程(identifying process)中的被识别者(Identified)
范畴意义：Being (identity)
例句：My brother is the tallest one in the family. / Their parents deserve a lot of credit.

存在历程(existential process)中的存在者(Existent)
范畴意义：Being (existence)
例句：There is a man at the door.

在汉语分析上，吕叔湘(1987)参照作格语言提出了汉语的两个句法语义格局：

第一格局：X——动词——Y；X——动词
　　例如：甲队胜了乙队；甲队胜了
第二格局：X——动词——Y；Y——动词
　　例如：甲队大败了乙队；乙队大败了

吕叔湘认为，汉语的及物动词在进入第二格局时受到很大的限制，因此汉语不属于作格语言。

后来的研究发现，汉语存在一部分带有作格性的动词，同一动词带宾语，而宾语可以变换为主语。成立的条件是，在动名语义关系里，名可受动支配，同时又可被述说。动词既表达动作，又表达与动作相关的状态。曾立英(2009：91-262)根据意义和句法，对汉语作格性动词进行了再分类：

a. 表状态变化的：改进、改善、改变、转变、发展、开展、开动、出动、转动、出版、缓解、削弱、增加、提高、断绝、形成、成立、摇晃

b. 表心理活动的：感动、震惊、惊动、震动、为难、吸引、轰动、麻痹、迷惑

c. 兼属形容词的：安定、繁荣、方便、败坏、开通、寒碜、孤立

d. 表自身变化的：开、关、化、暴露、变、灭

以上这些动词都可以出现在吕叔湘所说的第二格局中。

5.7 中动的语义分析

在印欧语(如古希腊语)的编码里,在主动语态和被动语态之间有中动语态(middle voice)。最初是西方语言学家分析它的句法,现在国内也研究这个问题(曹宏,2004)。中动不是主动,不是使动,也不是被动。从语义上来说,中动处于中间状态,即客观地表述某一个事物涉及的状态。如"The floor waxed easily"是一个中动句,是一种客观的描述。中动句有以下两个句法特征:(1)不及物动词后面需要一个表状态的状语,把句子对事件的动态性陈述弱化为状态,例如"This salami slices easily"。状态状语的位置是固定的,应该紧跟在动词之后,因此不会成为整个句子的状语。或用对动词的否定来表述状态,例如"This meat doesn't cut"。(2)句子表层不能出现表示施动者的句子成分,例如"Limestone crushes easily * by children"。

中动是客观地对一个事物涉及的状态的表述。中动句在语义上有下列一些限制的条件(曹宏,2004):(1)中动句的动词表示的动作要有一定的强度,具体来说是动作蕴含着对受事的很大的影响,或使受事发生了变化。虽然动词表示的动作强度较大,但中动句的基本语义特征却是表述事件的状态。如"This salami slices easily/The floor waxed easily",这种情况看上去是使 salami, floor 发生了变化,但实际上表示事件所处的状态。如果受事主语是泛指的复数客体,句子总是用现在时,表示针对这一客体所发生的事件是一种普遍的现象、常态或是其特征,如"Chickens kill easily"。如果表述的是定指的客体,也仍然是表述这一客体在事件中所处的状态,因为此时动词后的状语已将事件状态化了,例如"The book sells well"。有些中动句表示的是可能性,例如"The wall paints easily"。(2)它表示的往往是一类事件而不是单一事件。任何 salami 都是容易切的,所以是一个类事件,不是特殊事件。换句

话说，如果是主动态、被动态的语义，往往是单一、特殊事件，中动态往往表述类事件。如"这个桌子容易擦干净""那种地板防滑"基本上是类事件，一般不涉及施事和受事。(3)施事是一个隐含的语义角色，它是一个任指的人(one, you 等)。例如"The door closes easily"是一个类事件，不能说这个 close 隐含的施事是 Tom 或 Bill。如果是 Tom 或 Bill，就是个体的或特殊的事件。所以类事件的施事是一个任指的人，或者是 you，或者是 one。

汉语的中动句大致有以下四种句式(曹宏, 2004)：

(1) NP＋V-起来＋AP　　动词：及物的自主动词
(2) NP＋V-上去＋AP　　动词：包含附着意义的及物的自主动词
(3) NP＋V-来＋AP　　　动词：看、听、说、想、算，包含推测和评价意义的及物的自主动词
(4) NP＋V-着＋AP　　　动词：(1)(2)

根据曹宏的研究，首先要选择自主动词，即能够出现在"去 VP 去"格式中的动词，表达意愿性、主动性，使 NP 呈现出 AP 的状态，如"这个苹果吃起来很甜"。形容词性词组 AP 必须指向受事主语，表示受事主语的性状，如"很甜"指向主语"这个苹果"，表示"这个苹果"的性状；或者表示隐含的施事受这个受事影响而产生的非自主的心理感受，如"桌面摸起来很光滑"，"光滑"一方面是指桌面的性状，另一方面表现出说话人的主观感受。

参考文献：

曹　宏, 2004, 中动句对动词形容词的选择限制及其理据,《语言科学》, 第 1 期。
陈　平, 1994, 试论汉语中三种句子成分与语义成分的配位原则,《中国语文》, 第 3 期。
菲尔墨 C.J., 1968,《"格"辨》, 胡明扬译, 2002, 北京：商务印书馆。
冯志伟, 2006, 关于术语 ontology 的中文译名, 载苏新春、王惠主编《第六届汉语词汇语义学研讨会论文集》, Singapore：COLIPS Publication。
高名凯, 1948/1986,《汉语语法论》, 北京：商务印书馆。
顾　阳, 1994, 论元结构理论介绍,《国外语言学》, 第 1 期。
郭　锐, 2003, "把"字句的语义构造和论元结构,《语言学论丛》第二十八辑, 北京：商务印书馆。

胡壮麟,朱永生,张德禄,1989,《系统功能语法概论》,长沙:湖南教育出版社。
黄正德,2007,汉语动词的题元结构及其句法表现,《语言科学》,第 4 期。
科姆里 B.,1981,《语言共性和语言类型》,沈家煊译,1989,北京:华夏出版社。
克里斯特尔 D.,1997,《现代语言学词典》,沈家煊译,2000,北京:商务印书馆。
林杏光,1999,《词汇语义和计算语言学》,北京:语文出版社。
鲁　川,林杏光,1989,现代汉语语法的格关系,《汉语学习》,第 5 期。
陆俭明,1993,《八十年代中国语法研究》,北京:商务印书馆。
陆俭明,2010,《汉语语法语义研究新探索》,北京:商务印书馆。
吕叔湘,1944/1983,《中国文法要略》,北京:商务印书馆。
吕叔湘,1946,从主语、宾语的分别谈国语句子的分析,见《吕叔湘文集》第二卷,1990,北京:商务印书馆。
吕叔湘,1987,说"胜"和"败",《中国语文》,第 1 期。
马庆株,1988,自主动词和非自主动词,见《汉语动词和动词性结构·一编》,1992,北京:北京语言学院出版社。
孟　琮等编,1999,《汉语动词用法词典》,北京:商务印书馆。
沈　阳,郑定欧主编,1995,《现代汉语配价语法研究》,北京:北京大学出版社。
王　力,1945,《中国语法理论》,见《王力文集》第一卷,1984,济南:山东教育出版社。
徐通锵,1998,自动和使动,《世界汉语教学》,第 1 期。
杨素英,1999,从非宾格动词现象看语义与句法结构之间的关系,《当代语言学》,第 1 期。
袁毓林,1998,《汉语动词的配价研究》,南昌:江西教育出版社。
袁毓林,2002,论元角色的层级关系和语义特征,《世界汉语教学》,第 3 期。
曾立英,2009,《现代汉语作格现象研究》,北京:中央民族大学出版社。
詹卫东,2001,确立语义范畴的原则及语义范畴的相对性,《世界汉语教学》,第 2 期。
朱德熙,1983,自指和转指,见《朱德熙文集》第三卷,1999,北京:商务印书馆。

Blake, B. J., 2005, *Case*. 北京:北京大学出版社。
Chomsky, N., 1965, *Aspects of the Theory of Syntax*. Cambridge: The MIT Press.
Chomsky, N., 1981, *Lectures on Government and Binding*. Dordrecht: Foris.
Comrie, B., 1989, *Language Universals and Linguistic Typology* (2nd edition). Oxford: Blackwell.
Croft, W., 1990, Possible Verbs and the Structure of Events. In Savas Tsohatzidis (ed.) *Meanings and Prototypes: Studies in Linguistic Categorization*. London: Routledge.
Croft, W., 2003, *Typology and Universals* (2nd edition). Cambridge: Cambridge University Press.

Dixon, R. M. W., 1979, Ergativity. *Language* 55 (1):59—138.

Dowty, D., 1991, Thematic Proto-Roles and Argument Selection. *Language* 67(3): 547—619.

Halliday, M. A. K., 1985, *An Introduction to Functional Grammar*. London: Edward Arnold.

Jackendoff, R., 1990, *Semantic Structures*. Cambridge: The MIT Press.

Lakoff, G., 1987, *Women, Fire, and Dangerous Things: What Categories Reveal about the Mind*. Chicago: The University of Chicago Press.

Langacker, R., 1987, *Foundations of Cognitive Grammar*. Cambridge: Stanford University Press.

Levin, B. & M. Rappaport Hovav, 2005, *Argument Realization*. Cambridge: Cambridge University Press.

Lyons, J., 1977, *Semantics*, Vols. I & II. Cambridge: Cambridge University Press.

Pustejovsky, J., 1995, *The Generative Lexicon*. Cambridge: The MIT Press.

Talmy, L., 2000, *Toward a Cognitive Semantics*. Cambridge: The MIT Press.

第六讲　体和情状类型

6.1　"体"和时间语义
6.2　汉语"体"的语义分析
6.3　情状类型、动词语义和句子语义

6.1　"体"和时间语义

句子内部的语义关系是具有多重层次的,所以,可以从不同角度来进行分析。从动作角度来说,时间和空间是非常重要的两个分析层面。本讲主要从时间角度对动词所表示的动作行为做进一步的分析。在传统的语法里,时间主要讲两个问题,一个是时(tense),一个是体(aspect)。在最近的研究里,体和情状类型(situation type)成为了热点,所以,这里我们主要讨论体和情状类型。

体,是对动作所展现出来的历程的刻画或编码。动作与名物有一个很重要的差别,即它往往要经历一个历程,也就是说,动作不像名物那样是一个静态的存在。动作行为往往在时间上有一定的表现,主要包括时点和时段这两种情况。所以,在对动作行为进行分析的时候,可以从它所表现的时间历程上进行分析。传统研究有体的问题,它表示的是动作行为在时间上的长短或某些类型。在今天的研究里,语言学家在动作事件范围里一般按照下面的方法对体进行分类,以下分类和英语例句引自Comrie(2005:16—25):

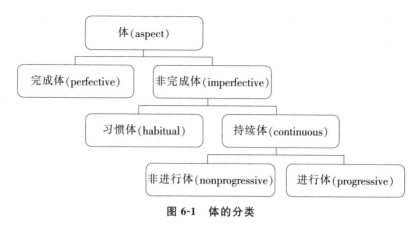

图 6-1　体的分类

我们在观察体的历程时特别关心的是，这个历程是完成还是非完成状态，或者说是完整的还是非完整的（也有学者将 perfective 译为"完整体"）。这是一种非常重要的分类，如"我刚才吃完了饭"，"吃饭"这个动作是完成的；"我正在吃饭"，"吃饭"的动作尚未完成，在时间上还在绵延。非完成体分为持续体和习惯体。持续体表示一个历程持续进行，例如"Sphinx stands by the gate"；习惯体无所谓持续，而是有一种惯常性，例如"John used to work here"。持续体又分为进行体和非进行体，如"唱歌"（sing）是可以表示进行的，而"知道"（know）只表现为某一种状态。它们的区别在于，"唱歌"的历程性非常强，而"知道"的历程性非常弱，因此可以说"John is singing"，不能说"John was knowing"。

语言学家通过类型学的研究，发现了世界语言里体的分类。从观察动作的历程这个角度来说，体的研究主要观察到两对对立特征：这个动作是完成还是没完成；这个动作是否是持续的。如果我们进一步来研究历程，就会发现，历程里表达出的情状，比传统的体的研究复杂得多。

在今天的研究里，语言学家在观察动作的时间情状类型时注意到状态（stative）和动力（dynamic）的区别。语言当中，大部分的动词内部都存在着一个比较明显的动力，往往表现为持续性（progressivity）。有的动词没有明显的动力，一般表现为状态性（stativity），如"知道、有、属于、活、包含"。这是状态跟动力的区别。后面我们讲情状类型方案时还会提到这个问题。

语言学家主要注意到下面这些体的特征(Lyons,1977;Saeed,2000):

(1) 动力的(dynamic)
(2) 静态的(stative)
(3) 持续(duration)或进行的(progressive)
(4) 完成(completion)
(5) 习惯性(habituality)
(6) 反复进行(iteration)
(7) 暂时性(momentariness)
(8) 开始(inception)
(9) 终结(termination)

如果从体的特征观察动作的语义,可以区分出以下几种情况(Lyons,1977;Saeed,2000):第一,事件(events),有的动词表达一个事件,这个事件是非延展的动力情状,在时间上比较短暂;第二,状态(states),有的动词语义表现为一种状态,在时间上有延续性,但在存在的阶段上一直是同质的;第三,进程(processes),最常见的动作表现为延展的动力情状,在时间上可延续;第四,动作(acts),由施事控制的事件;第五,活动(activities),由施事控制的进程。

6.2 汉语"体"的语义分析

世界不同语言在体的表现方式上有不同的选择。关于体的性质和汉语中体的方案,我们主要参考了吕叔湘(1944)、王力(1945)、高名凯(1948)三位先生的研究。传统研究对体已经有了比较重要的看法,如高名凯认为,体着重于动作或历程在绵延的段落中是如何的状态,不论这绵延的段落是在现在、过去还是将来;动作或历程的绵延是已完成抑或正在进行,方为开始抑或已有结果等等。这是20世纪40年代的看法,那个时候已经意识到,有的是完成,有的是进行,有的是开始,有的是结果。

进行体(progressive)或绵延体(durative),它指一个动作或历程正在继续或进行,还没有完结,不论其在什么时间。口语用"着""在""正在"或"正在……着""……呢"等表示。

完成体(accomplished)或完整体(perfective),表达的语法意义是动作或历程的完成。现代汉语用"了"表示实现(参考刘勋宁,1988),位于动词后面,如"我吃了饭"。无论是过去、现在还是未来,都可以用"了"表示实现。"完成"和"实现"有关系,完成意味着一种实现。完成跟实现有什么区别? 实现即原来没有,现在有了,在一定程度上表达从无到有的历程,到了"有"的时候,可以把它理解为完成,但是从历程的角度来说,确实是实现。"了"还可以位于句尾,表事态的已然。如"吃饭了",这里的"了"按照以往的分析是两个"了",即"了$_1$+了$_2$"。这里实际上有语气,也表达一种已然状态,这与实现也有一定的关系。两种情况语形上可以压缩在一起来表达。

结果体(resultative),在上个世纪40年代的语法分析中,高名凯已经注意到了结果体:"表示动作或历程之有结果者,谓之结果体。正在进行的动作或历程是还没有得到结果的,而完成了的动作或历程也只表示历程之终了,然而不见得有结果。反之,结果体则表示动作或历程之有所获得。"高名凯观察到,现代汉语中的"着""住""得""到""中"涉及结果的表达。如"我够着了那个球""我拽住了他""我打中了那个靶子",能够表达出在动作或历程中有所获得,历程之后有一个明显的结果。结果体在别的语言中有其他的表达方法,汉语一般用动结式或述补式的方法来表达。这是高名凯的一个观察。

近过去体(recent aspect),高名凯和吕叔湘都观察到了,表示在某一时刻动作或历程之开始者。这是汉语当中一个比较特别的体,用"刚""才""恰""方""刚才""却才"来表达。如"我刚进教室他就来电话了",表示离我进教室这一刹那时间很短。近过去体的重点不在于"过去",而在于"近",即跟说话时点的临近,表达一件事情是刚刚发生的,是在过去当中一个非常临近于现在的时间。时往往涉及遥远的程度(remote degree),即我们要考虑动作离我们说话时的遥远的程度,有的非常遥远,有的是比较远,有的是比较近,这三种情况有可能分别编码。人类在编码时更关注遥远度比较低的情况。

叠动体(iterative),有学者叫反复体,表示动作或历程可以一起一落,重复进行。汉语的叠动体是用词的重复来表示的,如"他看了看""他写了又写"。叠动,从历程的角度怎样理解?如"我看了那本书"与"我看了看那本书"在语义上有什么差别?"我看"只涉及一个历程,"我看了又看"涉及多个历程,但它们是同质、均匀的,内部没有区别,这是它的语义重点。这个同质的多个历程涉及多次的重新启动,其中的历程可以非常短暂(momentary),但每一次都是一个单独的历程,中间允许有间隔。

起事体或起始体(inchoative or ingressive aspect),表达一件事情开始了,并且可能继续下去,但不表达它的结果或完成,汉语中用虚化程度很高的"起来"或"起"来表达。"起"字本有起始之义,所以"起来"附在动词之后可以表示一个动作的开始(并且持续)。如"论文写起来了",表示动作开始的阶段。也可以用"起……来"这个非连续的、框式的结构来表达,如"他们唱起歌来了"。

短时体(transitory aspect),有许多动作实在不大分得出次数,用定量的说法往往有暂时或轻微之意,可称为"短时体"。把普通一种行为看作连续不断的许多行为的合体,然后把现在所叙述的行为看作不是连续不断的合体,而是一个行为的单体。这样说话人所想象的时间自然是很短暂的。如"看看/看一看""何不念念,我们听听"。这跟前面讲的叠动体是不一样的。叠动是一种进行,短时不是这样,指一件事经历的时间很短暂,动作很轻微。"我看看"不是我重复看、反复看,而是强调"看"是一种很轻微的动作,往往在短时间内做成,不费很长时间。

短时体和叠动体的区别还在于,短时体有可能同时表示叠动的意思,但叠动未必完全是短时的。在今天的研究里也有人将短时体称为"尝试体",限于未完成的动作,既成的动作就只能看作"短时体"。如"你听听,你看看"有多重的意思:一种意思,从动程上来说,很短暂,不费劲;第二种意思,可以表示一种尝试。所以有人把它命名为短时体,有人把它命名为尝试体。如果命名为尝试体,也要明白它是短时的。

继事体（successive aspect），指始于一个时点而兼及其后。和"起来"相对应,用"下去"表达。"下去"附在一个动词后可以表示一个动作的延续。如"这件事情做下去了""他把论文写下去了","做下去"预设着这件事情的开始阶段已经完成了。"这件事能不能做下去呢",我们并不怀疑开头,只怀疑这个动作历程中间能不能再往下延续了。起事体所取时点是一个动作的开始,而继事体所取的时点是动作过程中间的一点。

这里我们尝试着给大家介绍了体的方案,除了进行体和完成体之外,汉语中还有一些特别的体。这些体都是次要的体。语言大多都有完成体和进行体表达,但其他体则不一定有。但在语言的语义表达里,必须有次要体的参与,没有次要体,表达是不会细致的。

6.3 情状类型、动词语义和句子语义

1. 情状类型

以上是传统的关于体的研究。上个世纪60年代以来,情况发生了变化,美国哲学家万德勒（Vendler）开启了关于体和情状类型研究的一个新时代。他的书是《哲学中的语言学》,大家可以看中文版的相关章节（第163—203页）。Vendler观察到时间观念里一些很有意思的情况,重新考察了历程的情状类型,建立了一个时间图式（schema）,从动作的角度把情状类型分为四种。这是60年代末提出的分类方案,影响非常大。事件语义学研究中的一些前沿的句法语义探索都在讲这个方案。下面逐一介绍他的时间图式,然后介绍汉语情状类型的研究。

（1）对**活动动词**（activities）来说："A was running at time t"意味着A在整个一段时间里跑步,t是一段时间里的一个时刻,A在这个时刻跑步。

之所以叫作活动,因为它往往是在一段时间里进行的。这里的t可以理解为若干个不同的t,既涉及时点（point）,又涉及时段（period）。活动类是指在整个时间段内都在进行某一个动作。从时间上来说,可以区别出多个时点,但多个时点上的活动具有同质性。

（2）对**完结动词**(accomplishments)来说："A was drawing a circle at t"意味着在 t 那个时段之内，A 会完成画这个圈。又如 run a mile, walk to school, paint a picture 都表示在某个时段里完成了一件事情。

大家要注意，这里的角度跟前面讲到的体非常不一样。这个比较抽象，但作为图式是存在的。

（3）对**达成动词**(achievements)来说："A won a race between t_1 and t_2"意味着赢得比赛的那个时刻在 t_1 和 t_2 之间，即对于达成动词来说，一定有一个确定的时刻。其他达成动词如 recognize, find, start, reach 等。

达成动词和完结动词有什么区别？达成动词一定要达到或完成一个目标，强调在某一个特定的时刻达到一个瞬间完成的目标，如 reach the stop 在到达顶峰的时刻也完成了目标。完结动词只强调在一个时间段里经历了一件事，并不强调达到了目标，如 walk to school 表达了一个时段里做完了 walk，但并没有强调达到了一个具体的目标。对于完结来说，它考虑的是一个时段的问题，在这个时段里完成了一件事；而达成强调的是一个特定的时点，是瞬间做成的事情。

活动动词也涉及一个时段，但不涉及完成，只是说在一个特写的时段内每时每刻都在做同样的事情。如"我认呀认呀认呀，终于认出了他"，"我认呀认呀认呀"是活动；在认出的那一刻，汉语用动结式"认出"来表达，是达成。所以 Vendler 的框架是有道理的，他区别了这三种不同的情况：活动指在一个时段里反复地、持续地做一件事；完结是指在一个时段里会完成一个历程，这个历程会有一个终结；达成无所谓时段，强调的是在某一刻达成了一件事情。

（4）对**状态动词**(states)来说："A loved somebody from t_1 to t_2"意味着 t_1 到 t_2 之间的任何一个时刻 A 都爱着那个人。又如 desire, want, hate, believe 等。

状态动词不涉及动力。6.1 小节讲体时提到过这一点，但并未强调，Venlder 把状态类和活动类完全区别开了。状态动词和活动动词的区别实际上是状态和动力的区别。

学者 Smith 提出了**断续**(semel factive)，也被今天的学者承认。

如"咳嗽、敲门"所反映出的情状。

Saeed(2000:114)用语义特征对这五种情况进行了描述：

表6-1 情状的语义特征

情状(Situation)	状态的(Static)	持续的(Durative)	有终结的(Telic)
状态(state)	+	+	n. a.
活动(activity)	−	+	−
完结(accomplishment)	−	+	+
达成(achievement)	−	−	+
断续(semel factive)			

注：n. a. 是 not applicable 的缩写，表示"不适用"。

状态有一个隐含的时段，一般来说不表达出来。可以表达出从什么时候开始，如"从今天起我再也不相信他了""我从那个时候起才知道他的籍贯"。活动既是同质的，又是持续的。它跟状态的重要区别在于具有动力性，不像"爱、恨"没有动力性。完结类对时段有要求，在一个时段内一定要有一个终点，即它的目标。它在一定时段里是单向的，表现为向终点的趋近。这其中可能涉及很多时点，各个时点的地位是不一样的。达成类不管前面经历了多长时间的时段，只对达到目标的那个瞬间进行编码。汉语中经常用动结式表达，如"农夫杀死了那只狼"，可能会有一个杀的过程，但不去管它，只管"狼"死没死。

以上就是时间的图式，它参考了一些传统的体的研究，但又与传统不同。这个角度比较新，它从历程的内部对时间和事件，特别是事件的类型，做出了一些区分。这里要强调一点，虽然有的时候我们可以根据单个动词判断它的情状类型，但从根本上来说，Vendler的模式强调的是，依据一个上下文或语境才能判断动词的情状类型。国内的语义句法研究在借鉴这个成果的时候有两种不同的倾向：一种是抛开上下文，只管动词本身；还有一种是考虑句子整体展现出来的情状类型。

2. 情状类型和汉语动词分类

接下来我们看一下参考这种理论对汉语单个动词的分类，以及这种分类在搭配上的考虑如何。马庆株(1981)考察了汉语里时量宾语跟动词的搭配,据此给汉语动词分了小类。马庆株有一个鉴别方式,依据能不能加"着",汉语的动词可以分为两类:能加"着"的动词在性质上表达的是进行和持续,不能加"着"的动词一般来说就是非进行和非持续。这一层切下来,对动词的类别就会有新的观察:

不能加"着"的为一类:

死 伤 断 熄 来 去 知道 明白 原谅 出现
成立 批准 投降 提拔 看见 听见 解开 分开
记住 提出 修好 学会 写完 上来 进来

能加"着"的有两个小类:

(1) 等 盼 坐 站 扶 搂 琢磨 折磨 培养 坚持 担任

(2) a. 看(去声) 听 说 吵 骂 扫 擦 吃 喝 商量 收拾 分析 研究 批评

　　b. 挂 摆 插 贴 开 捆 绑 挤 踩 种 栽 戴 写

这样马庆株就做出了一个新的汉语动词的语法语义分类。在搭配上,像"死了一年、等了一年、看了一年、挂了一年"虽然都加了时量宾语,但情况是不一样的。"死"是瞬间完成的,"死了一年"是死后的情况延续了一年,而"等了一年、看了一年、挂了一年"是"等、看、挂"这些活动本身延续了一年。"死"是不能加"着"的,"等、看、挂"都可以加"着",这就表现出它们性质不同。这种区别可以独立于上下文,即动词内部隐含着这个时间结构。后来郭锐(1993)也做了这方面的工作,即刻画动词内部的时间结构。按照语义特征分析法,马庆株的动词语义分类方案表示如下:

　　Va 死类　[＋完成][－持续]
　Vb 等看挂类[＋持续]
　　Vb1 等类 [－完成][＋持续]
　　　Vb2 看挂类[＋完成][＋持续]
　　　　Vb21 看[＋完成][＋持续][－状态]
　　　　Vb22 挂[＋完成][＋持续][＋状态]

"死"类与"等、看、挂"类的不同之处在于,"死"类可以表示瞬间完成,但不能表示持续,"等、看、挂"类可以表示持续。"等"类不能表示完成,"看、挂"类可以表示完成,如"我挂了一幅画""我看了一部电视剧"都是可以表示完成的。"看"类不能表示状态,"挂"类可以表示状态,如"那幅画在墙上挂着呢,已经挂了好几年了"。在动词的分类里,可以逐层地根据情状对其分类,但这在动词中是隐含着的,可以通过加时量宾语把它们区分开来。"看了一天了"表示状态,但"看"本身只是一个活动,并不能表示状态。这里要考虑哪些是动词自发的、内部的,哪些是动词搭配后才有的东西。这个分类大体能提示动词内部的语义情状。这个分析是非常重要的,一定程度上也揭示了汉语的本质。汉语虽然没有形态变化,但每一个动词内部已经包含了它的情状特点。

我们认为,如果要比较好地描述汉语的情状,一定要考虑上下文,考虑整体的情状。加"着"和不加"着"有什么区别呢?为什么有的可以加"着",有的不能加"着"?如"原谅"为什么不能加"着"?"原谅"是不能持续的,在"原谅"的那一刻就达成了。"原谅、明白、知道"为一类。"来"和"去"为什么不能加"着"?这样的问题必须回答。如"他正在去/来着图书馆",也可以说,但很别扭,限制比较大。可以说"他来着呢",这类问题先存疑。这里补充一点,这类分为两种情况:一类是动态,一类是静态。传统的研究里已经意识到动态和静态之分。如"校园里栽着很多松树"是静态的,"他俩正在栽树呢"是动态。

3. 汉语的情状类型分析

下面我们介绍另外一项研究,就是邓守信的《汉语动词的时间结构》,他在 Vendler 研究的基础上,考虑了语义组合的整体。这项研究有两个重要的贡献:一是它根据整个句子的语义组合来描写时间结构,这是在描写汉语的情状类型上的一个贡献;二是在时间结构的描写方法中提出了一套概念,这套概念在后来的汉语语言学的情状分类里,特别是时间内部的分类里为大家所采纳。实际上情状类型和单个动词的分类是两个不同的角度,考虑情状类型时要考虑整个句子的语义情况,不能只考虑单个的动词。

关于时间结构的描写方法,邓守信提出一个方案,即在时间结构上应该有一个起点(inception),与起点相对的就是要有一个终点(determination),中间还会有一个过程(duration)。在过程当中的任何一点叫作分点(subinterval)。另外,区别于时点跟时段,还存在时频。在描写动词内在时间结构和情状时,以上这些都要考虑。

比如说什么是汉语活动类情状的时间结构呢?这涉及时段,时段出现在活动当中,代表活动的持续范围,比如"我(每天)走三个小时","三个小时"是一个时段。动词的时间结构涉及它与副词的共现,比如说,"马上"与动作的起点有关,"一会儿……就、一下……就"与终点有关,这些副词性成分都不能出现在活动句中间。时点出现在活动当中表示活动的开始或者进行,如"你什么时候写信?"时频出现在活动当中表示事件的频率,比如说"小孩老哭"。

时段在完结句当中出现只表示活动完结时的起点,不能表示活动持续的时段,比如"他洗好衣服半个小时了"。这里与活动类型不同的地方是,"马上"和"一下"都能在活动句当中出现表示活动完成的终点。明确的时段也可以出现在"他五分钟吃了二十个饺子"这样的表达中,表示完结。时点出现在完结句中指明活动完结的终点,例如"他六点半洗好了衣服"。时频一般不能出现在完结句当中,比如"*我找到了喜欢的字典三次"。

完结句与达成句的区别在于,完结表示某一个活动实现了一个结果,有了结的意思;达成往往是一个状态的发生或转变,这个转变涉及一个新的状态或者出现了一个新的结果,这个过程往往是瞬间的,不能持续。达成句也会有时段的问题,比如"这只虫死了很久了","很久了"是一个时段,表示的是"虫死了"后持续的时间。又如"我的狗病了一周了""饭一刻钟就做好了"等等。时点出现在达成句中指变化的起点或终点,如"病人六点半死的"。时频也可以出现在达成句中,如"他病了三次""我晚上很少醒"。

状态句表示一种较稳定、较恒久的心理或生理状态。因此在语言交际中,状态的起点和终点是不重要的。状态与达成不一样,比如"我认识张三"和"我认识了张三",前者是状态,后者是达成。在状态句中如果加时段,是指状态的持续时间,比如"我认识他很久了"。但在汉语的语感中有点像是一个新的达成的开始。时点和时频一般不出现在状态句当中。

邓守信根据体标记给四种情状类型做了特征上的描写。他采用了这样四个语义特征：第一是惯常；第二是进行；第三是完成；第四是经验。

表 6-2　汉语情状类型的语义特征

	惯常(∅)	进行(在、着)	完成(了)	经验(过)
活动	教书	在写信	*走了路	找过房子
完结	*过去煮好饭	*煮好着饭	做了一个梦	*走到过大学
达成	*某种人不死	*气球在破	油漆干了	他病过
状态	不喜欢吃肉	*在知道这件事	*会了游泳	*客气过

在语形上，惯常采用零形式。活动类可以采用零形式，但句子会感到有些别扭，一般不单说。所以汉语零形式的情况实际上比较受限制。状态也可以用零形式，比如"张三认识李四""我知道这件事"。进行在语形上用"在""着"，只有活动类可以，比如说"在打羽毛球"，"呢"与"在""着"是一样的标记。完成在语形上用"了"，完结和达成都可以加"了"。经验（或经历）加"过"，活动和达成都是可以的，完结和状态是不可以的。举一个例句分析一下，"我吃过晚饭了"是一种完结还是一种达成？此处加了"过"，在结束的那一刻活动就过去了，所以分析成达成比较好。但在汉语中这个地方可能会存在比较大的争论。

用 Vendler 的模型分析汉语时，特别是用到像"了""着""过"这些助词时，会导致情状类型难以分析，汉语的情况可能要比 Vendler 的描述更复杂一些，需要进一步的研究。但无论如何，现在已经开始了第一步，邓守信把 Vendler 的模型运用到汉语当中，也初步地结合了汉语语义分析的实际情况，这里引进起点、终点、时频、时段等也是很有成效的。

以上是关于时间的问题，重点在于情状类型和体的分类系统。时间是动作行为的一种非常基本的存在方式。语言一般都有动作行为的内在时间结构的问题，也有对动作行为本身的开始、进行、结束的语义编码。

参考文献：

陈 平,1988,论现代汉语时间系统的三元结构,见《现代语言学研究——理论·方法与事实》,1991,重庆:重庆出版社。

陈前瑞,2008,《汉语体貌研究的类型学视野》,北京:商务印书馆。

邓守信,1986,汉语动词的时间结构,载《第一届国际汉语教学讨论会论文选》,北京:北京语言学院出版社。

高名凯,1948/1986,《汉语语法论》,北京:商务印书馆。

郭 锐,1993,汉语动词的过程结构,《中国语文》,第 6 期。

郭 锐,1997,过程和非过程——汉语谓词性成分的两种外在时间类型,《中国语文》,第 3 期。

刘勋宁,1988,现代汉语词尾"了"的语法意义,《中国语文》,第 5 期。

吕叔湘,1944/1983,《中国文法要略》,北京:商务印书馆。

马庆株,1981,时量宾语和动词的类,见《汉语动词和动词性结构·一编》,1992,北京:北京语言学院出版社。

万德勒 Z.,1967,《哲学中的语言学》,陈嘉映译,2002,北京:华夏出版社。

王 力,1945,《中国语法理论》,见《王力文集》第一卷,1984,济南:山东教育出版社。

Comrie, B., 2005, *Aspect*. 北京:北京大学出版社。

Lyons, J., 1977, *Semantics*, Vols. I & II. Cambridge: Cambridge University Press.

Lyons, J., 1996, *Linguistic Semantics*. Cambridge: Cambridge University Press.

Saeed, J. I., 2000, *Semantics*. 北京:外语教学与研究出版社。

第七讲 空间的语义分析

7.1 空间和介词、动词的语义分析
7.2 位移事件的语义分析

7.1 空间和介词、动词的语义分析

与时间一样,空间也是物质存在的基本形式之一。无论是名物,还是动作行为或事件历程,都与空间有密切的关系。传统的空间语义研究多探讨空间方位词的语义和语境参照问题(廖秋忠,1992)。今天对空间语义的前沿研究主要涉及事件中的路径(path)和位移(motion)两个问题。事物在空间当中有两种主要的存在方式,一种是静止,一种是运动。在我们描述外部世界动作行为时,往往涉及相关存在物的运动变化和空间关系的改变。动力促成运动行为,运动行为使得存在物发生了空间位置上的变化,而运动行为又在存在物相对空间关系的改变过程中具体地表现出来。

1. 概念结构和路径

从理论模型上来说,有几项研究特别重要。Jackendoff(1983)从空间认知语义的角度,提出了路径和处所。尤其是在路径的研究方面,Jackendoff做出了奠基性的工作,其关于空间语义的分析主要是在概念结构框架中进行的。后来 Talmy(2000)又结合位移事件做出了更深入的阐述。第三项是 Langacker(1987)的研究。

Jackendoff认为语义结构就是概念结构。Jackendoff(1983,1990)考虑概念结构时设立了一套本体的和初始的抽象语义范畴:事物(THING/SUBJECT)、事件(EVENT)、状态(STATE)、动作

(ACTION)、处所(PLACE)、路径(PATH)、方向(DIRECTION)、方式(MANNER)、特性(PROPERTY)、数量(AMOUNT)等。确认上述范畴的一个方面的证据是,上述范畴多数存在相应的疑问形式(Jackendoff,1983:53):

What did you buy?	[THING]
Where is my coat?	[PLACE]
Where did they go?	[DIRECTION]
What did you do?	[ACTION]
What happened next?	[EVENT]
How did you cook the eggs?	[MANNER]
How long was the fish?	[AMOUNT]

概念范畴的概念结构刻画例如:

[PLACE] →[Place PLACE-FUCTION([THING])]
[EVENT]→[Event GO([THING],[PATH])]

处所与路径到底有什么差别呢?处所在概念结构的框架中主要是这样来描述的:第一个方面就是指一个处所,比如"房间里""广场上";第二个方面,指具有处所功能的东西,如"蚊子飞到了牛背上","牛背上"具有处所的功能。

实际上这个问题也可以这样分析,广义的处所包含两种情况:一种是恒定的,大家都知道它是处所,如"广场上""房间里";还有一种是依据存在物的运动关系,即在一种运动当中,存在物之间的相对关系使某一个事物临时充当一种处所的功能,如刚才所说的"牛背上"。存在物要占据处所,例如"The mouse is on the table",老鼠在桌子上占据了这么一块空间。大多数语言中都会有一些功能词来表示处所,一般来说是介词,比如说 on。这种情况下,处所是一种静态的存在。

然而,很多情况下,存在物在空间中并不是静态的存在,而是一种动态的关联,主要表现在存在物由于动作行为的动力,在空间里会打出一个路径。这个路径有时并不显现或固定,比如手指在空中划一下,在空间中会展现出一个运动的路径。路径通常由介词词组来表达。比如"The tourist took a walk toward the mountain",toward the mountain 就展现出一个路径。

路径的内部结构包括两个方面:一是路径功能(function),二是参照客体(reference object)。比如说 mountain 就是 tourist 的路径的参照物。路径在概念结构中的层次高于处所,或者说,处所套合在路径之中。比如说"The cat ran into the room",这里有一个路径,由介词成分 to 标示出来;同时也有一个处所,由介词成分 in 标示出来。路径的概念结构可以例示如下(参考 Jackendoff,1983:163):

The cat ran into the room.
[Path TO([Place IN([Thing ROOM])])]
The cat ran from under the table.
[Path FROM([Place UNDER([Thing TABLE])])]

Jackendoff(1990)做出了更进一步的研究,特别强调 be 动词跟非 be 动词的区别。如果是非 be 动词就会涉及一个动作,动作会和路径有关。事件和空间的关系大体有两种情况,包括两类事件,一类是一种强动力事件,如 GO(大写表示它是一种抽象的语义范畴),例如"走""跑",这些词涉及一个明显的动作、某个存在物和一个路径;另一类是弱动力事件,涉及状态和空间的关系。存在(stay)这种弱动力的情况,往往不会引起空间关系的明显改变,如"挂""停"。但进入"停"的状态,或者进入"挂"的状态时会和动力有关,会引起空间的变化。Jackendoff 将这种关系描述为状态(state),认为也与路径相关。

状态和空间的关系又涉及三类动词:第一类是存在(be),第二类是朝向(orient),第三类是一种存在式的 GOext,实际上是一个动力极弱的 GO。

第一类例如"John is in Africa"。

第二类又可以分为两个小类。一类如"Highway extends between Beijing and Shenyang",GO 是有的,但实际上表示一种存在,本来是一种静态的存在,但表现出来又像是具有一种动态性,这是一种非常形象的表达。另一类是朝向,如"The sign points to Beijing"。Jackendoff 认为这种情况也涉及路径,这是一个纯粹静态存在的路径。它没有动作性或者动作性很弱。这两种情况在英语里都可以说，它们虽然用的是非 be 动词，但实际上表现的是状态。

第三类如"The picture is hanging on the wall"，这种"挂"不是一种典型的 GO，Jackendoff 把它也描述为存在。

2. 空间关系和介词语义

下面我们讲一下，在具体的语言中表达空间关系时使用什么样的语形手段。这就涉及介词的问题。根据 Jackendoff(1996：99—124)的研究，介词大概分为以下四类[①]：

(1) 简单的及物介词(simple transitives)，例如：at, in, on
(2) 复合的及物介词(compound transitives)，例如：in back of, in front of, to the side of
(3) 不及物的介词(intransitives)，例如：afterwards, backward, here, there
(4) 只用于非空间关系的介词(prepositions used only nonspatially)，例如：ago, during, since, for

英语中跟空间有关的介词大体是前三种情况。

Jackendoff 建立了一个空间关系的特征框架(features of spatial relations)，包括以下四个方面(Jackendoff, 1996：119)：

(1) 参照客体几何(reference object geometry)
(2) 凸体客体几何(figure object geometry)
(3) 区域对凸体客体的若干关系(relations of region to figure object)
(4) 路径(paths)

第一个方面即参照客体几何，主要有以下几种不同的情况：

体、面、线(volumes, surfaces, and lines)：in, on, near, at, inside
单一轴(single axis)

---

① 这里 Jackendoff 使用的"介词"的概念比较宽泛，也包括部分与空间关系表达有关的副词性成分和名词性成分。

垂直的(vertical)：on top of

水平的(horizontal)：in front of, in back of, beside, along, across

量(quantity)：between, among, admist

几何大体可分为体、面、线,在介词上主要表现为 in, on, near, at, inside。in, near, inside 涉及体, on 涉及面。at 稍微复杂一些, Jackendoff 没有仔细说,这里补充一下, at 和"点"有关。从轴的角度看,理论上在感知上存在两个轴:一个是水平轴,一个是垂直轴。水平轴是感知的一个基本的轴,人在不动时感知的空间关系是前后,有生理基础,因为眼睛长得是平视的,如果眼睛长得是上面一个下面一个的话就是垂直轴了。垂直轴很少用到,一般来说我们感知都是水平轴,这一点是非常重要的,可能还会有更深的理论后果。所以很多介词都表现出水平方向,如 back, across, along 都是水平方向的。垂直方向的也有,如 downward, upward,但这种情况还是少。空间关系还会涉及量,如 between, among, amidst,存在空间里的量度。

第二个方面即凸体客体几何。凸体,相对于背景中的参考物体而言,指空间运动事件中移动的物体。主要有以下两种情况：

单一轴(single axis)：along, across, around

散布的凸体(distributed figure)：all over, throughout, all along, all around, all across

单一轴涉及的介词往往是 along, across, around,或者说某些空间关系表现出单一轴。语言中还有一种情况,即我们感知的不是一个单一轴,而是某一种散布。比如说 all over, all around, all across 表达的是散布式的。从语言认知上来说,散布没有轴,只有单一轴或者有限轴才有轴。

第三个方面即区域对凸体客体的若干关系,包括：

相对距离(relative distance)

内部的(interior)：in, inside, throughout

接触的(contact)：on, all over

近中心的(proximal): near, all around
负极的(negatives)
越出内部(beyond interior): out of
脱离接触(beyond contact): off of
远于中心(beyond proximal): far

方向(direction)
垂直的(vertical): over, above, under, below, beneath
水平的(horizontal)
  边对边的(side-to-side): beside, by, alongside, next to
  前对后的(front-to-back): in front of, ahead of, in back of, behind, beyond

轴系统选择(choice of axis system)
内在的(inherent): on (the) top of, in front of, ahead of, behind
语境的(contextual): on top of, in front of, behind, beyond

可视性和包藏(visibility and occlusion): on top of, underneath

  在空间感知上我们有时候要感知到空间里的相对距离,它对空间关系来说是非常重要的。大体上有三种情况。有的空间关系是内部的,有的空间关系是接触的,有的空间关系是趋近于中心的。这里补充一点,认知语义学里有许多认知图式,其中有一个基本图式,就是容器图式。实际上以上三种表达是根据容器图式建立起来的。容器的外部表现不是面,不是线,也不是点,而是一个体。内部表现是一个容器,因为它有一个内部空间。

  空间距离的方向和变动有正极和负极之分,一个客体相对于它的参照物有两个方向:一个是趋近于参照物,即正极的关系;另一个是远离参照物,即负极的关系。从这个角度来说,near 是正极的,靠近一个体;out of, off of, far out 是负极的,如小鸟飞出了鸟巢,越飞越远。

  关于方向,有一种情况是垂直的感知,如 over, above, below, beneath;还有一种情况是水平的感知,如 beside, alongside, in front of, ahead of, in back of。我们前面讲过,垂直的表达在任何语言中都比较少见,水平的表达比较常见。

再有一种情况就是在感知当中怎样选择轴,是内在的,还是靠语境。如 on (the) top of, in front of, ahead of,这些可以用内在的,不必依赖语境。另外一种情况是要依赖于语境。

还有一种情况就是在感知时我们比较注意哪些是可视性的,哪些是包藏的。可视性的是在空间上、外表上能看得见的,如 on the top of,而包藏的是看不见的,如 underneath。

最后,第四个方面,即路径问题,分以下两个小类:

> 朝向地球的(earth-oriented):up, down, east, west, north, south
> 朝向凸体客体轴的(figure object axis-oriented):forward, ahead, backward, sideways, left, right

英语里有这样的一些典型的路径,一种是朝向地球的,如 up, down, east, west, north, south,另一种是朝向凸体客体轴的,如 forward, backward, left, right 等等,这些是以凸体作为轴的。ahead, forward 跟 backward 构成一个轴,sideways 跟视线的方向构成对立轴。

还有作用于某一个区域的若干算子(operators):

> 通过(Via):through(=via inside), along(=via along)
> 到(To):to, into(=to in), onto(=to on)
> 向(Toward):toward
> 从(From):from, from under, from inside
> 离开(Away from):away, away from

以上就是介词表现出来的空间语义关系,这种空间语义关系是立体的、多轴的,可以区别得很细致。我们使用这些形式来进行认知,或者说我们的认知成果可以由这样的语形来表达。

3. 空间关系和动词的语义分类

Jackendoff 认为,语义结构可以跟句法结构平行起来(Jackendoff, 1990:45)。例如"The cat ran into the room"的句法

结构和语义结构可以描述如下：

    a. 句法结构
       [$_S$[$_{NP}$ the cat][$_{VP}$ ran[$_{PP}$ into[$_{NP}$ the room]]]]
    b. 语义结构
       [$_{Event}$ GO([$_{Thing}$ CAT],[$_{Path}$ TO ([$_{Place}$ IN ([$_{Thing}$ ROOM])])])]

这个句子的语义为一个事件，这个事件里包括一个路径和一个处所，其他具体的细节我们尽可不管。因为我们只是参照它在描写事件里引进了一个路径，这是概念结构的描述。词库里可以把介词的语义结构描述出来，如 into 在范畴上属于 P，句法分布后面加一个 NP，包括一个路径。把 into 的词类信息、句法组合的信息以及路径表现出来的语义组合的信息放进去，这样就可以分析它隐含的语义结构。这就是 into 在词典里的结构，即涉及路径。run 也涉及路径，在词库里是一个 event，还与 thing 相关，如"猫跑到了桌子下面"，"桌子"是 thing，路径是猫跑的出发点到桌子下面之间的空间上的临时的一个线路，所谓的 thing 和路径完全不是一回事，thing 只是路径的一个参照物。

    参考复杂的空间问题，Jackendoff(1990:101—123)给出一个动词语义分类的方案。第一类动词是一种散布型分布的动词，即散布类，这是一种很重要的空间存在。如"Paint ran all over the wall"是一种散布型的情况，墙上涂满漆，每一个点都涂满了。而像"Felix ran all over the field"就不是一种散布型的情状。Felix 在田地里跑，他不是每一点都跑到了，而是有一个路径，这个路径有可能是圆的，象征性地表达出他这块地都跑到了。

    第二种类型指两个物体的触碰(touch/contact)。大体分为三种不同的情况：第一种情况是纯粹的接触，如触摸手机屏幕；第二种情况不单是一种触碰，而且包含一种强动力，如 hit, strike；第三种情况是既接触又移动，如 scratch。

    第三种类型是系附(attachment)，有三种不同的小类，一种涉及黏附(stick/adhere)，一种是附着(attach)，还有一种是分离(detach)，正好跟 attach 是一种对立的情况。

第四种类型是材料的组成,这也是空间情状的一种非常重要的类型,如"Sam build a house out of bricks"。而"Sam assembled a house with bricks"不是一种空间组成,Sam把砖运进了房子,这跟空间组成没有关系。这种关系需要另外来描述,也是我们常见的关系,"把……运进去了"可以考虑为一种包容的关系。

以上是Jackendoff关于动作情状的分类,考虑到了多种类型的动词,也涉及语义组合。在语义组合里涉及空间的情状,可以将它命名为空间情状类型(space situation)。空间情状应该比Jackendoff描写的还要复杂,但这项研究毕竟已经开始。

7.2 位移事件的语义分析

关于路径的更进一步的研究,涉及对位移事件的语义分析,也涉及类型学的问题。讨论空间的情状类型时,我们知道事件与状态这两类是区别和对立的。当一个事件中有一个参与者发生了空间位置的转移,这类事件叫作位移事件。路径在Talmy(2000)的研究中更加清晰,是指凸体(figure)相对于背景(ground)而言的移动轨迹,这比Jackendoff更前进一步。位移事件可以分析为位移,加上凸体(前景)、背景和路径,还与方式和致使两个要素相关。

1. 路径和位移事件的语义分析

Talmy(2000,Vol.1:311—344;Vol.2:21—146)从词汇化的角度对位移事件进行了分析。位移事件指包括运动和静止位置的持续的情景。词汇化是指概念或语义成分如何与语言中的形态句法建立联系,在语言中的编码方式区分为表层形式直接编码的语义和通过不同表层形式对比得出的隐含的语义。Talmy认为位移事件由下列一套语义成分构成:

凸体(figure),指一个移动的或概念上可移动的物体,相对于背景位移或位于某一位置,例如"The pencil rolled off the table"中的the pencil。

背景(ground),指一个参照框架或者参照框架中的一个参照物体,凸体位移经过的路线和所处的位置需要参照它而确定,例如

"The pencil rolled off the table"中的 the table。

位移(motion)，指事件中的位移或位于某一位置，例如"The pencil rolled off the table"中由 rolled 表达的位移运动。

路径(path)，指凸体相对于背景从起点到终点位移的路线或占据的位置，例如"The pencil rolled off the table"中 the pencil 因位移而产生的路径。

方式(manner)，指位移产生的方式，例如"The pencil rolled off the table"中由 rolled 表达的位移的方式。

致使(cause)，指使凸体产生位移的原因，例如"The pencil blew off the table"中隐含的外力使 the pencil 发生位移运动。

Talmy 认为路径包含三种语义成分，即向量(vector)、配置(conformation)和指示(deictic)。

向量，指凸体相对于背景中的参照物体在某一个时间或时段所处的情状。常见的基本类型有三种：到达(arrival)、穿越(traversal)和离开(departure)。到达是正极，即临近某个参照物体。离开某个参照物体，在 Jackendoff 的框架里是负极。穿越即穿过或越过某个参照物体，如"小行星掠过了地球"。

配置，指在移动过程中凸体与背景中的参照物体形成的几何位置关系。典型的如内置关系和上下关系，还有点与线、面、体的关系。例如"猫跑进了房间"，"猫"和"房间"就形成了一种内置关系，而"蚊子飞到了牛背上"，"蚊子"和"牛背"是一种上下关系。

指示，指位移指向说话者（toward the speaker）或不指向说话者(in a direction other than toward the speaker)。例如西班牙语中区分指示动词和配置动词，前者如 venir(来)/ ir(去)，后者如 entrar(进入)。指示关系要引进说话人，空间关系的表达往往要依据说话人的位置来建立。这是语言中空间语义编码的一种典型方式，一个是在向量上趋近于说话者，一个是在向量上远离说话者。

由于表示位移运动的句式中的动词性成分常常同时表达位移和连带事件，所以 Talmy 设立了协同事件(co-event)，通常包括方式和致使两个要素。如果把语言中由动词词根(verb root)表示的

位移语义成分作为一种恒量,由其他手段表达的相关语义成分作为变量,恒量和变量相配,就形成以下三种常见的编码方式:

（1）位移＋协同事件(Motion＋Co-event)
（2）位移＋路径(Motion＋Path)
（3）位移＋凸体(Motion＋Figure)

位移＋协同事件有两类:第一类,位移＋方式,例如"I ran down the stairs";第二类,位移＋致使,例如"I blew the ant off my plate"。

协同事件会有内部融合形式,第一种情况是 WITH－THE－MANNER－OF,例如"The rock slid down the hill"＝［The rock MOVED down the hill］WITH－THE－MANNER－OF［The rock slid］;第二种情况是 WITH－THE－CAUSE－OF,例如"I kicked the keg into the storeroom"＝［I MOVED the keg into the storeroom］WITH－THE－CAUSE－OF［I kicked the keg］。可以用从属连接词把融合在动词词根中的协同事件成分还原显现出来,例如"I kicked the keg into the storeroom＝I moved the keg into the storeroom by kicking it"。

位移＋路径模式,动词内含方式语义,并搭配路径介词(path preposition),例如"The rock slid past our tent"。

英语有一批动词语义上内含路径,例如:enter, exit, ascend, descend, cross, pass, circle, advance, proceed, approach, arrive, depart, return, join, separate, rise, leave, near, follow。

位移＋凸体模式,动词词根合并运动和凸体,用动词形式表达物体(objects)或质料(materials)处于运动或静止状态。代表语种是阿楚格维语(Atsugewi,加利福尼亚北部的印第安语)。英语虽也具有位移＋凸体模式,但不典型,例如"I spat into the cuspidor"。

2. 相关的语言类型学问题

Talmy认为,世界语言根据路径表达主要分为两种类型,一种是卫星框架语言(satellite-framing language),还有一种是动词框架语言(verb-framing language)。

卫星框架语言，顾名思义，就好像有几个卫星围绕地球来旋转。如英语、芬兰-乌戈尔语族语言和汉语等。英语的表现最为典型，它的路径主要通过小品词、词缀等附加方式来表达，而运动方式通过合并，由词根动词来表达。英语的卫星成分最常用来表达路径。例如"He ran out of the house"，out of 和 ran 的关系就是一个卫星和一个核心之间的关系，ran 是核心，out of 就是卫星了。

有时卫星成分以简略的方式出现，例如"I ran out＝(After rifling through the house,) I ran out (of it)"。

这里大家要注意，如"He ran out of the house"，这时 out 和 of 有什么区别？out 在表示路径时不能够直接接背景成分，of 可以接背景成分，跟 on, in, inside 情况都不一样。也就是说虽然有两个小品词，这两个小品词地位也还是不一样的。

动词框架语言，如西班牙语、法语、日语、韩语，以西班牙语最为典型。这一类语言的路径由词根动词来表达，动词词根合并动作和路径，位移的方式通常不外显。例如西班牙语的例子（转引自Talmy，2000，Vol.2:49）：

  La botella entró a la cueva (flotando). (The bottle floated into the cave.)

  La botella salió de la cueva (flotando). (The bottle floated out of the cave.)

上面例句中动词 entró 意思是 moved in，而 salió 意思是 moved out，两个动词内部隐含着方式语义对立。

位移动词语义构成的语言类型分类如下：位移＋协同事件模式的语言有印欧语系语言（除罗曼语族）、汉语、芬兰-乌戈尔语族语言、奥吉布瓦语、瓦尔皮里语；位移＋路径模式的语言有罗曼语族语言、闪语、波利尼西亚语、内兹帕斯语、卡多语、日语、韩语；位移＋凸体模式的语言有阿楚格维语、纳瓦霍语。

卫星框架强调的是词跟词之间的不平等，即核心谓语动词和小品词之间的不平等。而动词框架则不同，它涉及一个动词内部形态变化的问题。卫星框架涉及若干个词，但这若干个词之间只有一个核心。例如"The napkin is blew off the table"，blew 是核心,里面隐含着一个原因;其他都是次要的,如 off 表示路径。汉语中有趋向补语,从这一点看,很多语言学家把汉语称为卫星框架语言。同属卫星框架语言,不同语言使用不同的语法手段,有的语言使用虚词,有的语言使用词缀,有的语言使用动介词。汉语不但有动词,还有一类没有完全虚化的介词。

把汉语归到卫星框架语言这一类的理由是什么?这个问题一直存在争论,可参考阚哲华(2010)的研究。在今天的类型学研究中,有的语言是比较典型的卫星框架语言,有的语言是比较典型的动词框架语言,但是有的语言是混合的,也就是说既有卫星框架编码,也有动词框架编码。汉语当中这两种特点都有,有的时候展现的是卫星框架语言的特点,有的时候展现的是动词框架语言的特点。它也可能是第三种类型。

3. 汉语的位移表达和动趋语义

位移事件的几种语义编码类型在汉语中既有外显的表现,也有内隐的表达。第一种类型"位移+协同事件",例如"飞机呼啸着飞过了广场",其中"呼啸着"表示位移的方式,而"野猪跌进了深坑",其中"跌"隐含着位移的方式;第二种类型"位移+路径",例如"张三走到了门前","到"外显表达出路径,而"李四进了那个院子","进"隐含着路径;第三种类型"位移+凸体",例如"那支箭射中了靶心","那支箭"外显表达出凸体,而"水滴入了杯子","滴"隐含着凸体"水滴"。

再进一步分析,汉语也可以表达出路径包含的三种语义成分:(1)向量,例如"张三走向了大门/张三向大门走去了";(2)配置,例如"车辆驶进了学校/车辆驶出了学校";(3)指示,例如"张三走过来了/张三走过去了"。

如果要为汉语的位移表达做出类型学上的定位,就需要对下面这个结构进行分析,即"主语+动词性成分+趋向补语+宾语",必须明确动词性成分连用结构中核心成分确定的标准。汉语由于缺乏形态,很难严格判定结构的核心。例如"走进来一个人","走"是述补结构里的述语,在句法上是核心,但阚哲华(2010)的研究指出这样一个特点,可以说"进来一个人",但不能说"走一个人"。而

"扔上来一包烟",不能说"上来一包烟",但可以说"扔一包烟";"寄回去一包书",可以说"寄一包书",但不能说"回去一包书"。这就使语言学家进入一种两难状态,如果按照这种方法,就没有办法确定核心在哪里。

在汉语中表达路径关系、空间情状时为什么会存在这样两种情况呢?这两类到底有什么差别?实际上,"走进来一个人"是这个人在走,进来的一样是这个人;"扔上来一包烟"中,"扔"涉及两个客体,一个是扔的发出者,还有一个是被扔的东西。

动词在接趋向补语的时候,存在几类不同的情况。动词的语义基础不一样,使得句法分布出现了差异。

第一类,纯粹的位移动词加趋向补语,如"走、跑、飞、跳、爬、游、滚、流、漂"等。动词本身就隐含着位置的移动,指的是一种位移的方式。这一类无论它接不接补语,都表明客体在空间里发生了直接的位移。比如说"那个人从院子里跑出来了""那个人从院子里跑了"。

第二类,"扔"类动词加趋向补语,如"扔、甩、推、抛、拉、拽、踢、扯"等。这类动词表示一种动力,动力施加使事物在空间得以运动,进而产生路径,因此可以称作间接的位移动词。这种施动力和位移能不能结合起来同时表达呢?可以。如"他把那个球从禁区踢出去了",既可以表达致使,同时也表达位移,是致使的动力导致了位移事件。

第三类,"吃"类动词加趋向补语,如"吃、喝、吞"等。这一类动词虽是自主的,但不是直接的动力,有致使义,如"他把药吃下去了",可以把"吃"看成"下去"的成因。

第四类,"掉"类动词加趋向补语,如"掉、漏、塌"等,如"雨点掉下来了""酒从瓶子里漏出来了"。这类动词是不自主的,无致使义,例如不能说"你把酒漏出来吧"。

由上述分析可见,同样是动词加趋向补语,实际情况可以差别很大。除了上述几种情况之外,汉语中还有相关的隐喻表达。如"这本书我读不下去了""这件事他做下去了""学生们写起作业来了","读""做"和"写"等动词也能加趋向补语成分,属于一种隐喻表达。在建立时间概念时使用了空间概念,是一种建立在位移概念上的隐喻,就好像一件事情在移动。再例如"他考上研究生了",句中"上"本来表空间的变化,"考上了"也是隐喻。

参考文献:

储泽祥,1997,《现代汉语方所系统研究》,武汉:华中师范大学出版社。

崔希亮,2006,汉语介词结构与位移事件,《中国语言学报》第十二期,北京:商务印书馆。

阚哲华,2010,汉语位移事件词汇化的语言类型探究,《当代语言学》,第2期。

廖秋忠,1989,空间方位词和方位参照点,见《廖秋忠文集》,1992,北京:北京语言学院出版社。

刘丹青,2003,《语序类型学与介词理论》,北京:商务印书馆。

齐沪扬,1998,《现代汉语空间问题研究》,北京:学林出版社。

Jackendoff, R., 1983, *Semantics and Cognition*. Cambridge: The MIT Press.

Jackendoff, R., 1990, *Semantic Structures*. Cambridge: The MIT Press.

Jackendoff, R., 1996, *Language of the Mind*, Chapter 6. Cambridge: The MIT Press.

Langacker, R., 1987, *Foundations of Cognitive Grammar*. Cambridge: Stanford University Press.

Talmy, L., 2000, *Toward a Cognitive Semantics*. Cambridge: The MIT Press.

第八讲　主观性和情态

8.1　主观性和语义结构
8.2　情态的语义分析

8.1　主观性和语义结构

菲尔墨在讲句子的语义结构时，把它写成 M＋P，M 是情态（modality），P 是命题（proposition）。从这个角度来看，句子的语义结构包括了两方面的信息：一方面是偏向于客观的信息，即客观现实是怎样的，这是由命题表达的；另一方面，因为每个句子都是说话者在说，所以还涉及人的主观信息。在分析句子的语义结构时，命题本身当然是非常重要的，但话是人说的，所以必须考虑到人的因素。人的因素就是交际的参与者，特别是说话人和听话人。这就涉及主观性（subjectivity）的问题。

1. 什么是主观性？

上个世纪哲学家胡塞尔（Husserl）提出了主观性的理论。1958年，法国语言学家本维尼斯特（Benveniste）专文论述了这个问题 。当前，除了语言学，哲学、心理学也在探讨这个问题。传统上与语气、情态有关的研究，都跟主观性有关系。

所谓主观性，指语言的这样一种特性，即说话时或多或少总会含有说话人自我的表现成分，这种表现成分是句子语义结构的一个有机组成部分。这种表现主要包括说话人在说出一段话时对这段话所表达的语义内容的立场、态度以及情感。这样在话语当中一定会留下说话人自我的痕迹。跟主观性概念相关联的还有一个概念,就是主观化。主观化是指语言为了表达主观性而采取的相应的语言形式或者相应的演变过程。主观化的研究有的侧重于历时角度,有的侧重于共时角度。

有的语言表达主观性的形式是非常明显的,最典型的就是日语和韩语。在它们的语法结构和句子结构里,会不断地涉及说话人的想法是怎样的,说话人怎样考虑听话人的想法,等等。与此相对,英语中主观性的表现方式比较隐晦。汉语的情况大概居于中间,偏向于英语一点。汉语主观性的表现方式不像日语和韩语那样清晰,需要进行一些分析才能够加以揭示。

交际的过程还涉及交互主观性,即说话人用明确的语言、表达方式来表达对听话人自我的一种关注。说话人不仅要关心一个命题,还要关心听话人,关心听话人的面子和他的交际互动需要。交互主观性在汉语当中有表现,如句尾语气词。汉语有两个句尾语气词特别重要,一个是"吧",一个是"吗"。比如说"这个电影很好看吧",其中的"吧"不只是表达说话人的主观感想,同时也表达了说话人期望听话人跟自己有一致的想法。在日语和韩语中这种情况特别多。

2. 视角、情感和认识

主观性主要表现在三个方面(沈家煊,2001),一个是说话人的视角,一个是说话人的情感,再一个是说话人的认识。

第一个方面是说话人的视角(perspective),是指说话人对客观情状的观察角度,是对客观情状加以叙述的出发点。如沈家煊(2002)从主观性的角度来看汉语把字句的问题,认为把字句不是一种平铺的、简单的客观叙述,而是反映了说话人的视角,把主观处置这种语义加进来了,即说话人主观认定主语甲对宾语乙作了某种处置。视角可以不同。比如新闻报道的视角,有时是电视台,有时是记者本人,有时是被报道的对象,有时是评论者,等等。

关于说话人的视角,英语中还有两个例子。一个例子是"Let's go"和"Let us go"的区别:"Let's go"一定包括听话人,"Let us go"可以不包括听话人。另一个例子是英语的完成体,如在说"John has gone"时,说话人实际上是从现在的视角来看这个动作或动作带来的结果,主观上认为和现在有关系。

第二个方面是说话人的情感(affect)。根据 Martin 的研究(姜望琪,2011:78—81),在人际互动中,说话者经常会表达某种评价,而评价首先涉及态度,态度在很多情况下和情感有关。从情感内容上看,可以分为正面(positive)和负面(negative)两类,例如,"We were ecstatic"表达的是正面的情感,而"I was torn to pieces"表达的是负面的情感。说话人的情感表达实际上也是一种社会指称,也就是说你可以从周围交往的人和社会环境当中获得感情信息来帮助你进行理解。

视角与情感密切相关。Kuno(1977,2014)对移情(empathy)现象做了研究。Kuno 认为,移情是说话者的一种认同(identification),与两个要素相关联,一个是视角变动(或拍摄)的角度,另一个是说话者在句子中描述的参与事件的某个人。一个事件里有施动者,有受动者,说话人可以在立场或视角上偏向于不同的人。同样的一个事件如"约翰打了玛丽",英语中可以有不同的叙述方式,例如:(1) a. John hit Mary. /b. John hit his wife. / c. Mary's husband hit her. (2) a. Mary was hit by John. / b. *John's wife was hit by him. / *His wife was hit by John. / c. Mary was hit by her husband. 这是几种不同的叙述方式。通过对话语的分析,我们能够知道说话人在主观立场上到底偏向谁,是偏向于约翰,还是偏向于他的太太,还是保持中立。

Kuno 从"相机角度"(camera angle)解释了上述句子的构成。上述句子(1) a,说话者是客观地描述这个事件,相机的拍摄位置离 John 和 Mary 有些距离;而在(1) b 中,相机的拍摄位置离 John 要比离 Mary 近,事实是说话者用 John 指称 John,而用 his wife 指称 Mary;(1)c 的情形与(1)b 正好相反,相机的拍摄位置离 Mary 要比离 John 近。(2)a 和(2)c 都使用了被动句式,可以假设是拍摄者想把相机靠近受动者。(2)b 的两个句子是不可接受的,从拍摄的角度看,每次只能选择一个视角,上述两个句子在视角选择上存在矛盾:被动句主语位置上只能选择受动者为视角,但施动者 John 或相关表达 his 出现在了句子开头位置。

需要注意的是,移情的概念与同情(sympathy)必须区别开来。大多数情形里,说话者同情的关注点与他移情的关注点是一致的,但这不是必要的。例如前面(1)b,说话者可能同情 Mary,但他仍然强调 John。

第三个方面是说话人的认识(epistemic modality),就是所谓情态的问题,即说话人是怎样看待某个事实的,他是做出一种判断,还是做出一种推断、猜测,还是一种强烈的断定。这些也会表现出主观性。后面一节我们会有一些具体的说明。

除了以上三个方面的主观性研究外,还有学者提出第四种情况,即说话人的立场(Du Bois,2007)。说话人在与听话人互动过程中,可以表达出与听话人立场的一致或偏离。一致的情况例如,甲说:"今天太热了!"乙说:"是啊,据说有36度。"偏离的情况例如,甲说:"这部电影太差了。"乙说:"我觉得还不错。"

8.2　情态的语义分析

下面进一步来分析主观性里的一个方面,也就是说在语义结构里怎样反映说话人的认识,即情态的问题。现在看来,情态体系的研究还不够成熟。和情态密切相关的一个概念是语气,不同学者对情态和语气之间关系的看法差别很大。有的学者不区分情态和语气,有的学者区别情态和语气。这里我们先讲情态,语气问题后面另辟一讲。

1. 可能性和必要性

情态跟西方哲学和逻辑学里的模态逻辑(model logic)有很大的关系。模态逻辑从两个角度对命题进行分类(Lyons,1977:787—849):一是从可能性(possibility)的角度来观察一个命题是真还是假;二是从必要性(necessity)的角度来考虑一个命题是必要为真还是必要为假。模态逻辑跟一般的命题逻辑是不同的,它考虑的问题更宽。从语言学角度来说要考虑的是情态。

在模态逻辑中有这样的等同:如果一个命题具有必要性,等同于对这个命题否定形式的可能性的否定;如果一个命题具有可能性,等同于对这个命题否定形式的必要性的否定。从蕴涵的角度来看,如果一个命题 P 具有必要性,那么蕴涵着 P 为真;如果一个命题 P 为真,那么蕴涵着 P 具有可能性。以上四条规律用公式表示如下(符号:nec 为 necessity 的缩写;poss 为 possibility 的缩写;≡等于;～否定;→蕴涵):

$$nec\ p \equiv\ \sim poss\ \sim p$$
$$poss\ p \equiv\ \sim nec\ \sim p$$
$$nec\ p \rightarrow p$$
$$p \rightarrow poss\ p$$

这就是模态逻辑中比较著名的四个公式,在此先了解一下。

在这里大家可以看到,在命题的研究中,一开始比较关心的是两个概念:一个是必要性,另一个是可能性。也就是说,在句子的情态表达里,最初实际上只考虑必要性和可能性这两种情态。

必要性是对某种情况的出现条件的一种高度满足,即如果不满足这个/些条件,这种情况就不能出现。如"If Alfred is a bachelor, he must be unmarried",bachelor 的成立必须具备一个必要性的条件,即他一定是 unmarried。还有其他必要的条件,首先他应该是一个男人,如果不是男人就无所谓是不是一个单身汉了;另外他还不能是一个小孩。可能性则主要表现为一种选择性的关系。可能性有两种情况:一是有没有可能性,例如"可能下雨""不可能下雨";二是可能性的大小,如"可能下雨""很可能下雨""极可能下雨"。

在今天的研究中,关于情态,Saeed(2000:125)是这样来定义的:指说话人表达的对一个命题的承诺或相信的不同量度。我们觉得这个定义只表达出了情态的一个方面,可以加上"说话人表达的对一个命题语义内容的必要性和可能性的看法"。

2. 认识情态和叙实性

关于情态的分类,今天的研究中提出了最基本的两种情况,一种是认识情态,一种是道义情态。本小节讨论认识情态。

认识情态表达的是对知识的量度。在西方的研究传统中,"认识"这个词的词源是"知识"(knowledge)。知识的量度是对客观真实性的一种判断，一般来说是关于真实世界的，涉及叙实性(factivity)。在上个世纪70年代，哲学家就已经对叙实性有了比较好的探索，认为在语言的表达中，叙实性和非叙实性(non-factivity)是对立的，这种对立能够反映出说话人对语义内容的看法。叙实性一般由"动词－宾语从句"这样的构式来表达，说话人预设这个从句表达的命题为真。叙实谓词、形容词和名词构式都能表示叙实性。例如"She knows that the cat is in the garden/It is surprising that he left/It's a shame that he left"。

非叙实性指构式并不要求说话人预设宾语从句表达的命题为真。例如"She thinks that the cat is in the garden"。

与叙实性相关联，还有"反叙实性"(contra-factivity)(利奇，1987:427－452)。反叙实性一般由"动词－宾语从句"构式表达，宾语从句所表达的命题被预设为假。例如"I pretended the cat was in the garden"。

在英语当中用过去完成体表示根本就不存在的事实，属于虚拟的问题。从时间的角度，虚拟一般包括三种情况：与过去事实相反，与现在事实相反，与将来事实相反。从反叙实性的角度来说，这三种情况中，与过去事实相反的情况最典型，因为说话人已经知道它不是事实。在汉语中也一样，有时表示强烈的反叙实性用"多么希望"，比如"我多么希望这个人是他"。

与叙实性表达相关的谓词性成分有三种情况：属于叙实性的，例如know, forget, realize, agree, insist on；属于反叙实性的，例如pretend, wish；属于非叙实性的，例如think, believe, want, wish。需要注意，有的动词如wish带宾语从句既可以表示反叙实性，也可以表示非叙实性。

认识情态有一种重要的分类，即客观的认识情态和主观的认识情态。从大的方面看，这两种认识情态都具有主观性，具体区分的话，客观和主观就分开了。客观的认识情态如"Alfred maybe married"，相当于"Perhaps Alfred is unmarried"。这种情况不做主观的判断，不对事件做定性的表达，只是行使一种告知，或者说一个范畴的界定，只是对事实的陈述。报道事实的时候会有量度的差别：有的稍微肯定一点（如 certainly），有的不那么肯定（如 probably），有的是一种猜测（如 possibly），但都是客观上的告知，不是主观的判断。主观的认识情态往往表达说话人的意见，有时只是传闻。比如"他今天没来，他一定有事"，"他一定有事"是说话者作的一个尝试性的推理，这种推理带有比较强的主观性。道听途说（hearsay）也是主观性认识情态的一种。认识情态的主观性和客观性的区别在西方哲学中是非常重要的。可以这样理解，在认识情态中有的主观性强一点，有的主观性弱一点。

认识情态可以由形容词来表达。例如（引自 Saeed，2000：125）：

> It is certain that S.
> It is probable that S.
> It is likely that S.
> It is possible that S.

这里有一种量度上的范围，从极高的可能性（certain）到极低的可能性（possible）之间有一个语义的连续统，中间可以作一些切分，如"非常可能、有可能、可能会、可能吧"等。

动词的嵌入也可以表达认识情态（引自 Saeed，2000：125）：

> I know that S.
> I believe that S.
> I think that S.
> I don't know that S.
> I doubt that S.
> I know that not S.

这里也存在一个量级，即"知道、相信、认为、不知道、怀疑、不认为"在语义上形成一个连续统："知道"这一极表示"我确定它是事实"，是正极，表示完全的肯定；"不认为"这一极表示"我确定它不是事实"，是负极，表示完全的否定；其他动词处在中间。很多情况下我们不是要表达两极，而是要表达中间状态。

认识情态还可以通过助动词表达,如(引自 Saeed,2000:126):

> She must have left by now.
> She might have left by now.
> She could have left by now.
> She needn't have left by now.
> She couldn't have left by now.

同样也体现出认识情态的量度,一个是正极(must),一个是负极(couldn't),其他助动词处于连续统的中间。

汉语中的认识情态,除了猜测,还有一种就是断定。断定在汉语中也可以分出程度来。比如"注定""铁定""笃定"比起"一定""肯定"程度就更深一些。比如"他注定会失败",在说这句话时能够反映出说话人最强的断定。另外一种情况是判断,如"认为""以为""判断",与其相反的是"否定""不信"。"判断"类有两种情况:一是后面加一个小句,前面加一个主语,如"我断定……";二是用副词,如"真的""的确""确定""确实""分明""明明"等。

3. 道义情态

下面我们看一下第二种情态,即道义情态。道义情态也叫行动情态,表示说话者对义务、责任、允许等社会因素的态度。它与人在世界中行动的规范有关,涉及伦理、道德、秩序和法律。道义情态可以分为这样几种(Lyons,1977:823—841):

> obligation 义务、责任
> permission 允许、许可
> prohibition 禁止
> exemption 豁免、免除

一般来说,前三种表现得比较多一些,较常见,最后一种比较少见。

先看一下义务类(引自 Saeed,2000:126):

> You must take these books back.
> You should take these books back.
> You need to take these books back.

义务类主要由 must,should 和 need 这三个助动词来表达。实际上,must 可以分为两种情况,既可以是前面讲过的认识情态,表示对某种事态的断定,也可以表示一种义务,即这里的用法。汉语当中"应该"也是有歧义的,一种表示认识,如"明天应该会下雨吧";一种表示义务,如"你应该把书给我还回来"。

要求和命令涉及说话人和听话人之间比较密切的互动关系,这是一种非常典型的、非常紧密的、强度非常大的一种互动。语用学也会讲到,这里涉及面子的问题,听话人要考虑给说话人面子。这样说话实际上是有风险的,即说话时的阻力大不大,一旦听话人不听从说话人的要求或不执行说话人的命令就非常麻烦了。汉语中,"必须"与"应该"差别何在?"应该"是有余地的,它是一个要求(demand),不是一个命令(order)。"必须"是一个命令,即"我命令你这样"。"明天你应该来"只是提建议,在道德上有这个要求,"明天你必须来"则表达了说话人的命令。

第二种是允许类(引自 Saeed,2000:126):

You can leave them here.
You could leave them here.
You might leave them here.

这里的 can,could,might 都可以表示允许,但语气不一样,过去式表达的语气更婉转。can 也可以表示对能力的认识,在此表示道义。汉语当中的"能""可以"也一样,都包含多个意思。如"你能走了",这句话不仅可以表达能力,还可以表达我允许你走的意思。

汉语在表示允许时情况稍微复杂一些,除了用"能、能够、可以、可"以外,还可以用"大可、得以、不必、不用、不妨、无妨"等。比如"你明天不必来了",这是通过"不必要""不需要"来表示允许。又如"明天你不来也无妨",即不来也可以,给了对方很大的自由度。事情可以做也可以不做,可以这样做也可以那样做,这些都是自由的。允许与自由有关,实际上是给了自由的权力,但我们在给这种权力时的度不一样,像"不妨""无妨"表达得非常婉转。允许还可以直接表达出来,像一种言语行为,如"我准许你……",本身是一个非常直接的言语行为。与此相反的情况是,可以表达出"禁止"或"阻止",例如"我不许你……"。

还有一种情况是承诺。可以直接说"我承诺",也可以说"包准""包管"和"包",例如"我包你能拿到这个号码",这是对对方的一种承诺,属于道义上的。

所以汉语中关于道义的表达是复杂的,这方面可以做进一步的研究。以前在句子语义结构中只关注动词和名词的语义搭配,不太注意这方面的问题,几十年来由于西方情态语义学和模态语义学的进展,我们也开始慢慢关注这些问题。

以上是最重要的两种情态。认识情态主要是表达说话人的知识状态,一般不太涉及说话人和听话人明显的、强烈的互动关系。但道义情态不是这样,它一定要影响到说话人,一定要表达出跟说话人的互动,最强烈的道义情态是与义务、责备、允许等相关的命令,是最强烈地要求听话人跟说话人合作的一种行为。

4. 证实性问题

情态的问题还有一方面,即证实性(evidentiality)。说话人在说话时需要对主要信息进行编码,还需要对信息的来源方式进行补充编码,这种编码会对应一种抽象的语义范畴,叫作证实性语义范畴。有两种方法来研究证实性,一是单独研究,二是把它放在认识情态里。我们将它独立出来。

证实性涉及人的伦理和道德、责任等,指说话者在说话时要表达出对信息来源的态度。如我们在看新闻的时候,经常有"据可靠人士说""据说"和"据传闻"等等,它们实际上是表明所报道的事件的来源。消息的来源与它的责任有关,这样的报道实际上要求一种免责,不管一件事情是真还是假,都不会追究说话人的责任,都与说话人无关。

这个语义范畴在有的语言中以显性的形式存在,如用动词的形态变化来表示;在有的语言中以隐性的形式存在。

有的语言,如美国一种土著语言 Makah 语使用不同的语法标记来表示,这种语法标记区别了四种范畴(Saeed,2000:132):第一种是看见的或直接经验的,使用零标记,例如,wiki・čaxaw(天气很坏);第二种是由物理证据推论出来的,使用标记-piːt,例如 wiki・čaxakpi·d(天气看起来很坏);第三种是听来的证据,使用标记 -q̇adi,例如 wiki·ċaxakq̇adʔi(听说天气很坏);第四种是引用别人说的,使用标记-wa:t,例如 wiki·ċaxakwa·d(我被告知天气很坏)。

汉语跟英语都是隐性的。英语中会涉及不同的证实性,例如:

He was arrested by the police.

I saw that he was arrested by the police.

I read one book, the book says that he was arrested by the police.

He was arrested by the police so that they say.

I was told that he was arrested by the police.

汉语表达证实性分几种情况。第一种是直接经验,是说话人亲身经历或见证的,比如"我看见……""我听见……""我摸到……""我感觉出……"和"我发现……",等等。第二种情况,是说话人根据证据或经验进行推断的,如"按道理……""由此可知……""我觉得……",等等。"按道理他会来"是根据经验来判断的,我这样说的话我是免责的,他明天如果没来的话与我无关。

这是物理依据的推论,还有一种是听说,即听觉上的证实,它隐含着一种预设,即所传达的信息如果是不属实的,仅供参考,说话人不负责任。如"我听说明天图书馆闭馆,你不要去了",但如果明天图书馆开馆的话你不要怪我,我只是听说而已。听话人可以知道这种信息仅供参考。

因此,在说话时证据性是非常重要的,我们的知识状态也是非常重要的,比如说问路时,"邮局在哪边?"——"可能在那边吧。"我这样回答不能够完全肯定,但大概知道一些,这样说也是一种免责,如果不在那边,不要怪我,我只是说可能在那边。这样实际上我们在说话时涉及几种情况,一种是高度肯定,一种是高度否定,中间会有一种可能状态,不是完全肯定,也不是完全否定,仅供参考而已。这些都跟说话人和听话人的互动关系有关,反映在语言结构里,动词、助动词和语言结构都是这样设计的。

参考文献：

本维尼斯特 E.，1958，《论语言中的主体性》，见《普通语言学问题》，王东亮等译，2008，北京：三联书店。

姜望琪，2011，《语篇语言学研究》，北京：北京大学出版社。

利奇 G.，1981，《语义学》，李瑞华等译，1987，上海：上海外语教育出版社。

彭利贞，2007，《现代汉语情态研究》，北京：中国社会科学出版社。

沈家煊，2001，语言的"主观性"和"主观化"，《外语教学与研究》，第 4 期。

沈家煊，2002，如何处置"处置式"？——试论把字句的主观性，《中国语文》，第 5 期。

Du Bois, J. W., 2007, The Stance Triangle. In Robert Englebretson (ed.) *Stancetaking in Discourse: Subjectivity, Evaluation, Interaction*: 139—182. Amsterdam: John Benjamins.

Kuno, Susumu & Kaburaki, Etsuko, 1977, Empathy and Syntax. *Linguistic Inquiry* 8 (4): 627—672.

Kuno, Susumu, 2014, Point-of-View Principles in Sentence Formation,《语言学研究》第十四辑，北京：高等教育出版社。

Lyons, J., 1977, *Semantics*, Vols. I & II. Cambridge: Cambridge University Press.

Lyons, J., 1996, *Linguistic Semantics*. Cambridge: Cambridge University Press.

Palmer, F. R., 1986, *Mood and Modality*. Cambridge: Cambridge University Press.

Saeed, J. I., 2000, *Semantics*. 北京：外语教学与研究出版社。

Sweetser, E. E., 1990, *From Etymology to Pragmatics—Metaphorical and Cultural Aspects of Semantic Structure*, 2002, 北京大学出版社/剑桥大学出版社。

第九讲 话题、指称和语境

9.1 话题和语篇的语义分析
9.2 语境、话题和指称
9.3 "可识别性"及其实现
9.4 对"可识别性"的进一步分析
9.5 语篇中指称的语义分析

9.1 话题和语篇的语义分析

前面分析的是句子的语义结构。下面我们讲篇章语义的分析，即篇章语义学，也叫话语语义学（discourse semantics）。篇章语义学是对句子以上的单位的语义进行分析，涉及语段或者是篇章。篇章语义研究近年来进展很快。

说话时单独的一句话不能构成篇章，一般至少需要两句话，说话人和听话人有一个互动，才能构成篇章，这是一种类型的篇章。还有一种类型是作者写的成段的文章，也会涉及篇章的问题。

句子（sentence）和话段（utterance）是两个不同的语言单位，我们用这两个概念来区别句法和篇章这两个不同的层面。在句子的语义分析中，我们是以句子或者词组为单位的；在篇章分析里，句子或由词组直接构成的小句只是话段的一部分。在考虑说话人和听话人的关系时（这个问题属于交际），我们就进入了话语的宇宙（universe of discourse），而不是分析一个个单个的句子了。话段一方面涉及说话人和听话人的关系，另一方面涉及语境（context），这两个要点是最基本的。还可能涉及其他要素，如信息传递的一般原则,即在交际过程中信息是怎样进行传递的。只有这些方面都把握住了,我们才能对话段或篇章的语义进行分析。

话题(topic)是篇章语义学中的一个基本概念。话题与句法有关,但它不是一个句法的概念,而是一个篇章和语用的概念。话题对篇章的构成是非常重要的,因为它是一个话段的出发点,即我们说话时从什么基点说起。话题在语义上通常具有"相关性"(aboutness)(Lambrecht,1994),即话题总是某一个命题所关涉的对象,这是话题的核心功能。对于相关性,徐烈炯、刘丹青(2007:180—184)从以下三个方面进行了解释:

第一,话题为所辖话语划定了时间、空间或个体方面的背景、范围,可以称作"语域"。说者通过话题表明谈论内容在该语域内有效,超出该语域就未必有效。例如"他的事,我向来不太关心","他的事"是谈话的语域,即进一步谈论时所关涉的范围。

第二,话题提供了语义相关性的索引,说者用话题表明其所辖的话语即后边的述题在内容上与话题有关,从而帮助听者理解话语。例如"袋鼠,尾巴很长"中的"袋鼠"和"尾巴"有明显的领属关系,所以"袋鼠"能够帮助听者理解后续的语义表达。

第三,话题提供话语的起点,并预示着它必须有后续成分,即述题部分。

在很多语言中,话题表现得并不非常典型。而汉语的话题则非常突出,可以依据它在话段里的表现进行解析。汉语的话题有哪些重要的特征?怎样在话段里找到话题?根据已有的研究成果,有以下几个问题需要考虑(曹逢甫,1995;徐烈炯、刘丹青,1998):

第一,话题总是有定的(definite)。从认知、语用和交际上来说,话题都是有定的,即在谈到某个话题时,说话人应该想到听话人对它也是有所了解的,不然就不会从这里说起了,也就是说,说话人和听话人都是必须知道这个话题的。这里的"知道"包括两种情况。第一种情况是说话人和听话人的生活经验和经历当中都有的,比如我跟你说"王小明今天可能不来了",如果你不知道王小明的话我是不会这样说的;再如"乔姆斯基明天要来北大演讲",如果你不知道乔姆斯基的话我也不会这样触发这个话题了,我就会说"有一位美国语言学家明天要来北大演讲"。第二种情况是百科常识,如"火星上可能有生命存在","火星"对于我们来说就是一个百科常识。所以,话题的有定性主要取决于说话人和听话人的经验和百科常识。后面我们还会仔细地分析定指的性质和界定的方式。

第二,话题未必与句中动词有直接的语义选择关系。话题和句中动词可以有语义选择关系,如"那个人呐,我们都认识","那个人"和"认识"在语义上有直接关系。但有时话题是说话人跟听话人交际上的一个起点,这个起点跟动词的语义没有直接的论元选择关系。如"北京大学,动物园,坐332路车","北京大学"是话题,跟"坐"没有直接关系。"332路车"和"坐"是一种选择关系。本质上,话题和动词的语义选择关系是松散的,话题并非由动词决定,话题与动词形态上也无一致关系。

第三,话题的功能可以概括为"注意中心",即一个话段中说话人和听话人都要注意的部分。这里涉及话题的转换,注意中心随着话段的展开可以进行变换。

第四,话题一般安排在首位。一般情况下话题都是在前面的。

话题在句子当中可以充当必要论元,如"那个人呐,我们都认识";也可以充当非必要论元,如"这把刀我切菜","这把刀"是一个非必要论元,即工具。

话题还可跟某一成分有语义关系,常见的有以下三种情况:第一是领属关系,如"这个儿子呀,我可是没法管","这个儿子"跟"我"是领属关系;第二是整体与部分的关系,如"他眼睛不好使","他"和"眼睛"是整体与部分的关系;第三是类与成分的关系,如"树我最喜欢松树","树"与"松树"是类与成分的关系。

以上这三种是最常见的语义关系。除了这三种以外,还有其他一些语义关系。如"北京大学,动物园,坐332路车","北京大学"跟"动物园""332路车"是相关关系。这是目前研究的难点,即我们大体上知道它们相关,却不知道它们在哪些方面相关,或者说不能进行概括。相关关系范围太广,现在还没有太好的办法进行识别。

赵元任先生举过这样一个例子:"他呀,是个日本女人。"这是汉语关于话题的一个非常经典的例子,意思是"他的太太是个日本女人","他"和"日本女人"是一种相关关系。在表达上汉语经常这样说,这是汉语篇章语义分析中的一个难点。这种语义表达的成立都是有条件的,即一定是话段,一定有语境,一定是说话人和听话人的一种互动。如果去掉这些条件,这种话是不能说的,汉语比较依赖这些条件。

9.2 语境、话题和指称

1. 语境和语境的分类

语境是篇章语义学的一个基本概念,是人们用自然语言进行言语交际时的环境。平常我们说话或者写文章时都离不开语境。无论是言语交际还是一般的篇章,都要依赖于言语环境。在进入言语交际的时候,句子不再是孤立的语言单位,而是话语当中的片断,反映的是与语境特别是与说话者相关的特定的人类经验的信息。反过来说,由于这些特定信息中包含有与物理语境、话语语境、共同知识背景语境相关的因素,因此理解这些特定的信息也就需要这些语境的支持。如果没有语境,很多话段的语义我们都无从理解。

Lyons(1977:573—591)从话语的合适性的角度论述了构成语境的六个方面的知识,认为,每个言语交际的参与者都必须知道:(1)自己在语言活动中的作用和地位;(2)语言活动发生的时间和空间;(3)必须辨明语言活动情景的正式程度;(4)必须知道对特定情景来说,什么是合适的交际媒介;(5)怎样使自己的话语适合语言活动的话题,以及选定方言或语言的重要性;(6)怎样使自己的话语适合情景所归属的语域。

Verschueren(2000)提出了语境适应论(adaptability),即语言使用过程中的语言形式选择必须与语境相适应,以便逼近交际需要的满意点。

语境可以分为物理语境、话语语境和背景及历史文化语境三大类。

物理语境是一种最基本的语境,指说话时涉及的说话者、听话者、说话时的时间和空间以及这一时空里的所有存在物。话语需要与言谈现场中的这些要素进行正确地关联,才能够传递出信息,才能理解信息。在建立言谈现场的时候,有三个具体指示词是基本和重要的,即"我"(I)、"这里"(here)和"现在"(now)。围绕这三者,语言表达建立了一个基准,其他的要素,如"你"(you)、"那里"(there)、"那时"(then)等,可以以此为参照来进行推断。

话语语境是一个连贯的言语事件中前面或后面的话语,简单地说就是上下文。在上下文里,某些代词的指代对象,某些句中省略的内容,虽然没有直接表达出来,但可以通过话语语境推断出来。这就是上下文的重要性。因此在篇章表达的时候,有些重要的指称甚至话题不会重复出现,但这个篇章仍是一个很自然的篇章,就是因为存在着话语语境。

广义的语境还包括背景及历史文化语境。说话者和听话者的背景知识是非常重要的,包括生活常识、百科知识、历史文化知识等等。这些知识可以理解为使话语理解成立的广义的预设。如果没有这些知识,话也就无从说起。例如,甲说:"外面怎么响起鞭炮声了?"乙说:"可能有人结婚吧。"此对话成立的条件之一是以相关的习俗和法规为背景的。

语境的作用是多方面的。语境可以帮助我们确定具体的指称对象。因为语境的存在,说话人说话时可以尽可能采用俭省的形式,听话人理解时可以利用语境补足没有表达出来的语义信息,这是交际互动中存在的两种倾向。

2. 有定(definiteness)和有定指称定位

作为语境或篇章里的一个重要要素,话题需要做进一步的语义分析。话题的成立涉及多个方面的条件,其中一个就是指称的要求,包括有定性(definiteness),以及相关的可识别性(identifiability),后面还会有相关的分析。

有定性,在语法、语义和语用里用来指一个具体的可识别的实体,一般来说它跟无定性相对立,这是今天关于有定的一个标准的定义(克里斯特尔,2000)。大家要注意,关于有定和无定的讨论都是在具体的语境或语篇当中展开的。有定性可以看作是语境或语篇里指称用法的一种语法化,这种语法化在有的语言里用定冠词来表达。

美国语言学家 Chafe 在上个世纪 70 年代提出了英语当中判定有定的几种办法:第一,在极少数类别中所指物是唯一的,或是极其明显的词,如月亮、地球、天空以及专有名词,都被认为是有定的;第二,在语境当中特别凸显的,如在教室里这个言谈现场中 PPT 的屏幕;第三,前面话语中已经提到的某个东西;第四,有的时候能用修饰语帮助听话人划出某个特定的类别,帮助他确实地指认某个事物,例如,"那个人"和"那个穿米黄色夹克的人",后者更容易帮助听话者确定指称对象;第五,一个特定词在意义上包含着另一个词的词义,例如"熊猫"词义上包含着"珍稀动物"的词义。

上个世纪 70 年代,还有一位美国语言学家 Hawkins,他在讨论有定指称的时候提出了有定指称定位理论(曹逢甫,1995:77—81)。这一理论认为,说话人在使用定冠词的时候,实际上跟以下的言语活动有关。第一,他要把指称对象引介给听话人。第二,指示听话人在某一个说话人与听话人共享的事物集合中找到所指对象。在交际中,说话人会用种种手段帮助听话人找到自己想要表达的对象。比如"你看那个同学"——"哪个同学?"——"那个同学",说话人可能会用眼神、手势等身势语或其他办法帮助听话人找出指称对象。第三,指出这一集合中满足该指称表达要求的个体的全部,例如"我们班的男生"构成一个集合,包括我们班的所有男生。这是一个经典的理论,涉及定位的问题,我们后面谈到的可识别性跟它有关。

Hawkins 认为,只有在下列适宜性条件得到满足的情况下,有定指称定位才能够实现。

第一个条件是集合的存在条件,即说话人和听话人的确共享某个事物的集合,而要判定的有定指称物就在其中。如我们去买东西,我们在柜台外面,售货员在里面,我们说:"就是那一款。"此时听说双方共享了一个集合,就是面前的这些商品的集合。如果不共享这个集合，就没办法进行有定指称定位。

第二个条件是说话人根据说话语境，要能推断出来所指的集合究竟是哪一个，即这个集合是可以判定的。

第三个条件，所指对象必须确实存在于共享的集合，确实是集合里的一个成员。

第四个条件是集合的组成条件，除了有定描写的所指对象以外，在共享集合内不应有其他对象能满足该描写性谓语，即在集合中有定描写所指的对象应少于集合的物体。指称具有唯一性，也就是说不能多指。如果多指，指称就是失败的。如"那位穿红色罩绒衫的同学"，指称的对象可能不止一位同学。

Hawkins 主要考虑了四种集合。第一种是照应集合，即语段中前面提到的所有客体的集合。照应集合中的客体，在前面的话语中已经提及，听话人应该都能记住，不然的话就没有办法找回，听说双方也无法继续交际。当然，记忆有连续性，是有条件的。记忆的对象一开始可以是陌生的，但陌生的东西不能太多，逐渐陌生的东西变成熟悉的，然后说话人再引进陌生的东西。如果一下子全部都是陌生的，记忆就不能支持语义理解。

第二种是直接情景的集合，指说话时所有情景的集合。它存在于行为发生的时候，是直接情景的客体集。如讨论课是一个言谈现场，"老师、学生、课桌、PPT"等就构成一个直接情景的集合。

第三种，跟直接情景集合有关联，是一个非直接的、较大的情景集合，它可以不存在于直接情景集合中，但存在于知识当中。比如说讨论课中涉及的"西藏、布达拉宫、纳木错、阿里"等，没有出现在直接情景中，但它存在于知识当中，或者存在于一个较大的情景集合当中。这个集合和直接情景集合是不一样的，是另外一种情景集合。

第四种是联想集合，有一些语义关系在这里起作用。通过某些知识的联想，一个照应集合可以进行扩展，如通过联想，房子可以扩展出"屋顶、窗户、大小、装饰"等成分，这些成分在语义上都跟房子有关联。这些成分也是有定的指称，也就是说，它们可以出现在话题的位置。如"那所房子窗户很特别，屋顶也很特别"，"窗户和"屋顶"就是有定的,在这里是通过知识的联想按照语义的线索进行寻找的。再比如说,汽车有种种组成的部件,像"方向盘、座位、车牌"等,一旦谈到一辆汽车,这辆汽车的方向盘、座位、车牌都是有定的。

这就是集合理论。它提出说话人和听话人的共享集合构成话题的有定指称,是非常重要的,有很强的可操作性。这种可操作性体现在可以按照语义的线索来展开。上文提到的"联想",实际上可以用语义关系来分析,有的成分之间是组成关系,有的是上下位关系,有的是相关关系,都是按照语义线索展开的。这样我们就知道,原来什么成分能够成为话题不是随意的,而是有种种语义和语用的条件。

3. 话题链

话题是说话者选择用来传递信息的基点,这种选择与说话者对整篇话语的信息的组织是有关系的。整篇话语中各种信息往往有内在的联系,构成话题链。它跟刚才我们讲的集合有直接的关系,即必须存在一个集合,或者说按照一个集合才能构成话题链。

话题链主要有两种情况。一种情况是同样一个话题,后面用词汇形式指代或者用零形式进行追踪,构成一个话题链。如"武松是《水浒传》里的一个人物,也叫武二,他很能喝酒,武艺高超,曾经在景阳冈打死了一只老虎,后来也被逼上了梁山","他很能喝酒"中用词汇形式"他"来指代武松,"曾经在景阳冈打死了一只老虎"中是用一个零形式来指代武松,由此构成一个话题链。这里存在一个集合,除了"武松""《水浒传》""武艺""景阳冈""老虎"和"梁山"等要素,还可以加上"宋朝"和"施耐庵"等要素。这个集合在很大程度上是一种扩大了的情景的集合。因为武松并没在我们面前,我们凭借的是以前掌握的关于武松的知识。在考虑篇章构成的时候,名物类语义和动作行为类语义的作用不同。名词性成分起特别重要的作用,因为句子都是由名词性成分展开的。如果句子开头出现动词,我们会假设前面隐含了一个零形式,还要把零形式补出来。

第二种情况是在主话题后面接续次级话题,按照语义的线索来展开。如"我们这个讨论班,由宋老师指导,分三个小组,每组五个人。分工呢,一组负责甲课题,二组负责乙课题,三组讨论丙课题。计划每周报告一次,本周由三组负责报告"。主话题是"我们这个讨论班",次级话题是"分工"和"计划"。这种展开一定要在意义上有关联,这种关联也可以构成话题链。从集合的角度来说也可以构成话题链。如"讨论班、宋老师、小组、分工、一组、二组、三组、计划、课题、报告"可以构成一个集合,作为要素,它们之间存在着语义关联,这个集合在展开话题时会起作用。

话题处于一个特别的语用分析层次,这个层次区别于施事和主语。施事是语义层面的概念,主语是句法层面的概念。三者在具体语言中有的是有重合的,有一部分是不重合的。

从语义的角度看,话题成立的语义条件要比施事宽泛得多。施事是严格的,必须是有生命的、主动的、有意愿的动作发出者;话题可以是无生命的,如"昨天""运动会"都可以是话题,甚至一个词也可以,如"'话题'这个词我们刚开始了解"。

话题和主语的区别涉及汉语当中一个经典的问题,在此不展开。只强调一点,世界语言有不同的类型,汉语是话题显著的语言,英语是主语显著的语言,日语则是主语和话题并显的语言。

9.3 "可识别性"及其实现

从话题的语义分析中我们看到,话题和指称的关系非常密切。下面我们了解一下语篇里指称的语义问题。

指称是语义学中的一个基本问题。前面讲语义三角时曾谈到过指称,是一个词语在独立于语境时的指称问题,这是指称的一个层面。指称的另一个层面,是某一个语义单位在特定的语境、篇章里的指称问题。这两个层面的本质差别在于,独立于语境的指称具有比较强的稳固性,如"报纸"是可阅读的东西,指一切符合报纸特征的所有东西。而语境里的指称具有强烈的变动性和临时性,体现的往往是指称语义的某一具体方面,如"他所说的'报纸',不过是一些网络日记罢了",这个例子中"报纸"的指称完全由语境来决定,相对于词典上的定义,是临时性的。

由于情境、扩大的情境的存在,能使一个不定的所指变成一个特定的所指,给它一个具体的语义赋值。例如:"你说的是哪份报纸?"——"就是在茶几上的那份,昨天出版的。"这里"报纸"的指称因语境而明确。这是语篇里或语境里语义指称问题的本质,跟词语在词典里的语义是不同的。

是不是所有的名词都有这样的问题?"报纸""书"和"钢笔"这一类是一般名词,"爱因斯坦""牛顿"和"鲁迅"这一类是专有名词。专有名词在指称上跟一般名词差别非常大。专有名词在未进入语境的时候,如"鲁迅"就是指称那位文学家鲁迅,而"今天我们一起学习了很多鲁迅的作品",这个"鲁迅"基本上还是那个鲁迅。所以专有名词的情况跟一般名词不同,它的语义赋值有的时候并不随着语境和篇章的变化而变化,这是一种特别的情况。

这就是两个不同的语义指称层面。这里我们主要讨论语篇里的语义指称,第一个理论上的问题就是有定性和可识别性。有定性是一个抽象的概念,如果把它具体化,就成为可识别性的问题了,即说话人在说话时要考虑听话人能否识别出语境中的某一个实体。可识别性是有定性语法表达的语义基础,在说话时要考虑到听话人能不能进行识别。

语言里对可识别性的编码有种种不同的手段。以英语为例,第一是用定冠词以及有定的限定语;第二是用指示代词,如 this, these, that, those;第三,领属关系也可以帮助识别,如 "Whose hat?"——"My/Her hat",在这个场景里有多顶帽子,领属关系就能够帮助识别出是哪顶帽子;第四是用广义的量词(universal quantifier),如"所有、每个、任何",如"我们班所有同学"识别起来就比较容易,不用识别某一个个体,而是一个集合。以上就是语言里常用的对可识别性进行编码的情况。汉语里也大致如此。

在可识别性的具体表现上,Chen(陈平)(2004)参考了西方学者的观点,确定了以下一些类型:

第一种情况是情境的(situational),即场合的。如"Get a knife for me from the table",这里有两个名词性成分:一个是 knife,一个

是 table。说话人在说这句话时，the table 是有定的、可识别的，按照 Hawkins 的理论，它是一个直接情景中的东西。直接情景是最常见的一种情况，谈论的对象出现在双方都能看到的情景中。但有时情景会有不同的表达，比如说你忘记电话了，打电话对家里人说"你给我翻一下电话本，电话本的某一页……"，这里涉及一个非直接情景。

第二种情况是照应指代的（anaphoric），例如"I saw a man pass by with a dog. The dog was very small and skinny, but the man was very large"，一开始在引入时，man 和 dog 是不可识别的，但这句话帮助听话人建立了一个虚拟的情景，在这个虚拟的情景中可以对它们进行可识别的塑造，方法就是加定冠词。a dog 和 a man 通过回指都变成了可识别的东西。也就是说，a man 和 the man 同指，a dog 和 the dog 同指，可识别的问题就这样解决了。

第三种情况是共享的特殊知识（shared specific knowledge），相当于 Hawkins 所指的集合。如"Be quiet. Do not wake up the baby who is sleeping in the next room"，有一个 baby 在隔壁的房间里睡觉，这是听说双方共享的、特别的知识。在汉语中干脆连定冠词都没有："安静点，别把孩子吵醒了。"这个"孩子"也是可识别的。

第四种情况是共享的一般知识（shared general knowledge），例如"The sun is brighter than the moon"。Hawkins 的框架里也提到过，是一般的知识，或者说是百科知识。它跟人的文化程度有关系，涉及复杂的社会语义学问题。文化水平差不多的人谈话时，可识别性是一回事；文化水平不同的人谈话时，可识别性又是另外一回事。如我说太阳和月亮的时候，你一定知道什么是太阳和月亮；但我说纳米的时候，你可能就不知道什么是纳米。跟不同的人讲话时，说话人要考虑到是否跟听话人共享某些知识。讲课怎么办？讲课要按照知识的新旧和熟悉程度慢慢地导入。某一个知识学生不知道，可以假定跟这个知识有关的另一个知识学生是熟悉的，一步一步地把不知道的知识变成可识别的东西。

第五种情况是以框架为基础的联想（frame-based association）。这里的框架主要指事物组成的框架，就是 Hawkins

的集合。例如"They bought a used car. The tires were all worn out",关于车的一切构成一个语义框架,"轮胎"是这个框架里(或者集合里)具有的要素,这个框架里的对象也都是可识别的。这就涉及语用和语义表达的次序,通常是从整体开始,然后再表达要素,如先说"车",然后说"轮胎",这样才能逐步实现可识别性。

第六种情况是自足的联想(self-containing association),例如"Do you know the man who lived in this room last year?"这句话中的 the man 在句子中是自足的,也是可识别的。陈平举的汉语例子如:"上个月来看你的那个人,今天我又见到他了。"

以上虽然是 2000 年以后的研究,但是如果参考 Hawkins 的理论就会发现,他们的研究方法有相通之处。

9.4　对"可识别性"的进一步分析

参考 Prince(1981)的研究,罗仁地(1995)对汉语的可识别性做了探索。关于有指 NP 的层级体系,罗仁地给出了下列分类(有指 NP 在话语中的认知地位):

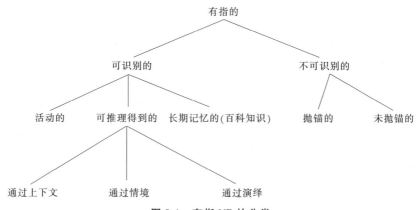

图 9-1　有指 NP 的分类

有指 NP 形成一个体系,分为可识别的和不可识别的。可识别的包括:一种是活动的(active),指说话时在听话者意识当中处于活动状态的当前焦点。听说双方正在谈话这个问题,或者这个问题在眼前。第二种情况是可推理得到的,它不是说话当时听话者意识中的当前焦点,而是可以通过上下文、情境推理获知的内容。第三种是长期记忆的,如百科知识,在长期记忆当中也可以识别。罗仁地的这个角度和 Hawkins、陈平差不多,如活动的就是当前情境中最活跃的那个东西,记忆就是百科知识,是非活动的(inactive),是扩大了的情境。

怎样通过推理达到可识别？一是通过上下文(textually),二是通过情境(situationally),三是通过演绎(inferentially)。如一段话语中前面谈到"母亲",后面紧接着谈到"孩子",可以推理出孩子是母亲的孩子。语篇语义就是这样来设计的。

不可识别的情况有两种：一种是抛锚的(anchored),指的是一个不可识别的所指,是跟一个可识别的所指有关而被引入谈话,如 a guy I worked with；一种是未抛锚的(unanchored),对于听话人来说是全新的东西,是一种崭新的(brand-new)方式,在语形上一般是光杆 NP,或者数词加量词,如"一个老乡来到了我的宿舍"。

可识别与不可识别是相对而言的。很多新闻报道一开始提到的内容往往是带有陌生性的,是不可识别的,经常用无定主语句。如"一个小偷被警察抓住了",人们的百科知识里都知道小偷是什么,但在这里并不认识那个小偷的实体。话题的本质是有定的,无定慢慢转化为有定,就成为典型的话题。谈话也是这样,一开始可能是无定的、不可识别的,我们可以在语言中慢慢地把它转化成有定的。

从可识别和不可识别的角度,汉语有哪些语形上的编码？活动的东西可以用零形式表示可识别,如现在正在谈"武松",他就是活动的,是可识别的,可以用零形式。代词一般是活动着的,也是可识别的。有的时候活动着的光杆 NP 也是可识别的,如"钢笔没水了","钢笔"是光杆 NP,这里是可识别的。

还有一种情况是无指,后面会分析,在此不多讲。

9.5 语篇中指称的语义分析

1. 篇章里指称的分类和语形表达

了解了有定、可识别和不可识别,就可以进一步了解篇章里的指称。篇章里指称的分类框架,我们介绍陈平(1987)的经典研究。下面我们一对一对地来具体分析篇章里的指称。

第一对指称是有指(referential)和无指(non-referential)。

第二对指称是定指(identifiable)和不定指(non-identifiable),也可以翻译成可识别和不可识别。也有的学者把它看作是有定(definite)和无定(indefinite)。大家要注意,可识别和不可识别是语用概念,有定和无定是句法概念。有定性是可识别性在语言中的语法化。二者角度不同,语义学和语用学中不谈有定和无定,主要谈可识别和不可识别。

第三对指称是实指(specific)和虚指(non-specific),也可以译成特指和非特指。

第四对指称是通指(generic)和单指(individual),或说类指和个体指。

在汉语中要考虑这四对指称怎样实现为语形,或者用什么样的语法形式来表达。根据陈平(1987)的研究,涉及的语言成分类型有以下七种:

表 9-1 指称的语法表达

组别	语言成分类型	实例
A 组	人称代词	我/你/他/我们/你们/他们
B 组	专有名词	太平洋/中国/北京/协和医院/鲁迅
C 组	"这/那"+(量词)+名词	这(位)老师/这(本)书/那(个)人/那(棵)树
D 组	光杆普通名词	老师/熊猫/书/楼/院子/衬衫
E 组	数词+(量词)+名词	两(位)老师/三本书/五幢楼/四件衬衫
F 组	"一"+(量词)+名词	一(个)人/ 一(本)书 /一(所)院子/一(棵)树
G 组	量词+名词	个人/位老师/本书/棵树/件衬衫

跟指称有关的所有名词性成分用这七种形式来表达。下面我们具体分析。

2. 有指和无指

有指是指带有指称性，或者说是指称的，无指是非指称的。如果名词性成分（上面的七种情况）表现的对象是话语当中的某一个实体，我们就把这种名词性成分叫作有指成分，否则就是无指成分。例如，"公司聘用了一位上海籍员工"中的"一位上海籍员工"是有指的；"公司想聘用一位上海籍员工"中的"一位上海籍员工"一般是无指的，在具体语境中不指某一个客体。

一个名词性成分是有指的还是无指的，可以用回指的方法来判定。无指的成分在话题链或篇章里没办法进行回指，如"他明年想考研究生"，这里"研究生"不指一个具体的实体，是无指的，不能回指；而"我认识那位研究生"，这里的"研究生"是有指的，可以回指，"我认识那位研究生，他就住在我们隔壁"即是用"他"来进行回指。

有指和无指的篇章地位差别非常大。有指的成分对篇章语义的展开是非常重要的，对篇章的贡献特别大，在话语的延续中经常被谈到，经常是可及的；无指的成分在篇章组织里是不重要的，在篇章中少起或不起作用，一般提到一次就可以了。

在篇章中，即使都是有指性成分，指称也有差别。有的成分在篇章里经常被提起，经常被回指，而有的成分被提及一次就可以了，而且经常不被回指。如"今天早晨我吃了一个烧饼"，"一个烧饼"是有指的，但后面不再提它了；"我认识那位同学，他就住在我隔壁，我们俩经常一块儿锻炼，关系挺好的，我们还一起选课"，"那位同学"被指称了好多次。这实际上是有条件的。一个普遍规律是：生命度等级越高，在篇章里的可及性越高，地位越重要。生命度等级最高的是指人的专有名词和人称代词。这个问题仅靠句法是解决不了的，在很大程度上是篇章的问题。

有指和无指在实现为具体的名词性成分时是不同的：有指性成分虽然可以实现为上述七组形式，但前三组形式更典型；无指性成分主要实现为后四组形式。

3. 定指和不定指

说话人在使用某个名词性成分时,如果预料受话人能够将所指对象与语境中某个特定的事物等同起来,能够把它与同一语境中可能存在的其他同类实体区分开来,该名词性成分为定指成分。定指有两种情况:一是语境中独一无二的,如专有名词"北京大学""太阳"和"月亮",这都是可以识别的;二是语境中虽存在同类客体,但受话人能够凭借种种语言或非语言信息将所指对象与其他实体区别开来。非语言信息指身势语等,如"那位同学",说话人眼光朝向谁,听话人就知道所指是谁。

说话人在提到某个名词性成分时,如果预料听话人没有可能将所指对象与语境中某一实体等同起来,该名词性成分为不定指成分。不定指包括三种情况:第一种情况是说话人首次把所指对象引进话语;第二种情况是说话人仅仅用该名词性成分虚指其所代表的事物,至于这个事物是否存在于语境中,发话人本身也不清楚,如"在你们班找个会打乒乓球的同学",这里"(一)个会打乒乓球的同学"是不定指的,虚指在语境当中代表的实体,至于能不能找到、存在不存在这个实体,需要在找了以后才能知道;第三种情况,如"一个同学找过我",听话人不知道这个同学在语境当中是指哪个实体。

有的时候我们有必要把不定指成分转化为一个定指成分,有的时候没有必要,这要看这个不定指成分跟后来表达的事态的相关性程度。如果不相关的话,后面可以不再提及,不用转化为定指成分;如果相关,后面还要提及,就要把它转化为一个定指成分。

定指成分实现为前三种情况,即人称代词、专有名词、"这/那+(量词)+名词"短语;不定指成分实现为最后两种情况,即"一+(量词)+名词"和"量词+名词";而光杆普通名词和"数词+(量词)+名词"两组有两种不同的理解,一种是定指,一种是不定指。

光杆普通名词在语义学、语用学和语法学的研究中非常重要。从篇章表达的角度来说,它既可以是定指的,也可以是不定指的。鲁迅说"救救孩子","孩子"是不定指的;而"把孩子送过来吧"里的"孩子"是一个定指性成分。赵元任举过这样的例句,即"客人来了"和"来客人了",前面的"客人"是定指的,后面的"客人"是不定指的。汉语中名词在动词前面还是在动词后面是非常重要的,动名的次序与动名之间的语义关系没有直接的关联,但是在篇章话语的表达中是非常重要的。

把字句有一种特殊的表达,即"把"字后面加"个",再加名词性成分。如"把个孩子弄哭了",在俗一点的话里会这样说,文学语言里不这样讲。"个孩子"是上述名词成分里的最后一种,理解为定指成分还是不定指成分?按照陈平的体系来说也是"量词+名词",是不定指成分。但把字句会有一种强制性,一旦出现在把字句中,就倾向于理解为定指成分。

汉语的"某"在语用中比较复杂,说"某人"有时是故意隐去他的名字,而有时是确实不知道他的名字。这种情况一般来说倾向于不定指,我们不太容易识别到底是哪一个个体,即我们知道有这样一个实体存在,但是不知道在人群里到底是哪个实体。再比如说"某"出现在"把"字后面,如"他把某些人得罪了",从可识别的角度说,这里的"某些人"应该是可以识别的,指人群中的某一个集合,存在这样一个集合,但到底是哪些人属于这个集合,我们不知道。这种情况在可识别和不可识别里是非常特别的,从可识别的角度来说有一定的可识别性,从不可识别的角度来说我们在现实生活中与某实体对不上号。文学表达里的 X 先生、Y 女士,你不在意他或她是谁,只在意存在这么一位先生或女士。

4. 实指和虚指

实指和虚指译为特指和非特指更好一些,这里暂且采用陈平的译法。发话人在使用某个名词性成分时,如果所指对象是某个在语境中实际存在的特定的实体,这就是实指;如果所指对象只是一个虚泛的概念,其实体在语境中也许存在,也许不存在,这就是虚指。

跟有指和无指一样,表示实指的成分主要实现为前三组形式;表示虚指的成分主要实现为后四组形式,如"找一个人,明天我们去打打球",这种情况下"一个人"是虚指。汉语中还有这种说法:"明天我想看本鲁迅",虽然"鲁迅"是一个专有名词,但是在一定程度上讲也是虚指性成分。

需要注意的是,光杆普通名词既可以实指也可以虚指。

5. 通指和单指

通指和单指即类指和个体指。名词性成分如果指一类事物,叫通指;如果指个体事物,叫单指。通指有两个语义特点:第一,它不指称任何在语境中以个体形式出现的人或物,从这个角度来说,它和无指类似;第二,通指成分代表语境中一个确定的类,从这个角度来说,它很像定指。如"麻雀虽小,五脏俱全","麻雀"不指某一只具体的麻雀,而是指麻雀这一类,是通指;而"那只麻雀捉住了","那只麻雀"就指一个个体,是单指。

通指和单指在实现为具体的名词性成分的时候,情况大体上是这样的:单指性成分覆盖范围比较广,上述七种名词性成分都可以表示单指;通指性成分则不同,人称代词和专有名词不能表示通指,其他都可以。

这里补充一点,即人称代词和专有名词的问题。汉语中有一些有特点的地方,比如"大写的'我'",还有专有名词"千千万万个雷锋""阿Q们"。人称代词和专有名词,特别是专有名词可以通过一定的办法实现为一个类别,这个类别具有这个专有名词表达的这一类的特点,不再是一个个体。

最后,我们把陈平(1987)对汉语名词性成分和篇章指称的关联的研究成果总括为下表:

表 9-2　汉语名词性成分和篇章指称的关联

组别	名词性成分	有指/无指	定指/不定指	实指/虚指	通指/单指
A组	人称代词	+/−	+/−	+/−	−/+
B组	专有名词	+/−	+/−	+/−	−/+
C组	"这/那"+(量词)+名词	+/−	+/−	+/+	+/+
D组	光杆普通名词	+/+	(+)/(+)	+/+	+/+
E组	数词+(量词)+名词	+/+	(+)/(+)	+/+	+/+
F组	"一"+(量词)+名词	+/+	−/+	+/+	+/+
G组	量词+名词	+/+	−/+	+/+	+/+

注:此表全部内容来自陈平(1987)。

6. 指称与句子成分的关联

下面我们谈另一个十分重要的问题,即指称跟句子成分的关联。篇章语义实现为句法成分的时候,跟一定的句法成分相关联。

陈平(1987)的研究发现,有的句子成分强烈倾向于由定指格式的名词性成分充当,而有的句子成分则强烈倾向于由不定指格式的名词性成分充当。

下面这几种情况有由定指格式的名词性成分充当的强烈倾向(陈平,1987):

第一种情况,主语一般倾向于由定指性成分充当。有例外,如在有的语体中(这就涉及语境,语体是语境的一种情况),特别是新闻报告语体里,允许不定指的成分做主语,像"一个……"。

第二种情况是"把"字的宾语。它表达的是主语成分掌控的对象,既然它是掌控的对象,应该是有定的、可识别的。比如说"我把门关上了","门"就是有定的、可识别的,因为它是"我"掌控的对象。但是,把字句中会出现数量结构,如"我把两本书放在桌子上了"是可以说的。这里的"两本书"是可识别的还是不可识别的?听话人知不知道这两本书是哪两本书?这要看听话人是否在谈话的语境里。如果不在那个语境中的话,应该不知道"两本书"是哪两本书。

第三种情况是双宾语结构中的近宾语,即靠近动词的宾语。如"我给了孩子一本书""我借了同学一百元钱"里的"孩子""同学"都是定指的。

第四种情况是领属性定语,如"教室里的桌椅""老师的电脑","教室里""老师"是定指的、可识别的。

下面我们看一下句子成分倾向于由不定指格式的名词性成分充当的情况(陈平,1987):

第一种情况是存现句中的宾语,例如"来了一位同学"中的"一位同学"。

第二种情况是表示处所的介词短语前的宾语,如"他要了一张纸,想画只老虎在上面"中的"只老虎"。

第三种情况是双宾语结构中的远宾语,如"有人拿给他一张纸"中的"一张纸"。

第四种情况是复合趋向补语后的宾语,例如"院子里走出来一个小孩"中的"一个小孩"。

陈平(1987)认为,名词性成分的句法功能决定了所指对象的定指性或不定指性,这是汉语区别于印欧语的一个特征。

以上研究是篇章语义研究的一个精华所在,即什么是定指的、什么是不定指的,在一定程度上可以用句法条件来控制;从另外一个角度来说,句法的设计在一定程度上也与篇章指称有关系。指称问题跨好几个层面,既与语义、语用相关,也与篇章和句法相关。即使在印欧语言里也一样,比如印欧语里定冠词的设计,实际上就一个句子来说是定冠词参与构建的句法形式,但就篇章来说表达的是定指的,在这里篇章和句法产生了接面(interface)。

参考文献:

曹逢甫,1977,《主题在汉语中的功能研究》,谢天蔚译,1995,北京:语文出版社。

陈　平,1987,释汉语中与名词性成分相关的四组概念,见《现代语言学研究——理论·方法与事实》,1991,重庆:重庆出版社。

范继淹,1984,多项NP句,见《范继淹语言学论文集》,1986,北京:语文出版社。

范继淹,1986,无定NP主语句,见《范继淹语言学论文集》,1986,北京:语文出版社。

胡壮麟,1994,《语篇的衔接与连贯》,上海:上海外语教育出版社。

克里斯特尔 D.,1997,《现代语言学词典》,沈家煊译,2000,北京:商务印书馆。

姜望琪,2011,《语篇语言学研究》,北京:北京大学出版社。

罗仁地,1995,语用关系和汉语的词序,载《语言学论丛》第三十辑,詹卫东译,2004,北京:商务印书馆。

徐烈炯,刘丹青,1998,《话题的结构与功能》,上海:上海教育出版社。

徐烈炯,刘丹青,2007,《话题的结构与功能》(增订版),上海:上海教育出版社。

叶蜚声,徐通锵,2010,《语言学纲要》(修订版),王洪君,李娟修订,北京:北京大学出版社。

张伯江,方　梅,1996,《汉语功能语法研究》,南昌:江西教育出版社。

张新华,2007,《汉语语篇句的指示结构研究》,上海:学林出版社。

赵元任,1968,《中国话的文法》,载刘梦溪主编《中国现代学术经典——赵元任卷》,1996,石家庄:河北教育出版社。

Chafe, W., 1974, Language and Consciousness. *Language* 50: 111—133.

Chafe, W., 1976, Givenness, Contrastiveness, Definiteness, Subjects, Topics and Point of View. In Charles Li (ed.), *Subject and Topic*: 25—56. New York: Academic Publishers.

Chen Ping, 2004, Identifiability and Definiteness in Chinese. *Linguistics* 42(6): 1129—1184.

Gundel, J. K., N. Hedberg & R. Zacharski, 1993, Cognitive Status and the Form of the Referring Expressions in Discourse. *Language* 69(2):274—307.

Lambrecht, K., 1994, *Information Structure and Sentence Form: Topic, Focus, and the Mental Representation of Discourse Referents*. Cambridge: Cambridge University Press.

Levinson, S. C., 1983, *Pragmatics*. Cambridge: Cambridge University Press.

Lyons, C., 1999, *Definiteness*. Cambridge: Cambridge University Press.

Lyons, J., 1977, *Semantics*, Vols. I & II. Cambridge: Cambridge University Press.

Verschueren, Jef, 2000, *Understanding Pragmatics*. 北京:外语教学与研究出版社。

第十讲　信息结构

10.1　关于信息结构
10.2　主位和述位
10.3　信息结构和句法形式
10.4　焦点的语义分析

10.1　关于信息结构

1. 信息结构的定义

句子里除了存在句法结构和语义结构，还存在着信息结构（information structure）。可以结合语用、语义和交际，从信息传递的角度对语言进行研究。

从上个世纪50年代至今，现代汉语一直存在着对一个经典问题的争论，就是"台上坐着主席团"中，"台上"是主语还是"主席团"是主语？有的语法体系倾向于把"台上"分析为主语，这样分析有很多证据，如"台上"和"坐着主席团"之间可以加"是不是"。如果是受英语语法影响比较深的学者，会觉得这种说法很荒谬，"台上"怎么可能做主语？明明是"主席团"坐在那里，而不是"台上"坐在那里。这样的问题在汉语语法研究中恐怕还要争论下去。如果从信息结构的角度来看，问题会简单一点，即说话的时候这话从何说起，是从"台上"说起，这样就比较容易理解了。

信息结构是句子结构分析的一个层面，它研究句子的组成成分在信息传递上的相对显著度，即说话者或作者是通过什么样的办法向听话者或读者表达被引入信息的状况：哪些信息是重要信息,哪些信息是次要信息;哪些信息是目前需要了解的信息,哪些信息是需要后面逐步了解的信息。这个问题不仅涉及语用和语义,还涉及音系和句法,或者说说话者在考虑向听话者传递信息的时候,必须同时满足语义、语用、音系、句法四个方面的要求,才能达到传递信息状况的目的。

信息结构这个概念最早可以追溯到上个世纪三四十年代的布拉格学派。这是一个结构功能主义学派,他们提出了"功能句子观"(functional sentence perspective),从功能的角度看待句子。在构成句子时,有一种成分被认为是反映交际动力(communicative dynamism)的成分。从交际的角度来说,一个句子不同的组成成分被认为有不同程度的交际动力。布拉格学派对这种成分做了非常好的研究,提出了一对信息结构的概念,即"主位"和"述位"。这对概念不是句法、语义的概念,而是语用、交际的概念,是信息结构的概念。

主位在交际动力上处于最低的程度,跟它相对应的述位在交际动力上处于最高的程度。因为述位传递了一些新信息,能够促进交际过程的展开。在信息结构中,新信息和旧信息(或者未知信息和已知信息)的地位差别非常大,是不平衡的。

2. 新信息和旧信息

上个世纪 60 年代,功能主义的代表性语言学家韩礼德(Halliday),把信息结构理论与篇章功能和篇章结构的研究结合了起来,提出了新信息和旧信息这个重要的信息分类,使信息结构在语言学中有了新的研究高度。新信息(new information)就是说话者认为听话者不能从前面的谈话内容中推断出来的信息。这里要注意,通过谈话得到的暗示和推理得出的信息,比如预设、蕴涵、语用推理,不叫新信息。比如说我问你"小王今天来吗",你说"小王今天家里有事"。从"小王今天家里有事"是能够推断出"小王今天不来"的。按照韩礼德的理念,这不是新信息,因为这个信息能够推断出来,不能推出来的才叫新信息。如"小王今天来吗?"——"不来。小王今天病了。""不"和"病了"才是新信息。

与新信息相对的是旧信息(given information),是被说话者看作能够从前文或语境中推断出来的信息。旧信息之所以成为旧信息，是说话者认为他所传递的信息是听话人已经知道的。有两种情况。一种情况是交际语境中已经提供的，不用再说，如"书包在哪儿呢？"——"在桌子旁边的茶几上。"说话者认为听话者应该知道这个"桌子"，所以交际语境是非常重要的。另外一种情况是听话者能够推断出来的信息，如"今天他是开车来上班的"可以推断出"他有一辆车"，"他有一辆车"就是旧信息。可以推断出来的旧信息一般来说不用说话者再说一遍。

区别新旧信息是非常重要的，标准是看听话者能不能够从前面的内容中推断出来。如果不能从话段中推断出来，就是新信息，可以推断出来的就是旧信息。

从信息结构的角度看，语言可以切分出不同的信息单位（information unit）(Brown & Yule，2000：153—188)。信息单位是信息交流中的基本成分。信息交流指言语活动中已知内容和新内容之间的相互作用。小句的内容（或者说简单句的命题部分）是由一个或更多的信息单位组成的。说话人可以自由地决定信息单位从哪儿开始，在哪儿结束，并且知道怎样组织信息单位。同一个句子可以由不同的信息结构组成。例如"John has gone into the garden with Mary"，这句话在理论和实际上都可以有两种不同的信息结构：(1)把句子切分为两个信息单位，即 John—has gone into the garden with Mary；(2)把句子切分为三个信息单位，即 John—has gone into the garden with—Mary。

就信息结构的内部构造来说，一般是旧信息在前，新信息在后，这是无标记的形式。就结构组成的必要单位来说，韩礼德认为，每个信息结构里都应该有一个新信息，旧信息可有可无。如"刚才谁走了"，回答可以说"小王走了"，也可以说"小王"。这里的"小王"是新信息，不能省略；而"走了"是旧信息，可以省略。在对话中或者书面语的大的篇章里，旧信息是可以省略的，而且经常被省略。但新信息不能省略，否则就会影响交际。如我问"刚才谁走了"，你答"走了，走了"，相当于在搪塞，答非所问。在搪塞别人的时候有时是用旧信息糊弄人，也就是不给对方需要的新信息。

3. 新旧信息的语形表达

从语音、音系或韵律的角度来说，信息单位在话语中可以实现为一个调群(tone group)。在英语当中，每个调群有且仅有一个显调音节(tonic syllable)，即音节凸显，或者说是语调单位中最凸显的音节，是带有区别调型的音高变化的音节。它的功能是凸显一个调群里的新信息。在无标记的结构里，凸显往往是落在最后一个实义词项上(lexical term)。例如(引自 Brown & Yule, 2000: 156)：

    a. //in a /far-away/LAND//
    b. //there/ lived a /bad /naughty/FAIRy//
    c. //and a /handsome /PRINCE//
    d. //and a /lovely /PRINcess//
    e. //she was a /really /WICKed/ fairy//

在这个调群里，前四个调群组 a—d 最后一个实义词项都被赋予显调音节，都标记新信息。第五个调群组 e 中的 fairy 没有必要凸显，因为在上文中已给出，是已知信息，于是，音节凸显落在 WICKed 上面，标明它是新信息。

从韵律的角度看，用显调音节来确定信息单位会遇到问题，所以也有学者把语流中的停顿间隔作为确定信息单位的线索，以停顿现象为基础对话语语块进行分析。需要注意的是，一个明显的有区别的停顿，即一个有目的的停顿，在话语中是非常重要的。从音系的角度来说，停顿有三种情况：短停顿(short pause)、长停顿(long pause)和加长停顿(extended pause)，三者功能不同。短停顿往往是单位内部的停顿，一般为 0.6—0.9 秒；长停顿一般为 1.0—1.9 秒；加长停顿一般为 2.0—3.0 秒。后两者往往要考虑到单位分界的界限(Brown & Yule, 2000:160—164)。

对韩礼德的音高凸显理论，不同学者有不同看法，如可能存在这样的情况，即一个调群中可能有多个音高凸显。说话者在考虑到听话者的知识状况时，可能会有意地加重某一个音，从理论上来说可以有多个重音。例如上述五个调群组在一个片断里可以有多

个凸显(引自 Brown & Yule,2000:165)(一个"＋"表示长停顿,两个"＋"表示加长停顿):

    a. in a FAR-away LAND＋
    b. there LIVED a /BAD NAUGHty FAIRy＋＋
    c. and a HANDsome PRINCE＋
    d. and a LOVEly PRINcess＋＋
    e. she was a REALly WICKed/ fairy＋＋

如 d 中的 lovely,有的时候有必要凸显,有的时候没有必要凸显,就看说话者是不是强调她是一个"可爱的"公主。虽然一个单位里可以有多个凸显,但说话者还是有可能选择其中最重要的一个。如果音高凸显太多的话,一方面凸显会不清楚,另一方面说话会非常费力。

英语引入新信息时,87％的情况都使用音高凸显手段,而引入旧信息时,不使用音高凸显手段实现的达到 98％(例外见于对比情况下)。也就是说,表达新信息时是否选择凸显手段有稍大一点的自由度,百分之十几的情况可以不选择凸显手段;但旧信息几乎不能以凸显手段表达,如果使用凸显手段,会误导听话者。

10.2　主位和述位

话语结构里的每一个片断,即反映在句法结构里的各个成分,其交际价值是不一样的。如果某个句法成分传递一个新信息,其价值就很大;如果传递的是旧信息,其价值就比较小。话语结构的信息按照交际价值的大小作线性排列,无标记的情况下,旧信息价值比较小,放在话语的前部,即主位(theme);新信息价值较大,放在话语的后部,即述位(rheme)。

主位是表述的出发点,即语境中熟悉的或容易得知的东西,说话者由此出发,从此说起。述位是表述的核心,是说话者关于表述出发点所述说的内容。通俗地讲,主位是"话头",述位是关于"话头"所讲的内容。

语言里有一些成分能帮助听话人鉴别主位成分。以汉语为例

(张伯江、方梅,1996:21—51),语气词可以做主位标记,主要有"啊""吧"。准主位标记主要有"吗""呢"。如"台上啊,坐着主席团;台下啊,坐着不少观众"。又如"说到张三啊,我们还认识"。汉语甚至可以罗列出一连串的主位,例如"他吧,这个人呐,怎么说呢……"。主位标记可以把次要信息和重要信息区别开来。

主位标记可以插入到句子的不同位置,使其前面的部分成为主位,成为说话的起点。如"他昨天去书店买了一本新书"这句话,可以把主位标记"啊"放在不同的位置,从而形成不同的主位:"他啊,昨天去书店买了一本新书。/他昨天啊,去书店买了一本新书。/他昨天去书店吧,买了一本新书。"有时说话人甚至可以截断动名组配,把动词性成分归入主位表达,如"他昨天去啊,去书店买了一本新书",这在口语中完全是可以说的。

在具体的交际或话语中,主位的情况是不一样的,分为三种类型:第一种是篇章主位,在形式和语义上起到连接上下文片断的作用,如"我真是想跟你去的,可是啊,我今天有事情","可是"是一个典型的篇章主位,与篇章里的起承转合有关;第二种是人际主位,与交际有关,涉及说话人和听话人之间的关系,如"我建议你呀,还是帮帮他吧","我建议你"就是人际主位;第三种是话题主位,话题主位随处可见,如"泰山啊,我去过好几次了","泰山"就是话题主位。

在这里大家要注意的是篇章主位和人际主位。这两种主位都可以成为一句话的开端,特别是人际主位,能反映出说话人和听话人的互动,如"就说你吧,……""我看呀,……""我看就这样吧,……",这些话在汉语中经常说,以往不在句法中分析,或者说句法没办法分析。在篇章语言学里就变成可以分析的了,它表示的是说话者和听话者的互动关联,属于交际动力学研究的对象。

篇章主位与主观性表达有关,例如"其实啊,……"在一定程度上反映了说话者和听话者的主观互动,说话人预设听话人有一种看法,但他不同意那种看法,他是这样认为的,也就是说,他跟听话者原来预设的观念不一样。但这里的主观性是次要的,不像人际主位如"我说你呀,……"那样明白地表达出说话人和听话人的关联。

关于话题主位再补充一点。汉语的话题主位在表达上是灵活多变的,如"我们班小明啊,乒乓球打得最好""这件事啊,老高有办法""踢球啊,小王最棒"。可见,汉语中话题主位,即话题的基点是非常自由的,可以随便设置说话的基点。这跟话题的地位有关。话题跟动词的关联是非常松散的,所以话题都可以加"啊"变成一个主位。

话题主位有构造篇章的作用,但这种情况下仍然将它叫作话题主位,而不把它叫作篇章主位。篇章主位如"可是啊,……""然后啊,……"是专门用来连接上下文的,而且从语用的角度来说都可以理解为构造、连接话语时的一种标记,即话语标记(discourse marker),已经高度虚化或语法化了。话题主位主要是一段话开始时的实词性成分。

10.3 信息结构和句法形式

我们谈一下信息结构和句法形式的问题。第一个问题是新信息、旧信息跟句法结构的关联,第二个问题是信息结构与句子结构之间的关联。

新信息、旧信息跟句法结构的关联涉及前面讲到的有定性。在英语中,一般来说,信息在话语中的引入是无定的表达,然后才是有定的表达。第一次出现的时候,未知的个体用不定冠词a,第二次出现时,感知到的、表已知的独立个体用定冠词the(Brown & Yule,2000:170)。如:"There goes A Beggar, with A long Beard. /There goes THE Beggar with THE long Beard."这是英语中惯常的用法。

旧信息的表达在语言中与特定的句法形式存在有规律的关联,例如Brown & Yule(2000:170—171)罗列了多位语言学家发现的相关的十一种事实类型:

(1) a. Yesterday I saw a little girl get bitten by a dog.
　　b. I tried to catch *the dog*, but *it* ran away. (Chafe,1972)

(2) a. Mary got some beer out of the car.

　　b. *The beer* was warm. (Haviland & Clark, 1974)

(3) a. Mary got some picnic supplies out of the car.

　　b. *The beer* was warm. (Haviland & Clark, 1974)

(4) a. Yesterday, Beth sold her Chevy.

　　b. Today, Glen bought *the car*. (Carpenter & Just, 1977)

(5) a. I bought a painting last week.

　　b. I really like *paintings*. (Chafe, 1976)

(6) a. Robert found an old car.

　　b. *The steering wheel* had broken off. (Clark, 1978)

(7) a. What happened to the jewels?

　　b. *They* were stolen by a customer. (van Dijk, 1977)

(8) a. I saw two young people there.

　　b. *He* kissed *her*. (Sgall, 1980)

(9) a. (Sag produces a cleaver and prepares to hack off his left hand)

　　b. *He* never actually *does it*. (Hankamer & Sag, 1976)

(10) a. Look out.

　　b. *It's* falling. (Carpenter & Just, 1977)

(11) a. William works in Manchester.

　　b. So *do* I. (Allerton, 1975)

以上表达已知信息的形式都在 b 句中,用上述 b 例子中的斜体标明了。进一步概括,又可分为两大类:第一类为实词单位(lexical units);第二类为代名词(pronominals)或代动词(pro-verbs)。第一类又包括两个次类:(1)—(2),相关名词性成分第二次提及使用了有定形式;(3)—(6),相关名词性成分首次提及表达场合中的某个存在物,第二次提及使用了有定形式。第二类包括三个次类:(7)—(8)(包括(1)中的 it)使用代词照应指代(anaphorically)前一句子的实词性成分;(9)—(10)使用代词外部照应指代(exophorically)情境中的特定实体;(9)(句中的 does it)和(11)都有代动词的使用。

方梅(2005)的研究认为,在交际互动过程中,信息的传递涉及说话者与听话者的动态认知状态。从说话者的角度看,为了便于听话者关注到重要的信息,在处理新旧信息时会采用不同的编码方式。指称结构形式的差异,反映了说话者对该成分所指对象信息地位的确认。一般来说,说话者认为是听话者已知的信息即旧信息,编码方式则简单;说话者认为是听话者未知的信息即新信息,编码方式则繁复。这个由简到繁的等级可以表述为:

零形式＞代词＞光杆名词＞代词/指示词＋名词＞限制性定语＋名词＞修饰性定语＋名词＞关系从句

说话者如果认为听话者能够将一个指称形式的所指对象与其他对象区别开来,他就会采用最为俭省的形式,比如零形式、代词等;反之,则需要采用较为复杂的结构形式,比如"限制性定语＋名词"形式,甚至关系从句形式。使用哪一种形式指称一个对象,反映了语言使用者的不同的言语交际互动策略。

在当代,语言学家、认知心理学家和人工智能学家一起合作,研究信息结构和句子结构的关系。下面的例子是对信息结构如何影响阅读心理和心理感知的研究(Brown & Yule,2000:177),H. H. Clark和E. V. Clark曾报道了Hornby的实验,描述了五种类型的句子与它们表达的已知信息和新信息的关联,表示如下:

句子	已知信息和新信息
(1) It is the BOY who is petting the cat.	Given: X is petting the cat New: X = the boy
(2) It is the CAT which the boy is petting.	Given: the boy is petting X New: X = the cat
(3) The one who is petting the cat is the BOY.	Given: X is petting the cat New: X = the boy
(4) What the boy is petting is the CAT.	Given: the boy is petting X New: X = the cat
(5) The BOY is petting the cat.	Given: X is petting the cat New: X = the boy

在上述这些句子里,已知信息是指小句内的预设。如"It's the

boy who is petting the cat"隐含着一个预设,即"X is petting the cat"。后面我们讲焦点的时候会知道,焦点跟预设是对立的,所以已知信息在很大程度上是预设的。

10.4 焦点的语义分析

焦点(focus)在前沿问题里是顶尖的课题之一,跨语言学的五大部门:语义学、语用学、音系学、句法学、篇章分析。焦点大体上有这么几个问题:(1)什么是焦点;(2)焦点和预设的区分;(3)焦点的种类;(4)对焦点敏感的结构;(5)焦点结构和句子的语义解释。

1. 焦点和焦点的分类

首先简单地了解一下什么是焦点。焦点从根本上来说仍然是信息结构的问题,即说话时信息的地位是不同的。说话者认为句子中最重要、最值得听话人关注的信息叫焦点信息。

焦点信息和新旧信息有关联,但研究角度是不一样的。有些学者在对句子作二分分析时将说话人认定的(即"预设的")信息与其在信息交际传递中最关心的中心信息相对立,在这种意义上的"预设"和焦点对立。说话人在进行交际时,说出的语句可以同时传递焦点信息和预设信息。例如"It's Tom who is petting the cat"中,说话人希望听话人关注的焦点信息是 Tom,而这句话还包含着一个预设信息,即"X is petting the cat",它可以看作已知信息。从这个角度看,焦点跟预设是对立的。

焦点分为常规焦点和对比焦点两种(张伯江、方梅,1996:73—90)。句子的信息编排往往是遵循从旧到新的原则,越靠近句末信息内容就越新。焦点在一定程度上与新信息重合,往往是句末成分,这种焦点成分通常被称为常规焦点。如"我刚才去图书馆了",句末的"图书馆"就是常规焦点。如果一个成分不用作引入新信息,而是在上文或语境里已经直接或间接地引入了,是说话人出于对比目的才着意强调的,这个成分就是对比焦点。如"是小王帮了我的忙","小王"就是对比焦点,隐含着"不是小张,不是小李"。对比焦点在表达时可以违反常规的语序,不放在句末,而放在句子当中其他的位置。

从韵律的角度来说,焦点往往和重音有关联。根据赵元任先生的研究,汉语中的对比焦点用对比重音,常规焦点用常规重音。

常规焦点与对比焦点的根本差别在于两者的预设不同。常规焦点的预设为"有/存在 X"。如"小王养了一只宠物猫",在这句话里,"一只宠物猫"是焦点,这句话有一个预设"小王养了什么"。对比焦点不同,说话人预设听话人认为某事是 B,而实际应该是 A,说话人说出这个句子的目的是强调"是 A 而非 B"。如"是小王帮了我的忙"预设着要么你不知道,要么你认为是别人,我强调"是小王"。还有一种表达是把这种对比说出来,"是小王不是小李帮了我的忙"。但在很多情况下这种对比是隐含着的,这也是使用对比焦点的条件,即一定有一个选项集合。这个问题后面再讲。

关于焦点的分类,还有一种三分法,即语义焦点、对比焦点和心理焦点。语义焦点强调的是陈述句中用来回答特指问句中疑问词的部分,相当于前面讲的常规焦点,可以用音高、重音、语序、助词或者它们的组合形式来表达。对比焦点和前面讲的对比焦点相同,在此不多讲。心理焦点是从心理学角度来说的,对应于心理学上的注意中心,是话语中听说双方注意力都集中的成分,这个成分在话语过程中具有某种突出性。心理焦点在语言表达上通常实现为非重读的人称代词或零形回指。心理焦点在最近的研究中很受关注,计算机科学、心理学、语言学都在关注这个问题,是一项跨学科的研究。

2. 焦点的语形表达

焦点从本质上来说也是信息结构的问题,或者说在传递信息、进行交际的时候,说话人认为它是最重要的信息。从听话人的角度来说,要尽可能地获得焦点信息,听别人说话要抓住焦点信息而不是预设的或次要的信息。有一些标记形式可以帮助听话人识别焦点信息,特别是对比焦点。对比焦点的表现手段(张伯江、方梅,1996:78—81)主要有两种:加标记词或使用特别的句式。

标记词本身不负载实在意义,也不负载对比重音。不负载实在意义是指它已经高度语法化了,往往表达比较抽象的交际功能。

标记词的作用在于标示某些成分的焦点身份。有的语言标记词加在焦点前面,有的语言标记词加在焦点后面,在类型学上会有差别。但是无论加在焦点前面还是后面,标记词都是用来标记焦点的。标记词不是句子线性结构的基本要素,所以可以省略,省略之后句子一般来说还是成立的。

汉语大体上用以下三种方式来标记焦点:

第一种方式是用"是"。如"昨天是小王帮了我的忙",这样说时实际上隐含着对比,意味着不是别人帮了我的忙,就是小王帮了我的忙。也可以把这种对比明显地表达出来:"昨天是小王帮了我的忙,不是小张帮了我的忙。"用"不是"补出来,否定听话人想到的其他可能。汉语中的"是"位置很灵活,还可以说"小王是帮了我的忙"。"是"后面一般就是需要强调的焦点信息。

一般来说以下几种情况都可以加"是":

(1) 施事,例如:"昨天是小王去开的会。"
(2) 时间,例如:"我们是昨天开的会。"
(3) 处所,例如:"我们是在北京见的面。"
(4) 工具,例如:"他不是用钥匙打开的门,是用改锥打开的门。"

"是"后面一般来说不容易加受事语义角色。

第二种方式是用分裂句型。英语用"It is …… that",汉语用"是……的",如"我是昨天来的,不是前天来的,所以我没见过他"。

第三种方式是用连字句。连字句里存在一个预设的量级,如"这首诗连小孩都会背(更何况成人了)",小孩跟别的成分构成一个集合,这个集合内部形成一个量级,如{小孩-大孩-成人-老人}。量级有极性(polarity)。一般来说,连字句表示的是集合里的一个极,要么是正极,要么是负极。如{博士-硕士-学士-中学生-小学生}构成一个量级,"这道题连博士都不会做"强调正极,同时否定了比博士量级低的集合成员;"这首诗连小孩都会背"强调负极,同时肯定了比小孩量级高的集合成员。

3. 焦点敏感结构

下面谈一下焦点敏感结构(袁毓林,2003;李宝伦、潘海华、徐

烈炯,2003)。在语言的结构特别是句法结构里,存在一些对焦点非常敏感的结构,叫焦点敏感结构。焦点敏感结构有下面几种:

第一种是问句和答句,这是跨语言存在的。问句涉及三种类型:特指问句、选择问句和是非问句。答句对应着问句,应该出现焦点信息。如"这个人是谁?"是特指问句,答句"这个人是小王"中的"小王"就是一个焦点。再如"你是喝茶还是喝咖啡?"是选择问句,答句"我喝咖啡"中的"咖啡"就是一个焦点。这是最常见、最有用、在交际中使用最频繁的焦点敏感结构。

第二种是量化状语。例如"最近学生们很少看电影","很少"是一个量化状语,跟"学生们""看电影"相互作用,触发不同的焦点:有的语境下强调"学生们",有的语境下强调"看电影"。"总是"与"很少"一样,"他总是抱怨别人"有的时候焦点是"他",有的时候焦点是"别人"。有一类使用频繁副词,如"经常",例如"小王经常看足球","小王"和"看足球"都可以成为焦点。

第三种是能愿动词。例如"学生必须完成这些课程","必须"是能愿动词,它使得这个句子可能有不同的焦点:"学生"和"这些课程"都可以成为焦点。

第四种是泛算子(generic operator),即类指或泛指。例如"人们在街上吃烧烤","街上"或"吃烧烤"都可以成为焦点。

第五种是表情感事实和态度的副词性成分或谓词性成分。如"人们发现那只猴子竟然穿上了人的衣服""很奇怪,那个老头儿参加了百米赛跑","竟然"和"很奇怪"都会触发焦点。"那只猴子""人的衣服"都可能成为焦点;"那个老头儿""百米赛跑"也都可以成为焦点。

第六种是否定成分。例如"不是小王赢了我们","小王""我们"都可以成为焦点。

第七种是最高级形容词。如"十二月一日这一天,他的情绪降到了最低点","十二月一日这一天"和"他的情绪"都可以成为焦点。

以上就是经常触发焦点或者说对焦点敏感的结构。

焦点敏感结构提示我们这样的课题,即一个句子里可能会存在多个焦点,这有没有条件? 是不是有的句子只有一个焦点? 自然语言存在两种情况:一种情况是,如果是一般的带有多个名词性成分的句子,可能都会有多个焦点,凸显哪个焦点,由具体的语境决定;另一种情况是,有些句子在理解上只有一个焦点,如"是小王"这类非完整句。

语言就是这样来设计的,我们想表达一个焦点信息时,有的时候会表达得非常清晰,以至于没有别的选择;有的时候是依靠语境,由语境来判定表达的是哪个焦点。如"小王喜欢看足球","小王"和"看足球"哪个是焦点由语境决定:"小王喜欢什么?"——"小王喜欢看足球","看足球"是焦点;"你们班谁喜欢看足球?"——"小王喜欢看足球","小王"是焦点。

4. 焦点的语义结构模型

下面看一下与焦点相关的语义结构跟句法结构的关联,即考虑怎样用结构的方法对焦点进行制约,怎样描述这种制约。有两个比较重要的模型(李宝伦、潘海华、徐烈炯,2003),一个模型是由 Krifka 提出的,把含焦点的句子命题描述为<背景,焦点>,背景基本就是预设。这样可以引入一个语义算子,对背景和焦点这两部分进行运算。如果一个单句只有一个焦点,句子的语义值就由焦点和背景两个部分的语义值组合而成。焦点的语义值就是焦点短语的语义,而背景的语义值则是用如下的方式得到:在抽出焦点成分后,以变量 x 取代焦点原来的位置,再利用 λ 抽象把这个自由变量 x 变成受约变量。例如:

(1) Sue only introduced [Bill]$_f$ to John.
(2) Sue only introduced Bill to [John]$_f$.
(3) <λx[introduce(s,x,j)],b>
(4) <λx[introduce(s,b,x)],j>

(1)和(2)中的下标 f 表示焦点。only 会触发焦点,Bill 和 John 都可能成为焦点。怎样依据句法结构描写这个命题的语义结构? (1)的语义结构描述为(3),打一个尖框,把变项抽取出来,变项就是<λx>,写上动词 introduce 及其三个论元 s(Sue)、x、j(John)、把焦点信息 b(Bill)放在后面,Sue 跟 John 都是背景信息,x 是变项,也是焦点信息,变换表示 λ 跟 x 有一种约束关系,最后输出的值是 Bill。同理,(2)的语义结构描述为(4)。(1)和(2)两个句子在句法上完全一样,但是语义结构不同。焦点的线性位置不一样,同一个句子的两个不同的语义结构就这样描写出来了。这就是 Krifka 的模型。

这个问题与语言的结构、语义结构的重心也有关,语义结构仍然是以动词为重心。如在描写时很多情况下都是名词成分或者说动词的论元成分成为变项,如上面(1)和(2)两句中 Bill 和 John 有一个可能成为变项。Sue 能否成为焦点?不能,因为有 only 在。一般 only 不约束前面,只约束后面。汉语中"只"的情况比较有意思,可以放在句子前面,例如"只张三见过李四",焦点是"张三",而"张三只见过李四",焦点是"李四"。可见加上副词后,有的句义成分被凸显了出来。而"张三只向李四介绍了杨六"有歧义,焦点可以是"李四",也可以是"杨六"。

下面介绍另外一种描写,即 Rooth 的选项语义论(alternative semantics)(Rooth,1996;李宝伦、潘海华、徐烈炯,2003)。选项语义论主要强调焦点会引出各个成员间相互对比的选项集合。每个焦点成分在表层结构上都已被赋予一个焦点特征,该焦点特征会给予命题一个额外的焦点语义值。例如"Ede wants coffee"的焦点刻画如下:

    Ede wants [coffee]$_f$。

coffee 是语义焦点,用[ ]和下标 f 标明,命题的意义一般也在这里("[||]^O"表示一般义,"[||]^A"表示选项义):

  命题之一般意义(ordinary meaning):[| Ede wants [coffee]$_f$ |]^O=命题"Ede wants coffee"

  命题之焦点语义值:[| Ede wants [coffee]$_f$ |]^A="Ede wants y"的命题集合

  同理,如果 Ede 为焦点,则可表示为:[| [Ede]$_f$ wants coffee |]^A。

  选项集合的理论可以跟前面讲到的 Krifka 的理论配合起来使用。Krifka 强调的是自由变量,而 Rooth 强调的是命题的集合,这两种方法都可以。汉语中有"吃大碗""睡大床""写毛笔"这样的表达，必须存在一个选项集合，如"今天我吃大碗"预设不但有大碗，还有中碗、小碗，没有选项集合不能这样说。语言表达里是不是一定有一个集合？集合意味着有对比，"写毛笔"指不是写钢笔等其他的。在语言表达时，所谓的焦点就是说话人选定一个集合的成员交代给听话人。这可以用来部分解释汉语中的旁格成分，旁格成分都是次要的语义格。

以上就是目前的理论，大体上是这样，再往下深究会涉及一些重要的形式语义学的问题。如"都"和"才"这样的成分，它们做状语时是非常敏感的，有的时候还跟其他的因素有关，非常复杂。这就是焦点信息的语义结构，在描述上大家参考 Krifka 和 Rooth 的研究，就能够知道语义结构是怎样构成的了。

在语言的信息结构设计上，有一套方法传递信息结构里最重要的信息，这种传递涉及句法、音系（主要是重音、语调）等多个层面，还有一些语用和语义的因素，如受语境的制约。语义结构有时涉及选项集合。所以，很多语言学家集中精力研究焦点，因为它跨越的层面太多，是当代语言学中的一个重要问题。另外，从交际和表达的方面来看，这个问题也是非常重要的。因为说话的主要目的就是为了传递焦点，语言里的一切层面都要为传递焦点而服务。焦点信息和背景信息、预设信息是相对存在的，相对于焦点信息，其他的信息自动降为背景信息或预设信息。在某些特殊情况下，说话人可能会使用一些特别的标记词来标定焦点，涉及一些非常规的使用标记词的方法。

参考文献：

范继淹，1984，多项 NP 句，见《范继淹语言学论文集》，1986，北京：语文出版社。
方　梅，2005，篇章语法与汉语篇章语法研究，《中国社会科学》，第 6 期。
姜望琪，2011，《语篇语言学研究》，北京：北京大学出版社。
李宝伦，潘海华，徐烈炯，2003，对焦点敏感的结构及焦点的语义解释（上），《当代语言学》，第 1 期。
李宝伦，潘海华，徐烈炯，2003，对焦点敏感的结构及焦点的语义解释（下），《当代语言学》，第 2 期。

袁毓林,2003,句子的焦点结构及其对语义解释的影响,《当代语言学》,第4期。

张伯江,方　梅,1996,《汉语功能语法研究》,南昌:江西教育出版社。

Brown, G. & G. Yule, 2000, *Discourse Analysis*. 北京:外语教学与研究出版社。

Dalrymple, Mary & Nikolaeva, Irina, 2011, *Objects and Information Structure*. Cambridge: Cambridge University Press.

Gundel, J. K., N. Hedberg & R. Zacharski, 1993, Cognitive Status and the Form of the Referring Expressions in Discourse. *Language* 69(2):274—307.

Halliday, M. A. K., 1985, *An Introduction to Functional Grammar*. London: Edward Arnold.

Krifka, M., 1993, Focus and Presupposition in Dynamic Interpretation. *Journal of Semantics* 10:269—300.

Lambrecht, K., 1994, *Information Structure and Sentence Form: Topic, Focus, and the Mental Representation of Discourse Referents*. Cambridge: Cambridge University Press.

Rooth, M., 1996, Focus. In Lappin, S. (ed.) *The Handbook of Contemporary Semantic Theory*. Oxford: Blackwell.

第十一讲 言语行为和会话含义

11.1 言语行为
11.2 会话含义和语用推理

11.1 言语行为

语义的复杂性和多层面性还表现在,说话者与听话者之间会话交际互动中往往会产生超越字面意义的语义。本讲了解与此相关的两个理论:一个是言语行为理论,一个是会话含义理论。在语用学里有大量的篇幅讲这两个问题,语义学里我们将这两个问题简化一下。

1. 言语行为和施为句的分析

从交际的角度来说,言语行为(speech act)是一个非常重要的语用分析模型,在语用学里很早就提出来了。从这个术语可以看出来,说话本身就是一种行为。这种行为怎样分析,怎样跟语言的结构产生关联,是很重要的问题。英国哲学家奥斯汀(Austin)最早提出了言语行为理论,他 1955 年在哈佛大学的哲学演讲集中有一讲叫"How to do things with words"(许国璋先生把它译为"论言有所为"),对语言的功能有比较好的阐发,是语用学的一个奠基理论。

言语本身是一种行为,言语是见之于行动的,如"他发怒—我劝告—他听从了—他怒气平了"。说话有言外之意,目的是收言后之果,即说话不只是句子的问题,会有言外的效力和后果。交际时这个问题非常重要。奥斯汀认为,语法学家从这个角度考虑问题时,应该把疑问句跟命令句、陈述句区分开来。

在言语行为里,奥斯汀区别了叙事行为(locutionary)、施事行为(illocutionary)和成事行为(perlocutionary)。叙事行为,也即言内行为,指人运用语言结构规则说出有意义的话语的行为。施事行为,也即言外行为,有两个意思:一个是说话人要达到的目的和意图,另外一个是说话人确实有目的和意图,但未必有结果。成事行为,也即言后行为,是指说话人说出话语后达到的结果。如我说"请把门关上",这句话是言内行为;我有让你为我做事情的意图,这是言外行为;你听到这句话后把门关上了,也就达到了言后行为的结果。

言语行为可以区分为两个层面。第一个层面为叙事行为和施事行为,奥斯汀给出的公式为:In saying x I was doing y。第二个层面是成事行为,公式为:By saying x and doing y, I did z。说某种事情会经常地、甚至常规地对听话人、说话人或其他人产生一定的影响,影响他们的感情、思想或行动。

施事行为在经典的研究中还有更进一步的分类(Austin, 2002:148—164),常见的有裁决型(verdictives)、行使型(exercitives)、承诺型(commissives)、表态型(behabitives)和阐述型(expositives)五类。这个问题涉及动词语义,可以从言语行为的角度给动词区分小类。

裁决型,如法官在宣判被告有罪时,说"I convict……"。法官在宣判时实际上在做一种裁决行为。其他如"估量、评定、诊断、分析",也是裁决型。

行使型,如"任命、解雇、命名、指挥、判决、准许"。

承诺型,第一种情况如"承诺、答应、同意";第二种情况如"发誓、许愿、信奉、保证、打赌"。

表态型,如"道歉、感谢、祝贺、欢迎、保佑"。

阐述型,如"确定、拒绝、告诉、同意、识认、评论"。

传统讲的语气也可以从言语行为的角度来理解(Austin, 2002:73—74)。说话者一方面是说一句话,另一方面想表达一种目的和意图,再一方面想收到最后的效果。如祈使语句本身就是一种很重要的言语行为。又如,"我命令……""我警告……""我提名……"本身就是一种行为,这种行为在语言编码时往往会借助一些特定的语气词、特定的副词、特定的句法结构来实现。今天我们在考虑语言成分时比奥斯汀要宽泛一些,奥斯汀只考虑动词的问题,即施为动词,另外奥斯汀对句型的考虑也没有今天这么复杂。

奥斯汀还提出了一个句型,叫施为句。施为句和叙述句不同,它有自己的语法标准:在形式上是主动态陈述句,必须有一个施为动词,该动词必须是现在时,该动词的主语必须是第一人称单数,该动词的间接宾语是"你",而且在动词之前能加副词hereby,该动词之后有一个间接引语小句,可以省略。其公式是:I (hereby) VP you (that) S'。如某位领导人说"我宣布奥林匹克运动会开幕!"说这句话时奥林匹克运动会才正式开幕,这就是一个典型的施为句。

从语用、交际的角度看,施为句是一个重要句型,这类句子在言语行为上是突出的。其他句型并非不能表示言语行为,如塞尔理论提出来的"把铅笔递给我好吗?"这类疑问句也有言语行为的效果,但毕竟不是最常用的句型。一般来说,典型的施为句就是按照奥斯汀这样的方式构造的。为了区分施为和叙述这两种功能,奥斯汀强调施为的成立需要满足一些条件,否则就无法起到施为的作用,这些条件叫作"合适条件"(felicity condition)(Austin, 2002:12—38),主要包括:存在具有规约效力的规约程序,由特定的人员在特定的场合说出特定的话语,等等;以上这些要素必须是适宜的;程序必须由所有参与者正确而完备地执行;程序是为具有特定思想和感觉的人们设计的,参与者必须自己有意图地、实在地去加以实施。

2. 言语行为的"合适条件"和间接言语行为

在奥斯汀之后,有一位哲学家塞尔(Searle),他继承了奥斯汀的思想,进一步发展了奥斯汀的理论。关于言语行为的分类依据,塞尔比奥斯汀有进步的一点是,提出了"词语与世界的适切方向"(the direction of fit between words and world)。所谓适切方向,实际上考虑了说出的话语和外部世界之间的关系,有两种情况,一种是先有事实,然后用词语去适合它,例如"断言"这种言语行为;另一种是先有词语,然后用行动去适合它,例如"许诺"和"要求"这两种言语行为。

塞尔提出,需要找出成功地实施某一言语行为所满足的必要条件和充分条件(张绍杰,2001:F25—F26;姜望琪,2003:43—47),塞尔建立了言语行为"合适条件"的四条规则:

(1) 命题内容条件规则:规定话语的命题内容部分的意义。例如,在许诺行为中,说话者在说出一个句子 T 的时候,表达了 p 这样一个命题;在说出 p 这个命题时,说话者陈述了他的一个将来行为 A。

(2) 预备条件规则:规定实施言语行为的预备条件。例如,在许诺行为中,听话者宁愿说话者做行为 A,而不是不做行为 A,而且说话者相信听话者宁愿他做行为 A,而不是不做行为 A;说话者和听话者都没感觉到,正常情况下,说话者会做行为 A。

(3) 真诚条件规则:规定保证言语行为真诚地得以实施的条件。例如,在许诺行为中,说话者意欲做行为 A。

(4) 基本条件规则:规定言语行为按照规约当作某一目的的条件。例如,在许诺行为中,说话者意欲 T 这句话将使他有义务做行为 A。

通过上述这一套规则和概念,可以区分、描写和解释各种类型的言语行为。塞尔认为人们用语言所做的事情的类型是有限的,他把施事行为分成以下五类(Searle,2001:12—20;姜望琪,2003:43—47):

(1) 断言类(assertives),说话者担保某事是如此的,所说的命题为真。适切方向是从词语到世界,即需要用话语来适切已存在的事实,先有事实,后有话语。

(2) 指令类(directives),说话者要听话者做某事。适切方向是从世界到词语,即需要用行动来适切已说出的话语,先有话语,后有行动。

(3) 承诺类(commissives),说话者承诺将做某事。适切方向也是从世界到词语。

(4) 表达类(expressives),说话者对命题内容涉及的事态所持的态度。这一类没有适切方向,只是用话语对事实表达一种态度。

(5) 宣告类(declarations),说话者及相关者要改变所提到的实体的现状,对事情的成功实施保证了命题内容和外部现实相一致。例如,如果我成功地实施了任命你为主席的行为,那么你就是主席。这一类行为的适切方向是双向的。

塞尔对"指令"和"承诺"两种行为的条件做出了如下对比描述(Searle,1975/1998:332):

表 11-1 "指令"和"承诺"两种行为的合适条件

	指令式(请求)	承诺式(允诺)
预备条件	听话者能够完成行为 A	说话者能够完成行为 A;听话者想让说话者完成行为 A
真诚条件	说话者想让听话者去做行为 A	说话者打算去做行为 A
命题内容条件	说话者断言听话者的将来行为 A	说话者断言说话者的将来行为 A
基本条件	把说话者让听话者去做行为 A 看作一种企图	把说话者做行为 A 看作是承担一种责任

塞尔的第二个贡献是提出了间接言语行为(Searle,1975/1998:317—347)。塞尔认为,意义最简单的情况是,说话者说出一个语句并且准确地、按词语本义地意谓他所说出的东西,而这仍然能够实现说话者的意图。但不是所有意义的情况都如此简单,大量事实都说明,说话者的表述意义与语句意义是以各种各样的方式分离着的,其中一类重要的情况是,说话者说出一个语句,意谓他所说出的东西,但同时还意谓更多的东西,或者意谓着另一种施事行为。例如说话者说出语句"你能够得着盐吗?",表达的可能不仅仅是一个问题,而同时也表达出了递盐的请求。如此,说话时不用祈使句,而用疑问句,同样能收到言语行为的效果。不使用原来的祈使句或典型的句型,而使用其他句型,特别是疑问句型来实施

言语行为,这就属于间接言语行为。又如"把门关上好吗"。英语中的"Would you like……"也是一个非常典型的间接言语行为表达。

塞尔举出了六类用于表达间接请求或命令的语句(Searle,1975/1998:323—326):

(1) 有关听话者完成行为 A 的能力的语句,例如:"你能再安静一点吗?"(Could you);"你能够得着架子顶上的那本书吗?"(Are you able)

(2) 有关说话者让听话者去做行为 A 的希望和要求的语句,例如:"如果你能帮我们一下,我将十分感激。"(I would/should be most grateful if you would/could)

(3) 有关听话者做行为 A 的语句,例如:"请你把脚从我脚上挪开好吗?"(Would you)

(4) 有关听话者做行为 A 的意愿的语句,例如:"你愿意为我写一份推荐信吗?"(Would you be willing)

(5) 涉及做行为 A 的理由的语句,例如:"你为什么不安静下来?"(Why don't you)

(6) 以上类型的某种混合,例如:"可以请您把帽子摘下来吗?"(Might I ask you)

间接言语行为与礼貌原则密切相关。我们在说话时不要把自己的意见强加给别人,要考虑对方能不能接受自己的意见。怎样才能符合礼貌原则的要求?有的时候需要使用委婉的方法。如汉语中的"好不好"是一种商量的语气,实际上,在说"好不好"时,一般来说是"好的"。如果预测到一件事很难办,言语活动参与者根本不会办这件事,就不会这样说话了。这样说话时主要并不是发出疑问,不是要求对方评论某件事,而是发出一种请求,这种请求就是一种间接言语行为,非常地委婉。间接言语行为在语用上很重要,涉及推理和语法化。它在语言发展史上经历了很长的时间才语法化。

11.2 会话含义和语用推理

1. 自然意义和非自然意义的区分

上个世纪60年代,美国哲学家格赖斯(Grice)曾在哈佛大学发表演讲,后来发表《逻辑与会话》(Grice,1975/1998)一文。跟奥斯汀一样,格赖斯的理论充分考虑了交际的因素,区别了意义的不同层面,提出了自然意义和非自然意义的区别。

自然意义是语言内的意义,是一种非交际的意义,可以从字面自然理解。如"Those spots meant measles"这句话里没有其他的意思;又如"干燥使木头出现裂纹"也没有别的意思。这些话语的意义只能"自然地"被理解。这是语言中非常典型、非常基本的一个层面。

非自然意义是语言外的意义,是交际的意义。非自然意义具有以下特征:S发出U,具有非自然意义,当且仅当:(1)S发出U,试图在H那里引起某种效果Z;(2)通过H认可S的意图而使S的愿望不折不扣地实现。(这里S代表说话人,H代表听话人,U代表话语,Z代表产生的效果。)

非自然意义理论在性质上是一种交际理论。这个理论跟奥斯汀的理论类似,它也认为人们说一句话时不但要考虑说话者的意图,还要认可这个意图,而且要实现说话者的愿望。任何交际过程都涉及交际意图,成功的交际取决于听话人对说话人交际意图的准确理解。这里涉及语用推理。如,我说"外面下雨了",在特定的语境里你应该能知道我说这句话的意图,比如你或者把窗户关上,或者把外面晾的衣服拿进来,这些都是非自然意义。

在格赖斯的研究里,非自然的意义,即有意图、有目的的信息交流内容,其分类如下所示(Levinson,1983:131;索振羽,2014:52):

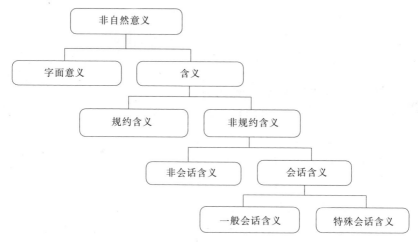

图 11-1 非自然意义的分类

所谓规约含义，由词语的常规意义决定。例如英语中 therefore，but，even 的使用，如"He is an English man; he is, therefore, brave"。所谓非会话含义，至今仍是疑问，格赖斯认为涉及美学的、社会的、伦理的等因素，如"要讲礼貌"（姜望琪，2003）。

这里主要讨论一般会话含义和特殊会话含义。所谓一般会话含义，是不需要依靠特殊语境就可以推导出来的。例如，"X went into a house yesterday and found a tortoise inside the front door"，对 tortoise 和 house，X 都没有领属关系，这是这句话的一个一般会话含义。虽然句义中没有明确表达出来，但可以推理出来，而这并不需要特殊语境。

格赖斯研究会话含义，主要研究的是依靠特殊语境才能推导出来的含义，即特殊会话含义。它关注的不是说话人说了些什么，而是说话人说这句话可能意味着什么。

2. 会话合作原则和会话含义的推导

格赖斯认为，会话必须遵守合作原则，他建立了合作原则的四条准则（中文翻译参考姜望琪，2003：60）：

一、量的准则（the maxim of quantity）

(1) Make your contribution as informative as is required (for the current purpose of the exchange).

使你的话语如（交谈的当前目的）所要求的那样信息充分。

(2) Do not make your contribution more informative than is required.

不要使你的话语比所要求的信息更充分。

二、质的准则(the maxim of quality)

Try to make your contribution one that is true.

设法使你的话语真实。

(1) Do not say what you believe to be false.

不要说自知虚假的话。

(2) Do not say that for which you lack adequate evidence.

不要说缺乏足够证据的话。

三、相关准则(the maxim of relevance)

Be relevant.

要有关联。

四、方式准则(the maxim of manner)

Be perspicuous.

要清晰。

(1) Avoid obscurity.

避免含混不清。

(2) Avoid ambiguity.

避免歧义。

(3) Be brief (avoid unnecessary prolixity).

要简短（避免不必要的冗长）。

(4) Be orderly.

要有序。

会话原则是说话时交际参与者共同遵守的一般原则，即在参与交谈时，要使你说的话符合你所参与的交谈的公认目的或方向。除了以上四条准则，可以再补充第五条准则，即"礼貌准则"(be polite)，说话要符合礼貌准则。

格赖斯巧妙地提出了解决会话含义问题的方法,即只要违反了合作原则,就会有会话含义的推导。下例是格赖斯所举"违反量的准则,但遵守质的准则"的实例。A 正与 B 商量去法国南部度假的旅行计划。B 知道 A 想去看他们的朋友 C,即使这样做了也不会太延长他们的旅程。A 问:C 住在哪里? B 答:法国南部的某个地方。从信息的真假方面看是完全对的,但从量的方面看是错的。B 违反了量的准则,即 A 要的信息 B 没有给,A 要的信息更具体,B 不仅要告诉 A 法国南部,还要告诉 A 是法国南部哪个地方,这样才能满足 A 的要求。B 的回答有别的意图。

在日常会话中利用会话准则,或借助某种像是修辞手段的东西嘲弄、故意违反某一种准则,是为了达到一种传递会话含义的目的。如格赖斯所举推荐信的例子很著名。一个学生想考哲学系的博士生,请教授给他写一封推荐信。这位教授在推荐信里只说了一件事,即"这个学生外语很好",没有再说其他事实。这位教授认为这个学生不适合考哲学系的博士生,但要顾忌面子,遵守了礼貌原则,也遵守了质的准则,但违反了量的准则,用这种办法诚实地说明了自己的意见。

还有一种例子,像"战争就是战争""女人就是女人""小孩就是小孩",违反了量的准则,传递出了另外一种非自然的意义。

违反质的准则也会推导出会话含义。如两个人约会,一方来得特别晚,一方嘲讽地说"你今天来得真早啊",这句话实际上是反语,通过违反质的准则传递了非自然的意义。比喻性的表达可以从这个角度理解,如说"梅西是外星人",但梅西不是外星人,这样就违反了质的准则,实际上是为了传递另外一种意思,即"梅西是绝顶的足球天才"。有的时候夸张的表达也如此,如"他们的心情一下子冲上了云霄",也是表达一种特别的意思,即他们心情极其兴奋。

违反相关准则也很常见,例如在朋友聚会时,张三想与李四谈论王五,说:"王五最近怎么样?"而李四回答张三说:"今天天气还不错。"张三会由此推导出李四不愿意谈论王五。

违反方式准则的例子,一种情况如"张三弄开了门,进了房间",这个表达不同于"张三开了门,进了房间",这里使用了"弄开"这一相对复杂的表达形式,意味着用一种非正常的手段打开。另一种情况,有的语境下,为了特殊的交际意图,话语语义含混不清,例如,甲、乙、丙三人同时在场,甲和乙是朋友,甲与乙对话要确认他们俩已约定好的某件事情,而又不想让乙知晓,于是甲说:"嗯,好的,没问题。"而乙回答说:"这样吧。"

总之,在表达时这几条准则都可以被嘲弄。礼貌原则也可以被违反,如果两个人发生言语冲突,有时会故意违反礼貌原则,比如说贬低对方,抬高自己。

会话含义具有以下几个特征(Grice,1975/1998:315—316):

(1)可取消性。用从句或用语境取消。例如"小丽有三件玩具",按照量的准则,可推导出"小丽只有三件玩具,不多也不少"。但如果附加上一个从句变成"如果爸爸没有给她买新玩具的话,小丽有三件玩具",就不能推导出"小丽只有三件玩具"的含义了。在特殊语境中也可以取消会话含义,例如,小丽所在的幼儿园规定,有三件及三件以上玩具的小孩,不再发新的玩具,小丽本来有五件玩具,这种情况下说出"小丽有三件玩具,不能再得到新的玩具了",就不会有"小丽只有三件玩具,不多也不少"这样的会话含义了。

(2)不可分离性。与语境、背景知识和约定的知识密切相关;用另一种方式来表达其他方面相同但含义不同是不可能的。例如,"这个院子真够大的"可表达反语的意思,含义为"太小了",而如果替换为近似同义的表达,也不能消除反语的含义,例如"这个院子真够宏伟的",仍然可以表达出"太小了"的含义。

(3)非规约性。在最初,会话含义不是它所依附的表达式的意义的组成部分。例如"那个人是墙头草",其中"墙头草"这种表达已有固定的含义,"墙头草"最初并无"随意改变立场的人"这样的含义。

(4)会话含义由述说行为承载,不需要所说出的东西为真。例如甲句"那位球星曾获得过进球机会",会有乙句"那位球星曾获得过进球机会,但没有进球"这样的含义,甲句为真,乙句也为真。如果那位球星进了球,而说话者仍然说甲句,他就违反了量的准则,未提供足量信息。如此,甲句为假,但是,因为乙句意义是从甲句意义推导出来的,所以,乙句仍为真。

(5)不确定性。会话含义存在各种各样可能的解释。例如,"张三是个工作狂"随语境不同而有不同的含义,比如可以是正面的,也可以是负面的。

也有的研究强调会话含义的可推导性,即听话人可根据字面意义与合作原则,参考语境信息,推导出话语的含义来。听话人具体依据什么推导会话含义?格赖斯认为需要依据以下五个方面:一、所使用的语词的约定意义和可能包含在内的任何指称对象;二、合作原则及其准则;三、话语的(语言的或非语言的)上下文背景;四、背景知识的其他方面;五、前面四项的所有事实对两个参与者都是有效的,并且他们都知道或假定这是事实。

格赖斯还提出了会话含义的推理模型,这是语用推理研究领域的一项经典成果。由 Levinson 整理后的推理步骤如下(Levinson,1983:113-114;索振羽,2014:67):

说话人 S 说的话语具有会话含义 Q,当且仅当:
(i) S 说了 P;
(ii) 没有理由认为 S 不遵守各项会话准则,或至少 S 得遵守合作原则;
(iii) S 说 P 而又遵守会话准则或合作原则,因此,S 必定要想表达 Q;
(iv) 如果 S 是合作的,S 必定知道被假设的 Q 是交谈双方的共知;
(v) S 没有采取任何行动阻止听话人作 Q 的理解;
(vi) 因此,S 要听话人作 Q 的理解,即说 P 的含义是 Q。

例如"梅西是外星人"为命题 P,而"梅西是绝顶的足球天才"为命题 Q,就可以套用上述模型对"梅西是外星人"这句话的会话含义进行推导。这里比较有意思的地方是,我们说话时根本没有这么长的时间来推理,但我们确实是这样说话的,这就是一种语言能力,也是一种交际能力。如果没有交际能力,人就听不懂,人机对话里机器就更听不懂了,所以语言能力必须包括交际能力。在具体交际中,如果说"外面下雨了",会话含义听不出来可能会很麻烦。很多话都是这样的。

参考文献:

顾曰国,2010,《顾曰国语言学海外自选集》,北京:外语教学与研究出版社。

姜望琪,2003,《当代语用学》,北京:北京大学出版社。

索振羽,2014,《语用学教程》(第二版),北京:北京大学出版社。

张绍杰,2001,*Expression and Meaning: Studies in the Theory of Speech Acts* 导读,北京:外语教学与研究出版社。

Austin, J. L., 2002, *How to Do Things with Words*. 北京:外语教学与研究出版社。

Brown, P. & S. Levinson, 1978, *Universals in Language Usage: Politeness Phenomena*. Cambridge: Cambridge University Press.

Grice, P., 1975, Logic and Conversation. In Cole, P. & J. L. Morgan (eds.) *Syntax and Semantics*, Vol. 3: *Speech acts*. 1998,逻辑和会话,杨音莱译,载马蒂尼奇 A. P. 编《语言哲学》,北京:商务印书馆。

Horn, L. R., 1984, Toward a New Taxonomy for Pragmatic Inference: Q-based and R-based Implicature. In Schiffrin, D. (ed.) *Meaning, Form, and Use in Context*. Washington, DC: Georgetown University Press.

Leech, N. G., 1983, *Principles of Pragmatics*. London and New York: Longman.

Levinson, S. C., 1983, *Pragmatics*. Cambridge: Cambridge University Press.

Levinson, S. C., 2000, *Presumptive Meanings: The Theory of Generalized Conversational Implicature*. Cambridge: The MIT Press.

Searle, J. R., 1975, Indirect Speech Act. In Cole, P. & J. L. Morgan (eds.) *Syntax and Semantics*, Vol. 3: *Speech Acts*. 1998,间接言语行为,杨音莱译,载马蒂尼奇 A. P. 编《语言哲学》,北京:商务印书馆。

Searle, J. R., 2001, *Expression and Meaning: Studies in the Theory of Speech Acts*. 北京:外语教学与研究出版社。

Sperber, D. & D. Wilson, 2001, *Relevance: Communication and Cognition*. 外语教学与研究出版社/布莱克韦尔出版社。

Yan Huang, 2014, *Pragmatics*. Oxford: Oxford University Press.

第十二讲 语气的语义分析

12.1 语气和语气的主要类型
12.2 对主要语气类型的分析
12.3 对次要语气类型的分析

12.1 语气和语气的主要类型

前面讲的是篇章语义里跟语用关系比较密切的两个问题,即言语行为和会话含义。本讲在前面的基础上讨论一下语气和语气体系的问题。语气和语气体系跟言语行为和会话含义有很大的关系,与说话人和听话人的交际互动也有非常密切的关系。这是我们研究语气的一个重要的角度。以往的研究对情态和语气多有混同,这里试着把二者分开,试着把它们变成既有关联、又确实有区别的两个问题。语气的传统定义是指语句表达的说话人的态度或情绪,特别是情绪。

王力、吕叔湘和高名凯对语气的研究里都有分层级的观念。传统上我们在学习印欧语言时主要掌握了五种语气:陈述语气、祈使语气、疑问语气、感叹语气和虚拟语气。从今天的研究来看,这五种语气实际上是语气研究中的大类,还会有一些小类的情况。

王力区分两个层面的语气,一是由语气助词表达的,分为十二个小类(王力,1945:215-228),即决定、表明、夸张、疑问、反诘(由语气助词表达的)、假设、揣测、祈使、催促、忍受、不平和论理;二是由语气副词表达的,分为八个小类(王力,1945:229-237),即诧异、不满、轻说、顿挫、重说、辩驳、慷慨和反诘(由语气副词表达的)。

吕叔湘(1944:258)设立广义语气,然后再分层级,包括语意、狭义语气和语势三个方面。语意里又分正反和虚实。狭义语气又区分为三个方面:与认识有关的,如直陈和疑问;与行动有关的,如商量和祈使;与感情有关的,如感叹和惊讶。与认识有关的跟今天讲的情态相交叉。在语势方面又分轻重和缓急。

高名凯(1948:483—618)从句型研究的角度区分了否定命题、询问命题、疑惑命题、命令命题和感叹命题,特别区分了疑惑和询问,而疑惑又分为传疑和反诘,在命令里区分了强制命令和非强制命令。

语气涉及语境中说话人和听话人的互动,这是语气的本质。所以,我们采纳当代对语气的定义(叶蜚声、徐通锵,2010):语气是表达句子的言语交际作用的范畴,传达说话者的主观交际互动要求。西方的学者如 Lyons,上个世纪 70 年代就从语义和交际的角度来看待语气问题了。语气和语言交际的礼貌原则关系特别密切。前面讲过格赖斯建立的会话原则的四条准则,在今天的研究里有学者认为还有一条,即说话时要符合礼貌原则。语气很多情况下跟礼貌有关系,但这方面的问题讨论得还不够。

在东方的语言里,特别是中、日、韩语言,语气是非常重要的,其丰富性、复杂性和细腻程度远远超过西方语言。日语和韩语里有敬语,敬语很大程度上跟语气相关。汉语自古至今就有句末语气词,如上古汉语里的"也、哉、矣"等;现代汉语里也有复杂的语气系统。西方语言的语气表达比较简单,可能与其副词的形式、语气词的形式有关系。

语气范畴的表达主要依靠句型和虚词,如疑问句型、祈使句型、感叹句型等,陈述句型也能表达语气,但不太明显;语气助词如汉语的"吗、吧、呢"等、日语助词 dalo;语气副词如"竟然、偏、简直"等。

在语气系统研究还不够充分的情况下,我们参考王力的研究,尝试着把语气分为主要的语气和次要的语气。主要语气包括:陈述语气、疑问语气、祈使语气和感叹语气;次要语气包括:夸张语气、假设语气、虚拟语气、揣测语气、催促语气、忍受语气、不平语气、论理语气、诧异语气、不满语气、轻说语气、重说语气和顿挫语气。

下面分别具体介绍。

12.2　对主要语气类型的分析

1. 陈述语气

陈述语气用于说话者向听话者传递信息,它可能会影响到听话者的行为。一般的陈述并不涉及肯定和否定,或者说并不涉及特别的肯定和否定。只有加一些特定的副词,如"真、真的、确实、实在",才能成为典型的肯定。如"他确实是老师""今天实在是冷""现在真的是冬天了",这样的一组句子表达的是典型的肯定。"他确实是老师"有一个预设,只有在假定其他人对"他是老师"这个事实有疑问时才会这么说,这是加强了的肯定语气。

否定主要有两类:一类是指反,汉语用"不"表示,如"他不是老师"表示与"他是老师"是相反的;一类是述无,汉语用"没"和"没有"表示,如"他没有去"表示"他去"的情况是不存在的。指反类往往能反映说话人的主观意志。"我不去"跟"我没去"这两句话差别很大:"我不去"有说话人比较强的主观意志,"我没去"没有表达说话人的主观意志。

在交际互动时,如果采用否定表达的话,会碰到什么问题?一般的指反不会涉及交际后果,但在表达出自己意愿的情况下,也要看对方。如果对方让你说,你说"我不说",就会有很大的问题。表达相反的意志,有的时候会导致非常严重的后果。说"不"有时在交际上要冒一定的风险,因为违反了听话人的意志。主观意愿还涉及另一个语义范畴,即人称。语用上,第一人称和非第一人称的对立非常重要。如果说"我不去",即第一人称和指反搭配时,能够表达说话人的意志;如果说"他不去",表达的不是说话人的意志,而是第三人称"他"的意志,主观性就弱了,因为不涉及听说双方的直接互动关系。但第三人称有时也会有互动,如"他是冤枉的,他不是小偷",意思可能是"你把他放了吧"。

王力将陈述语气进一步分析为两种:表明语气和决定语气。

表明语气用"的"来表达。一种情况是说明原因,如"刚才是我不小心把瓶子碰翻的"。"的"虽然参与焦点标记的构成,但出现在句末时同样有表明语气的作用。在这种情况下,是说瓶子碰翻的原因是我不小心。第二种情况是解释真相,辨明是非,如"他本来是愿意去的",加一个语气副词"本来",情况就复杂了,涉及说话人和听话人互动时的一个预设,在说话者预设听话者认为"他一直不愿意去"的情况下才会这么说。说话者阐明,虽然现在的情况是他不愿意去,但他最初的想法是愿意去的。一个看似简单的陈述语气并不简单,"的"是对原因、真相的解释,跟说话者、听话者的互动有关系。

决定语气用"了"来表达,这个"了"跟完成体的"了"不一样,是两个不同的词,表完成体的为"了$_1$",表决定语气的为"了$_2$"。这里"了$_2$"的作用在于是认(确认的意思)某一境况已成定局,同时根据境况之不同而带有感慨、惋惜、欣幸、羡慕、热望、威吓等类情绪。这种语气跟感叹语气有点交叉,但又不一样,它可能是一种比较弱的感慨,如"他们到达终点了";可能表示一种羡慕,如"他通过考试了";可能表示一种威吓,如妈妈说"我走了"吓唬小孩。语气在一定程度上跟时、体都有关系,例如跟完成体有关系。"了$_2$"可以"是认某一境况已成定局",同时,也可以表达一种新情况的出现,它兼具这两种功能。这些是外国人学汉语最难的地方,外国人会使用陈述语气,但经常不会使用语气词。按照陆志韦先生的说法,外国人说汉语经常把句子的尾巴砍掉,因为语气的确很难掌握。

在陈述语气里要考虑到语义层次的问题,一个基本层次是指说话人陈述一个事实,如陈述"我是总裁"这个事实;如果超越这个层次,在具体语境中可以表达某种互动的要求,如"我是总裁"也可以表示下达命令,意思是你必须听我的话。但是,陈述语气对受话者的影响一般是比较弱的。可以与祈使语气和疑问语气对比：疑问语气的要求是很强烈的，受话者必须做出回答或选择；祈使语气要求受话者必须做出相应的行动。陈述语气表示语气时是无标记的，不像疑问语气、祈使语气和虚拟语气那样，要用一定的语言形式来表达语义和语用关系。在无标记的情况下，陈述句必须依赖一定的语境，才能表达出比较强的、要求互动的语气。

2. 疑问语气

疑问语气表示说话者向受话者询问信息或表达疑惑，要求受话者回答或做出某种选择，要求得到信息。高名凯区别了询问和疑惑，这种区别非常重要。询问要求受话者回答这个询问，表达疑惑并不要求如此，受话者可以不理会，可以不做回答。

有几种不同的询问办法，从句型上来说有特指问句、选择问句、是非问句。特指问句是说话者要求听话者对他的询问做出明确的回答，如"谁是爱因斯坦？""什么是相对论？"都涉及一个个体的集合，存在若干选择，要求听话者帮说话者在这个集合中指认出某一个成员。"谁"和"什么"是关于名物的特指。也可以是关于动作的特指，如"怎样才能读懂爱因斯坦？"，"怎样"是对方式的询问，涉及动作和事件，也要求听话者做出回答。

选择问句跟特指问句的情况是不一样的，它要求在一个固定的集合里做出选择，如"你要茶、咖啡还是果汁？"，要求说话人在给定的"茶、咖啡、果汁"中进行选择。

在选择问句里，有的语气比较弱，比较有礼貌，有的语气不那么有礼貌，是强加性的。如爸爸让小孩一定要写作业，小孩不去写，爸爸说"你写不写？"，这不是简单地让对方选择，而是涉及听话人符不符合说话人的意志。"你写不写？""你说不说？"在一定语境下表达一种强烈的意志，这种意志往往是强加的，强迫听话人做出肯定选择。

是非问句要求回答"是"或者"不是"。如"你是不是老师？"，"是"是一种情况，"不是"是一种情况，要求听话者来选。还有一种情况是加"吗"，然后对"是"和"非"进行选择，如"你是老师吗？"。

从经济性的角度来说,加一个"吗"比较简单。如果用选择的办法来表达,会涉及疑问的语调,加"吗"也会涉及语调,但比较有意思的是,汉语当中这两种情况并存。

疑惑表达的是质疑。如"这道题很难吗?"有一个预设是说话者认为这道题不难,不要求听话者回答,而是对听话者提出疑惑:一方面是质疑,另一方面是要传达说话者的不明白。汉语中还是用"吗",那么,听话人怎样和表示询问的"吗"区分呢?一方面要根据语境,另一方面要根据语气。如果语音加重,往往能传递出比较明显的疑惑。疑惑与反诘也不同,反诘语气更强烈,如"你们难道不知道这条法律吗?",而疑惑的语气比较弱。汉语中有特别的语气副词,如"岂""难道"和"为何"来表示反诘语气。

3. 祈使语气

祈使语气表示说话者要受话者做或不做某事,一种是强制性的,一种是非强制性的。这里参考了高名凯的研究。强制性祈使语气是一种权威的命令,语气非常强,如"禁止通过""闲人勿进"。非强制性祈使语气稍微客气一些,如请人关门时说"关上门吧""请把门关上好吗?"。强制性和非强制性与说话者和听话者之间的相对社会关系有关。发布强制性命令的主体应该有权威性,是上级或长辈。但上级发布命令时不见得使用权威,也可以发布非强制性命令。社会地位稍微低一点的主体,一般不能发布强制性命令,只能用客气的办法:一种是请求,一种是劝告。如"那里很乱,请你别到那里去了"是一种劝告。光秃秃的表达在语言中往往都是强语气的,例如"滚"和"滚吧"是不一样的:"滚吧"稍微客气一点,"滚"语气是非常强的。

要注意的还有祈使句的语法构造。据袁毓林的研究(1993),出现在祈使句的动词在语义上都是可控的或自主的。如"走吧""关上门吧",在说这些话时,说话人认为听话人可以自主、有控制地发出这些动作。

汉语的祈使句不用主语。乔姆斯基上个世纪60年代的转换生成语法认为祈使句原来是有主语的,后来经过一条"删除"(delete)

规则,把主语删掉了。祈使句为什么要把主语删掉?这既是句法的问题,也是语用的问题。因为在用祈使句时一定是跟听得见这句话的人讲话,一般来说,听说双方是同时在言谈现场的,这种情况下可以把主语删掉。

4. 感叹语气

感叹语气表示说话者向受话者表达对事物的感慨、惊异、应答和关注等,感情色彩强烈。高名凯(1948/1986:584-618)从"表情的语法"观念出发探讨了感叹语气,认为感叹包括一切感情的表达,除了"心中不平之声"和垂头丧气的"叹息"外,快乐的情感和恐惧的情感也由感叹来表达。高名凯指出了以下七种感叹表达法:(1)有语调的变化,例如"四声"的变化,盛怒之下的"来!"中"来"由本调阳平变成像是去声调的样子;(2)词或短语的重叠,例如"好!好!""不要! 不要!";(3)词序的颠倒,例如"有出息,那孩子!";(4)语法意义的代替,说话人用另外的语法意义来代替其心目中要表达的,特别是在代词使用方面,例如,说话人对听话人讲述对"他"的意见,"我才犯不上和你置气哪!"以"你"代"他"更凸显盛怒之情;(5)感叹词的应用,汉语口语中常使用的有"啊、呵、呀、哩、呢、哇、哪、啦、咧";(6)其他句型的借用,可以借用疑问句型、祈使句型或表示怀疑的句型来表达感叹,例如"您息怒! 您息怒!"是祈使句的形式,但同时可以表达感叹义;(7)呼句形式,表达呼唤时,可以语调变重,表达出浓厚的情绪,例如"祖国啊,母亲!"。以上第(6)种情况说明,不同语气可以在同一句型中得到同时的表达。

汉语中感叹语气主要由感叹词来表达,感叹词从不与别的语法单位组合,无论在句前还是句后,它的前后需要有停顿。高名凯对汉语感叹词所表达的感情或情绪的类型做出了初步的说明和概括,我们参考并补充一些《现代汉语词典》(第6版)的相关资料,整理为下表:

表 12-1　汉语感叹词的情感表达功能

情感大类	情感小类	感叹词
惊愕	痛苦	啊哟/哎哟
	惋惜	哎哟/哎呀
	惊异	啊(1;4)/噢(1)/呀(1)/咳/嘿/哟(轻微)/噫(1)/咦/啊(3)
	惊疑	
	惊讶	欸(2)/哎/嗳(1)/哎呀/哎哟/嚯(huo1、4/o3)/噢(2;3重)/嚄
	疑问	嗯(ng/n2)/唔(ng/n2)/啊(2)
	出乎意料	嗯(ng/n3)
	惊叹	嘻(书)
	将信将疑	哦(2)
喜悦	得意	哈/嘿
	满意	哈
嘲笑	嬉笑	嘻
	谑笑	嗐
	冷嘲	嘿
示叹	叹息	唉(1)/哎/噫(1 书)
	赞叹	啊(4)/噢(1)
	伤叹	唉(4)/嗐(4)
	痛叹	咳
	感叹	呃
	惋惜	唉(4)/嗐(4)
	悔叹	嗳(4)/嗐(4)/咳
示怒	懊恼	嗳(4)
	愤怒	呕
	唾弃斥责	呸/啐
	辱骂	啐
示厌	厌恶	哼
	厌腻	咦
	厌斥	嗐
关注	提醒	哎/呃
	注意	嘿
	关切	喂
	招呼	欸(1)/嘿/嗨/喂

续表

情感大类	情感小类	感叹词
应答	应诺	啊(4 音较短)
	答应	欸(4)/唉(1)/嗯(ng/n4)
明悟	明白	啊(4 音较长)
	了解	噢/喔
	领悟	哦(4)
	醒悟	噢(1;4)
示怨	不满	哎/哼/吓
	埋怨	哎呀
	不耐烦	哎呀
	为难	哎呀
	不相信	哼
禁阻	禁止	哗
	制止驱逐	嘘(xu1/shi1)
协调鼓劲	协调鼓劲	嗨哟/哼唷
示否	不同意	欸(3)/嗳(3)
	否定	嗳(3)
同意	同意	欸(4)

注:表中数字指声调;ng/n 表示两个鼻音均可;"书"指用于书面语;"重"指语气较重;"轻微"指发音轻微;"嘘""嘘"两例不同的音节形式均可。

12.3 对次要语气类型的分析

下面谈一些次要的语气,是王力在《中国语法理论》里谈到的一些语气,我们加入虚拟语气。这些语气还有进一步归纳和合并的必要,但现在的研究水平还做不到,所以这里只罗列介绍。这些语气有的是用语气助词来表达的,有的是用语气副词来表达的。

夸张语气,表达的是说话者对事情的夸大或言过其实的情绪,用助词"呢"和"罢了"来表达。从夸张的量来说,这两个助词正好相反:"呢"是往大的方面夸张,"罢了"是往小的方面夸张。从语感上来说,如果用"呢",夸张的意味比较明显,如"他呀,他是北大学生呢",是对"他"身份的看高。虽然把这种语气看作夸张,但真实感还是比较强的。"呢"反映的是说话人自己的情绪,与说话者的主观评价有关系,表达的主观量是较高的,会反映出说话者的主观量级。"呢"常和表示高级的"过""达"和"上"等词语共现,如"这家公司可大了,员工上万人呢"。往小里夸张王力讲得比较简单,古代汉语的"耳""罢了"有看小、看低的意味。"耳"会有预设,即有人对某一对象评价可能比较高,而说话者认为这没什么,如"狼仅一畜生耳"。这里真实感更强一些。这种表达涉及一些表达量级的句式结构,也涉及与一些词语的搭配,如"不过"和"仅"的使用。对夸张语气的命名大家可能会有一些意见,但这种语气确实存在,它涉及评价的高低。

假设语气,也会涉及句式以及与其他词语的搭配,如跟"如果""要是"的搭配。汉语(特别是在口语中)不用这些虚词也能把假设语气表达出来。"明天要是下雨呢?"和"明天下雨呢?"这两句话都可以表达假设语气,二者的区别在于前者比后者语气更强一些。假设语气在说话者和听话者的关系方面有什么表现?实际上,有时假设语气要求听话者做出明显的响应。如"明天要是下雨呢?"要求听话者一定要表达自己的态度。假设语气可以是对现在事实的假设,如"要是现在有辆车就好了,我们可以快些赶到那里";也可以是对未来事实的假设,如"要是他明天不来,我会给你打电话";还可以是对过去事实的假设,如"要是我那时候认识他就好了"。对过去事实的假设跟虚拟语气有交叉。

虚拟语气,印欧语里有关于虚拟语气的非常复杂的编码,特别表现在动词上,如英语中的助动词。虚拟语气一般是说话者告知受话者相关的想象和不现实的情况。另外,虚拟语气还有强烈的委婉意味,特别是过去完成时。英语中 shall—should, will—would, can—could 这样一套现在时和过去时的对立中,过去时是表达委婉语气的手段,所以在小心翼翼地说话时用 would you, could you。虚拟语气在英语中可以与各种时间相配。汉语中虚拟语气的表达是隐性的,用特别的假设来表达虚拟语气,如"如果我是你就好了"。

揣测语气，用语气词"吧（罢）"来表达，如"他明天会来吧"。揣测是一种猜测，其语义上的特点是不确定。有时说话人内心已经确定，但仍用一种不确定的语气来表达，这一方面是为说话人自己着想，另一方面是为听话人着想。这是一种语言交际的智慧。揣测语气跟前面讲过的表示决定的语气（用"了"表达）正好相反。它跟疑问有交叉的地方，如现代汉语里"吧"可以表示疑问语气，也可以表示揣测语气。

催促语气，用语气词"啊"（包括其变音形式"呀""哇""哪"）来表达。"过来"和"过来啊"不一样，加上"啊"有催促的意思。再如王力的例子"姑娘，喝水呀""走哇，姐姐"。对于"喝水呀"和"走哇"这样的例子，王力指出，这只是祈使句加一个"啊"字以加重语势。催促跟祈使是有关联的，如果祈使上加"啊"，就变成了一个催促性的祈使。如"关上门"和"关上门啊"是不一样的，后者有催促的语气，但实际上它的内核是祈使，即在祈使之上再加一层，就是催促。从这个角度来说，催促一定是祈使。

忍受语气，用"也罢、罢了、也好、算了（吧）"来表达。王力指出，忍受语气有两种情况：一种情况表示不满意，同时又表示让步，使用"也罢"或"罢了"；另一种情况表示勉强或放任。第一种情况现代汉语的例子如"罢了/也罢，我还是不去了"，说这句话时，意味着因无奈而放弃或让步。现代汉语里相关的表达还有"也好"，如"这样做也好"，也可以单说"也好"。"算了（吧）"也可以表达忍受语气，较为口语化。第二种情况王力引《红楼梦》的例子，如"要踢要打凭爷去"，"去"表示勉强或放任的语气。现代汉语可以使用"由……去吧"这样的格式来表达，如"他爱玩，不喜欢读书，就由他去吧"。

不平语气，用"么（吗）"表达，表示愤恨不平或不耐烦。发音上有的时候"么"和"吗"都可以，"么"稍微弱一点，"吗"稍微强一点。如"付出了劳动难道不应该得到报酬吗？"，"吗"语气较强。

论理语气，提醒对方应该明白的道理，常用"啊"（包括其变音形式"呀""哇""哪"）来表达。王力的例子："黛玉笑道：'原是啊'""我不叫你去也难哪"。补充一个例子："咱们做事情不能不讲理啊!"

诧异语气,用"只"和"竟"表达,表示对一件事很奇怪、惊诧。如王力的例子"只听咯吱一声"。"竟"表示出乎意料,现在也用"竟然",如"他一百米竟然跑了十秒"。

不满语气,用"偏"来表达,往往表示说话者对所表达的事情不满意,如"我真的不希望他来,他偏要来",即表示一种不满或厌恶的语气。跟人称语义也有关系,第一人称和"偏"搭配表示说话人对听话人的不满,如"你不让我来,我偏来"是说话人跟听话人的对抗,是对听话人的不满。

轻说语气,用"倒、却、可、敢"来表达。所谓轻说,就是把叙述描写或判断的力量减轻些,表示不是斩钉截铁的说法。王力认为,这种语气与重说语气相反,总不肯把话说到极点。"倒"和"却"有一种退一步说的意思,如"他倒是不担心""他却不担心"。从语法化的角度来说,"倒"和"却"都跟转折语气有关,即本来的路线是往前走的,到这儿突然转了,不再往前走,而是后退,语义上引申为退一步说。"可"往往跟"堪"结合为"可堪",如宋词"可堪孤馆闭春寒",现代汉语中很少用了。"敢"一般在古代汉语和近代汉语中用。

重说语气,这种语气是要把话说到极点或毫无疑义的地步,用"又、并、都、就、简直"表达。分三类:"又""并"为一类,用于否定,例如"我并不否认这一点";"就"用于肯定,例如"他就愿意这样做";"都""简直"既可以用于肯定,也可以用于否定,肯定的例如"小王简直神了,五分钟就解决了这个难题",否定的例如"那简直不是汽车,是火箭"。

顿挫语气,用"也、还、到底"来表达。顿挫是指说话不直来直去,有一种波折的意思。如"我也不要这老命了",好像隐含着另外一个人,"我"跟他并列,即"别人不要这老命,我也不要这老命了","我"跟别人趋同。又如"我还劝他收下了",好像隐含着别的并列的事情。再如"他到底还是研究生,能够解这道题"。

在王力的语气方案中,还说明了反诘语气、辩驳语气和慷慨语气等,大家可以进一步参考。

参考文献：

高名凯,1948/1986,《汉语语法论》,北京:商务印书馆。
贺　阳,1992,试论汉语书面语的语气系统,《中国人民大学学报》,第5期。
陆俭明,1984,现代汉语里的疑问语气词,见《陆俭明自选集》,1993,郑州:河南教育出版社。
吕叔湘,1944/1983,《中国文法要略》,北京:商务印书馆。
吕叔湘,1985,疑问·否定·肯定,《中国语文》,第4期。
齐沪扬,2002,《语气词与语气系统》,合肥:安徽教育出版社。
王　力,1945,《中国语法理论》,见《王力文集》第一卷,1984,济南:山东教育出版社。
叶蜚声,徐通锵,2010,《语言学纲要》(修订版),王洪君,李娟修订,北京:北京大学出版社。
叶斯柏森 O.,1924,《语法哲学》,何勇等译,1988,北京:语文出版社。
袁毓林,1993,《现代汉语祈使句研究》,北京:北京大学出版社。
朱德熙,1982,《语法讲义》,北京:商务印书馆。

Palmer, F. R., 1986, *Mood and Modality*. Cambridge: Cambridge University Press.

第十三讲　语义演变和语法化

13.1　关于语义演变
13.2　语法化的一般原则
13.3　语法化和语义演变的规律性
13.4　一些著名的语法化规则
13.5　汉语语义演变的一个实例分析

13.1　关于语义演变

语义研究一方面要考虑语义的共时结构规律,另一方面要考虑语义的历时演变规律,所以,语义演变是语义研究的一个非常重要的方面。在以往的研究中,语义学专著或教材对语义演变讲得不多。传统的历史语言学也研究语义演变,但存在很多问题。很多学者认为语义演变是杂乱无章、没有规律的,所以在历史比较语言学中,语义的演变不是重要的研究领域。历史语言学的研究重心还是历史音韵学,如讲述格里姆定律、探索语音演变的原因等,而不是语义问题。最近几十年,语义演变的研究有了长足的进步,特别是语法化研究有了很大的进展,它可以帮助我们重新审视什么是语义演变。

传统的语义演变研究关注引申。引申的结果常见的有三种:扩大、缩小和转移。如中古英语 doggy 的指称范围是很窄的,指一种特别的狗,变成了现代英语里的 dog,指各种狗,是语义扩大;相反的是语义缩小,如 meat 在古英语中指食物,指称范围非常大,可以包括肉类和非肉类,今天的英语中 meat 只能指食用的肉类;而转移的例子如现代英语 cheek 指面颊,而相应古英语的形式原指颚和牙床,这里因为空间邻近而发生了语义转移。还有其他的,如褒义化、贬义化。

另外,词汇语义场跟语义演变关系密切,在相关的词汇语义场里观察若干关联词语义功能的变化,从语义演变的角度来说也很重要。布龙菲尔德(1933/1985:532)曾举过一个经典例子,即英语中 food, meat, flesh 这三个词在相关的词汇语义场里的语义演变,如下表所示:

表 13-1　英语 food, meat, flesh 的语义演变

	阶段一	阶段二	阶段三
营养	food	food	food
食物	meat	meat	food
兽体可供食用部分	flesh	meat	meat
兽体肌肉部分	flesh	flesh	flesh

在最初的阶段,food 指营养,meat 指食物,flesh 指兽体可供食用部分,也指兽体肌肉部分;到了第二阶段,发生了变化,这一关联的语义场内部重新划分了指称范围:food 还是指营养,但 meat 扩大了指称范围,不仅可以指食物,还可以指兽体可供食用部分,挤占了 flesh 的地盘,flesh 缩小了自己的语义指称范围,只指兽体肌肉部分;演变到了第三阶段,food 扩大了自己的语义指称范围,既指营养,也指食物,挤占了 meat 的地盘,meat 相对第二阶段就缩小了自己的指称范围,专门指兽体可供食用部分。

在相关词汇语义场里考虑相关联的词之间的制衡关系以及它们之间的演变情况,实际上是传统的语义研究中的精华。这样的研究固然重要,但还是局限于词的指称范围,跟组合的关系不大。所以,从语义演变的角度来说,这样的研究是非常狭隘的。

今天的语义演变的研究范围大大扩大,不限于词义的指称,而是比较多地考虑语义演变与句法组合以及句法结构的变化的关系、语义演变的一般机制以及和语用的关系。今天的研究中,语言学家找到了一个很好的研究视角,即语法化。在语法化的大背景下,我们一起来了解一下:语义演变有没有方向;语义演变的一般

机制是什么;语义演变和语法演变是什么关系。这样的问题刚刚开始探讨,很多意见是初步的、不成熟的,但也确实取得了很多成果。

13.2 语法化的一般原则

法国著名的历史比较语言学家梅耶(Meillet)20世纪初提出了语法化的概念。梅耶主要提出两个方面:一个是类推,在语法演变中非常重要;一个是语法化,指实词的实在意义怎样变成抽象的意义。关于语法化,不同的学者有不同的定义。这里我们主要参照吴福祥(2005)的定义,略微做了一些改动。语法化指的是语法范畴和语法成分产生和形成的过程或现象。典型的语法化现象是语言中意义实在的词语或结构式变成无实在意义、仅表语法功能的抽象的语法成分。汉语很早就有实字和虚字的问题,叫实词虚化。但汉语的实词虚化跟西方的语法化差别非常大。

历史语言学家 Lehmann(1992)指出,语法化过程有如下一些"伴随特点"(concomitant):(1)范例化(paradigmatization),即语法化的形式有被组织进范例的倾向;(2)强制化(obligatorification),即可选择的形式有被强制使用的倾向;(3)缩略(condensation),即形式的缩短;(4)接合(coalescence),即与邻接的形式接合起来,如汉语语法中的"儿化","儿"音可以与前面的成分结合乃至融合;(5)固定化(fixation),即自由的线性序列固定下来,如"把"字句有特定的语法结构。

在今天的研究中,西方语言学家提出了以下一些重要的语法化一般原则(Heine,2003:588—592):

第一,并存原则,指的是层叠(layering)。当新层出现的时候,语言使用的旧层未必被废弃,因此就可能彼此共存,并相互影响。如现代汉语没有宾语前置,但这种结构可以存在于成语、惯用结构里。再如关于处置义的研究中,不止"把"表示处置,"将"也可以表示处置,上古汉语里"以"也可以表示处置,今天"把"字占了主流,有的时候"将"和"以"还在使用。并存原则是语法化首要的原则,它使得语言里有了不同的层面。

第二,歧变原则,或者说分化(divergence)原则。当一个形式经历了语法化并且其原始形式仍然作为一个独立成分在使用时,语法化的和未语法化的形式就会同时共存。分化指一个形式在一个系统里表示不同的功能,这两种或几种功能共存。如湖南岳阳话"我把钱把你",第二个"把"是原来的形式,第一个"把"已经语法化。现代汉语普通话的"在",在不同的句子中其语法化程度有差别,如"我在房间里呢"和"我在看电视呢"中的"在"是两个不同的"在",二者处于不同的语法化阶段,后者的语法化程度高一些。

第三,择一原则,即专门化(specialization)。随着语法化的进行,形式选择的多样性在逐渐减少,一个逐渐缩小的范围内的形式会承担较为普遍的(语法)意义。如果我们的社团或语言自组织系统选择了某一个语法化形式,那么慢慢地它就开始专门化了。例如,现代汉语的"把"最初并不表示处置,它作为处置标记是从唐代开始慢慢发展来的。中古汉语中"将、把、持、执、握、操"都有实义"手持"。近代汉语以来"将"和"把"都可以表示抽象的处置义,今天"将"也少用了,多用"把"。现代汉语中的"把"基本上专门化了,虽也还有并存形式,如"那个人把着门呢"中的"把"还有实义,但这两个"把"的功能表现完全不成比例,表示处置义的"把"使用频率极高,特别是在书面汉语里。

第四,保持(persistence)原则。一个经历语法化的语言项目,其早期意义的一些痕迹可能会留存于该项目呈语法分布的形式之中。例如"把",早期表"把控"的实义用法在现代汉语中还留存着,其句法分布形式有别于表处置义的"把"。

这些原则中,最重要的是层叠原则和专门化原则。除此以外,还有其他一些原则:

第五,降类原则,即某一个成员原来属于一个比较重要的或比较大的语法类,语法化之后属于一个次要的或小的语法类。如动词是一个很大的、重要的词类,介词是一个小的、次要的词类,"把"从表示"持、握"的动词语法化为表处置的介词,就体现了降类原则。

第六,滞后原则,指形式的变化滞后于语义的变化,即某一个成分的语义先发生变化,慢慢地它的语音形式或词形再发生变化。如现代汉语体助词"了"(le)的来源,跟完成类的动词"了"(liǎo)有关系,历史上不是形式先发生变化,然后动词"了"再变成助词"了",一般来说是语义先变,形式后变,慢慢地发生变化。

第七,频率原则,即一个词的语法化程度跟它的使用频率成正比,语法化程度越高,即越虚化、抽象化,它的使用频率越高。

第八,渐变原则,即变化不是一朝一夕产生的,往往要经历很长时间。例如汉语量词的产生,汉代以前如"牛一马一""胡取禾三百廛兮",结构上还属于"名+数"或"数+名",像"廛"这样的成分还是名词,不是量词。魏晋时产生了数量名结构,语料主要表现在《世说新语》里,但《世说新语》里同样并存着数名结构,且数名结构比例高于数量名结构;但到《朱子语类》和《老乞大》,情况正好相反,数名结构极少见,出现了大量的数量名结构。这期间经历了从5世纪到15世纪大概一千多年的时间,其语法化的过程是相当长的(石毓智、李讷,2001)。

语法化还有一个著名的一般原则,即单向性原则,所谓单向是指在相关序列中演变的次序不能颠倒。例如 Hopper & Traugott(1993)提出的一条重要的语法化规律:

> 实义词(content item)＞语法词(grammatical word)＞黏着语素(clitic)＞变词语素(inflectional affix)

从上述序列可以知道,语法词一般是由实义词演变而来,而语法词一般来说不会演变为实义词。

今天的语法化研究中还有一项特别重要的规律,即 Traugott(2003)提出的:

> 命题的(propositional)＞语篇的(textual)＞表达的意义(expressive meaning)(交际互动的,人际的(interpersonal))

前面举到很多这样的例子,如"其实"。又如"再见""你好"。再如"你看"和"我看","你看小王过来了"和"你看怎么样"中的两个"你看"不一样:前者表示实在的命题意义,后者表示交际互动意义。

13.3 语法化和语义演变的规律性

1. 语义演变的几种机制

由语法化产生的语义演变有以下几种机制(Heine，2003：578—579)：

(1) 去语义化(desemanticization)，也叫漂白(bleaching)，或者语义减损，指语义的实际内容的流失。例如汉语史上的"把"，在演变过程中原来"执持"的意思被漂白掉了。一开始"把"只跟具体名词搭配，到了唐末、宋代，"把"搭配的名词可以是抽象意义的名词。如"佛经所谓'色即是空'处，他把色、受、想、行、识五个对一个'空'字说，故曰……"(《朱子语类》卷第一百二十六)，不能说执持"色、受、想、行、识"，在这种搭配下完成了漂白。所以漂白完成的条件，在于它跟不同类的名词进行搭配。一开始是实义的、具体的名词，慢慢变成比较抽象的名词，搭配范围的扩大加速了漂白过程的完成。

(2) 引申(extension)或语境泛化(generation)，即不但用于原来的语境，而且用于新的语境。如"把"最初只表示"手持"，后来表示复杂事件时也使用"把"，这样"把"的语境就泛化了。

(3) 去范畴化(decategorialization)，指源头形式的形态句法特征的丧失，包括独立的词的地位的丧失(如附着化、词缀化)，即不再是一个独立的词。如英语的 can, is, am，这些词可以附着，变成一个像词缀的东西，如 I'm。

(4) 磨损(erosion)或语音减损(phonetic reduction)，这是伴随去范畴化产生的现象。汉语主要表现为轻声，如很多虚词都是轻声；儿化的过程也伴随着轻声，也有语音的减损。

2. 语法化的过程

语言学家(如 Heine，2003：589—590)都注意到，语法化会经历如下的过程：

A>A, B>B
i 有一个语言表达 A,它要发生语法化;
ii 该表达接受了另一个使用模式 B,这就使得 A 与 B 之间不甚明确;
iii 最后,A 丧失了,仅仅留下了 B。

在我们看来,这个模式跟重新分析的模式相似,语法化过程中应该说伴随着重新分析。例如汉语"把"字语法化的分析,"都把文义说错了"(《朱子语类》卷第五十九),"把"和"文义"的关系要重新分析为另一种关系,执持的意思就没了,只留下掌控处置义,但这里要有一个过渡。我们在研究"把"时看到了,在汉语史的相关材料里,"把"的意义有不同的历史层次,有的比较实,有的比较虚。如"师把杖抛下,撮手而去"(《祖堂集》卷第十九),其中"把"的执持义还有留存,已有表掌控处置义的意思,但理解起来两可。但"近日来,陡把狂心牵系"(宋《柳永词·平调·长寿乐》)这样的例子中,"把"字已不宜理解为执持义了,只留下掌控处置义了。

2000 年以后,语法化的研究里还提到一个概念,即仪式化,指由于较高的使用频率而习惯化,语义力量也随之弱化。通过这一过程,一个有机构造不再在同一层次上对重复的刺激有反应,即已经习以为常了。仪式化是一个比方,如"把"在语法化过程中因为较高的使用频率而习惯化,像一个仪式,必须这样说,如果不这样说就不能表示处置。

3. 对"去语义化"的进一步分析

"去语义化"主要有以下几种模式(Heine,2003:591—592):

(1) 漂白模式(bleaching model),会产生一个重要现象即语义内容的丢失(loss)。当名词和动词用于表达语法功能的时候,它们就会丧失大部分甚至全部的词汇意义;当指示词变成定指冠词或者第三人称代词的时候,它们会丧失其指示意义,如德语中的 das、汉语中的"这";"一"这个表示定量成分的数词一旦语法化为一个不定指的冠词,那它的意义也就被漂白了,如英语中的 a,其数量特征被漂白了,只是一个不定冠词,可以理解为一个类别。可以用公式来表示漂白,即 ab>b,本来有两个特征 ab,但特征 a 消失了,这样 ab 就变成了 b。

(2) 丧失-获得模式(loss-and-gain model)。关于语法化中语义的问题,有一些学者强调,不但有语义的丧失,还有语义的获得。如英语中的动词 be going to 发展为将来时标记的时候,其物理运动的意义丧失了,但获得了表示将来进行这种抽象的语义;德语定冠词 das 的指示内容丧失了,但在语篇中获得了话语指称的特性,这也增加了新的意义。上述公式就可以改写为 ab>bc。

(3) 蕴涵模式(implicature model)(Heine, 1993),这是更复杂的情况,即语法化可能不仅仅是一个新意义成分的增加,也不仅仅是原初意义成分的丧失。它可能是这样的模式:ab>bc>cd。ab 变成 bc,bc 再变成 cd,语法化程度更高,以至于从 cd 里已经看不到 ab 的影子了。如英语 with 经历了这样一个语法化的过程:方式>工具>伴随,最初表示方式,从方式里演变出表示工具,从工具里演变出表示伴随。今天英语的 with 可以表示伴随,如 go to a cinema with John,已经看不到原来表示方式的意义,已经被漂白掉了。

这三个模式之间是有关联的:漂白模式包含在丧失-获得模式中,而丧失-获得模式又跟蕴涵模式有关系。所以,最重要的是蕴涵模式:

  ab>b   漂白模式
  ab>bc   丧失-获得模式
  ab>bc>cd 蕴涵模式

大家要注意,虽然蕴涵模式很重要,但漂白模式是基础模式,是必要条件。这个过程现在一般三到四步就结束了,最多是 ab>bc>cd>de,不可能再多了,也许再过几千年还有其他情况。

通过漂白这一过程,语义的具体特征丧失了,同时伴随着其所适合出现的语境的增加,这样意义就变得越来越普遍化,越来越抽象,可使用的范围越来越宽,使用频率越来越高。所以,漂白机制的背后是一种习惯化、仪式化的机制。语法化表达具有派生自其组成成分之意义的特有意义。正是这种特有的意义随着语法化的进行而被漂白了。现代英语的 can 来源于古英语的 cunnan,最初的意思是 to know,其发展过程的三个语义演变系列如下(Bybee,2003:605—613):

(1) know(知道)＞ experience(体验)
　　main predicates(主要谓词):Intellectual states(心智状态)＞ States of mind(心理状态)＞States(状态)
(2) know to tell(知道去说)＞ know how to(知道如何去)＞ be able to(能够)
　　main predicates(主要谓词):Instruction(指令)＞ Change of state(transitive)(状态的改变(及物动词))
(3) know a skill(掌握一个技能)＞ be able to(能够)
　　main predicates(主要谓词):Mental skills(心理技能)＞ Physical skills(身体技能)＞ Overt action(外显动作)

can 把"知道"义漂白掉了,漂白过程涉及三个演变系列:(1)是体验,(2)是跟言行两个方面有密切关系,知道去说是言,知道去做是行,(3)是掌握技能。(2)和(3)这两个方面最终发展出 be able to 义。与 can 相搭配的谓词小类也有历时出现的次序。

以上这些还需要进一步的研究,有大量的例子说明语法化是非常重要的。在未来的研究里,如果语法化与类型学、语义地图模型结合起来,会有一些更重要的探索。

13.4　一些著名的语法化规则

下面给大家介绍一些著名的语法化规则,以下主要参考 Heine(2003)和吴福祥(2005)。这些语法化规则在世界语言中存在通则,即从类型学的角度来说,世界语言大都是这样的。

(1) 名词＞量词(classifier)。量词是从名词演变过来的。汉语传统中有很好的研究,如刘世儒的专著《魏晋南北朝量词研究》(1965)。跟名词比起来,量词语法化的程度更高。汉语中还有一种比较有意思的语法化倾向:如果想要表达量的概念,可以把一个名词临时变成量词。如"一屋子的师生","屋子"是共时系统中临时的语法化。再如"一地的米""一头的雾水",其中的临时量词"地""头"与名词"地""头"的抽象程度不一样。

(2) 关系名词＞后置词。这是刘丹青(2003)的看法,在汉语界很有影响。如汉语中的"前、后、里、中、上"都是关系名词,变成了后置词。关系名词变成后置词在其他语言中也一样。汉语中有两种方式同时使用。如"几天前"可以说"在几天前","在……前"完全是一个框式结构,"前"被认为是一个后置词。

(3) 孩子义名词＞小称后缀。参考王力(1958)、太田辰夫(1958)。汉语中的"儿"就是这种情况,"儿"表示小称是从孩子义发展而来的。"男儿、小儿"中的"儿"意义很实,但"花儿、字儿"中的"儿"已虚化为小称后缀。

(4) 动词＞量词。刘世儒(1965)发现另外一条规则,即有的一般动词可以演变为量词,如"张"和"次"。

(5) 完全动词＞助动词。太田辰夫(1958)提出助动词从完全动词演变而来。例如"要、会、须"原来都是完全动词或者说实义动词。

(6) 遭受动词＞被动标记。如汉语中的"见、被、吃"。"吃"《水浒传》还说,如"吃他一哨棒",在现代汉语中没有留存下来;上古汉语中有"见",现在也没有留存下来;只有"被"留下来了。这些被动标记都是从遭受动词发展过来的。上个世纪50年代王力的《汉语史稿》已经发现了这条著名的规律。

(7) 给予动词＞使役标记＞被动标记。蒋绍愚(2002)发现,给予类动词可以做使役标记和被动标记。"给"既可以表示使役,也可以表示被动,特别是在北京话里,如"那张桌子给用坏了""椅子给搬走了"。"给"现在还在语法化,它有多个不同的义项,这些不同的义项跟"给"语法化的不同程度有关系。

(8) 给予动词＞与格标记。贝罗贝(1986)认为,在汉语史上,双宾语结构发展到了汉代,除了仍具有跟上古汉语后期一样的四种格式之外,出现了一个新结构"动$_1$＋动$_2$＋间接宾语＋直接宾语","与""予""遗"三个动词都可以出现在"动$_2$"的位置上,例如"卓王孙……而厚分与其女财,与男等同"(《史记》)。从后汉开始,

"与"越来越多地分布于"动₂"的位置上。到了唐初,与上述格式相关的词汇同一过程完全结束,"动₂"只用一个动词"与"来表达,代替了早先就存在的"予"和"遗",原因大概是"与"是表示"给予"概念的动词中最普遍的一个。唐宋时期,"与"发生"动＞介"的虚化,"与"好像已失去了"给予"的意义,而变成了一个与格介词,例如"某因说与他道"(《朱子语类》)。"与"的语法化最晚在 10 世纪完成,标志是"与＋间接宾语"词组可以移至动词之前,例如"请君与我说来由"(《敦煌变文集》)。到了 15 世纪,介词"给"非强制性地替换了介词"与"。

(9) 完成动词＞完成体标记。"了"的语法化在汉语史研究中是一个非常著名的个案(太田辰夫,1958;王力,1958;梅祖麟,1981;曹广顺,1995;李宗江,2004)。完成体标记"了"是从完成类动词发展过来的,即"了、尽"这一类完成动词发展为完成体标记。

(10) 处所动词＞进行体标记。"在"本来表示存在于什么地方,由此引申为进行体标记。处所动词变成进行体标记,这在世界语言里是普遍存在的。认知语言学研究其中的理据:变成进行体的动词跟静态存在有关系。我们只简单地提这么一条,可能还有其他理据。

(11) 知道/懂义动词＞表能力动词。如英语中的 can 原来是 know,慢慢表示能力;汉语中的"会"最初的意义也跟"知道"和"懂"有关系,慢慢发展出了表示能力的意义。从认知的角度来说,"知道"和"懂"是能力的基础,是能力的先决条件,语义的理据应该在这里。

(12) 执持义动词＞工具格标记＞宾格标记＞使成标记。汉语中表示处置的"将、把"跟使成、宾格有关系。比较早的是吴福祥(2003)的研究,后来叶文曦(2006)也探讨过这个问题。

(13) 意欲义动词＞将来时标记。如"欲、要",从语义的角度来说,"要"表示意图,意图跟将来有关系,这就是它的理据。

(14) 言说义动词＞标补词(complementizer)(Chomsky 的小句标记词)。如"曰、道、说"。"说"可以做一个小句前面的标记词,如"说我来了",它最初是动词。

（15）使用义动词＞工具格标记。汉语中的执拿义动词与此有关，持着拿着才用，然后再抽象为工具格标记，如"以、用"，特别是"用"。"用碗盛饭"中的"用"就是工具格标记。要注意，汉语的工具格还处于半虚化状态，我们可以这样理解，但实际上没有真正的工具格标记。梵语、古英语中的工具格标记，汉语是没有的。高名凯认为，它们还保留着动词的意思，没有完全虚化。

（16）包括义动词＞量级焦点标记。量级的问题，在讲信息结构、焦点标记时讲过，如"这首诗连小孩都会背"，小孩、成人和老人构成一个量级，"连"是一个量级焦点标记，它是由表示包括义的动词"连"发展而来。

（17）位移或趋向动词＞时体标记。为什么位移和趋向动词会产生初始、继续下去的意义？因为动程里往往隐含着时间，如"起来、下去"跟时间的开始、体的状态的开始、持续是有关联的。

（18）系词＞焦点标记。如汉语中的"是"。古汉语没有系词，到汉代以后才有系词（王力，1937），后来逐渐演变为焦点标记。其他语言中也有这种情况，如英语中强调句的框式结构也跟系词有关系。

（19）表能力的助动词＞表允许的助动词。参考吴福祥（2002）的研究。"能、得"最初表示能力，后来表示允许。在中国南方的方言中，"得"非常重要，一开始表示能力，后来表示允许。例如湖南话"～得赢"。南方有的方言也能说"去得、吃得"，即"可以去、可以吃"，也可以表示"允许吃"，所以能力和允许是相关联的。从情态的角度来说，允许跟道义有关，但又不是纯粹的道义；能力并不是典型的认知情态，应该是一种比较初始的情态。

（20）道义情态＞认识情态。"应、当、该、须、应该、应当"慢慢地由道义情态演变为认识情态了。

（21）谓语副词＞小句副词＞话语-语用标记。原来是修饰谓语的副词，后来可以修饰一个小句，最终变成一个话语-语用标记，能够起到篇章、语用的作用，即衔接（cohesion）的作用。如"毕竟"可以在小句内，"他毕竟来了"；也可以在小句外，"毕竟我认识他"；可以进一步成为一个话语-语用标记，例如，"这件事怎么好不关心一下呢，毕竟啊，他是你的同乡，能帮就帮一下吧"。

(22) 限定副词＞转折连词。这是吴福祥(1996)的一项研究。"但、只、只是、不过"原来都是限定副词,后来变成转折连词了。"不过"是一个非常著名的个案(沈家煊,2004)。例如,"我们班不过十人而已",其中"不过"是一个限定副词,后来慢慢发展为转折连词,例如,"他来了,不过他并不想参与这件事情"。"不过"从字面意思上说就是不超过,引申出转折的意思;虽然他来了,但事情并不是你想的那样,他没有超过这种情况,他还是不想参与这件事情。这是"不过"表转折义的一个理据。

(23) 指示代词＞定冠词。如德语中的 das,das 可做主语,是指示代词,又可以充当定冠词。汉语一个新生的冠词性成分就是"这",特别是北京话里,如"这学生"与"这是学生"不同。"这是学生"中的"这"是个指示代词,"这学生"中的"这"已经语法化为冠词性成分了。可参考张伯江、方梅(1996)的研究。

(24) 疑问代词＞不定代词。英语当中的不定代词跟疑问代词有关系,疑问就是不确定。汉语中如"什么","什么是相对论?"中的"什么"是疑问代词,而"屋里有些什么"和"桌子上放了些什么"的"什么"是不定代词,是从疑问代词发展过来的。

(25) 双小句结构＞单小句结构;并列小句＞并列动词结构＞连动结构＞述补结构。今天的连动结构是从并列小句发展过来的,然后连动结构变成述补结构,如"射而杀之"是连动结构,"射杀"经过重新分析变成述补结构。

13.5　汉语语义演变的一个实例分析

"把"字的语法化研究是汉语语义演变研究的一个重要个案。汉语什么样的语义基础导致"把"的语法化?汉语中有一系列执持义动词,《汉语大字典》收录的表示执持义的动词有几十个,比较常用的有"将、拿、把、秉、持、握、执、操"八个动词,但最终只有"把"和"将"实现了语法化,演变出了标记处置义的功能。

为什么执持义动词能够发展出处置义?这里涉及语义演变的条件,或者说语法化的条件。一般来说要有一组意义基本相同的词,这组词所具有的共同语义是意义抽象化的基础。

在语义的层面上,执持义动词往往跟"取"类有关系,在上古汉语里,"持"类和"取"类两个语义类别是相关联的,有很多动词既可以表示"持",也可以表示"取"。另外一个比较有意思的现象是"持"类跟"用"类有关系。"将、执、拿"既可以表示"持",也可以表示"用"。另外,执持义动词还跟"助"类有关系。

上述关联往往有单向性,反映出语义引申的不对称性:即"持">"取"是成立的,而"取">"持"少见;"持">"用"是常见的,而"用">"持"、"用">"捉"、"用">"取"少见。

需要特别强调的是,在汉语发展过程中,虽然"持"类、"取"类、"用"类存在着关联,但它们各自有着不同的引申方向,三个类的对立一直是非常显豁的。这对后来的相关语法化现象的发生有着重要的制约作用。

对一个大的语义类来说,其内部的语义类等级是不一样的,有的等级比较高,如"把"这类等级比较重要,因为它使用频率高。有的语义类,如"抓",也有持的意思,但是比较次要。还有一类语义类,也有持的意思,如"撼、攦、摘、撮",其级别非常低。只有高层级的语义类,像"把、将、持、执"才有可能语法化,低层级的语义类不能语法化。这是语法化的先决条件。

执持义动词怎样演变?为什么"把"语法化为处置义标记?我们认为,如果考虑到隐喻的系统性投射(Heine,2003),从"执持"义到"掌控"义的演变是非常重要的。根据如下表所示:

表 13-2　汉语"执持"义向"掌控"义的引申

	"执持"义＞"掌控"义	
把	1 执,握持	2 控制,把持;3 看守,把守;5 掌管
持	1 握着;7 支持,支撑;9 扶持,扶助	2 掌握,掌管;6 守,保持;9 控制,约束;10 辖制,要挟
执	1 逮捕,捉拿;3 拿着,握	6 处,处置;7 主持,操纵
握	1 握持,执持	4 掌握,控制
操	1 握持	2 掌握;3 操作,驾驭,驾驶
捉	1 持,握	5 把握;6 扼守,镇守;7 操持;10 介词"把"

续表

	"执持"义 ＞ "掌控"义	
掌	3 手拿,执持	4 职掌,主管
控	1 拉开(弓弦)	2 操纵,控制
提	1 悬持;2 控持,执持;5 扶持	7 率领,管领
拥	4 持,执持	4 控制,掌握
摄	持也	3 管辖,统领,牵制,控制
扼	1 把握,握住	3 据守,控制
挟	1 夹持;5 持,握持	2 要挟,挟制
接	7 持	7 掌握
将	15 持,取,拿	22 介词"把"

注:表中的数字为《汉语大字典》中字条的义项序号。

在这里我们能够发现,执持义能够进行语法化的一个很重要的语义基础,即它跟更抽象的掌控义之间有系统的关联。执持义到掌控义的演变,不是一个词,而是一群词。执持义和掌控义的概念义有什么不同?掌控义的连带动词既可以是简单的,也可以是复杂的,掌控义动作的特点可以是他动和使动的结合。掌控有两种,一是简单掌控,一是复杂掌控,只有复杂掌控能表示处置。

"把"的语法化的情况非常特别,唐之前几乎找不到"把"表示处置的意思,都是实义动词。经历了唐,特别是到了宋,经历了四五百年的变化,"把"终于演变成为一个处置义标记。而"执、持、握"的使用频率很高,却没有发展成处置义标记。"把"表处置义到《朱子语类》和《红楼梦》才慢慢确定下来。我们怀疑它是一个俗语词,一开始在口语中使用,慢慢进入书面语。唐以前用作动词的例子:

> 择郡中豪敢往吏十余人为爪牙,皆把其阴重罪,而纵使督盗贼。(《汉书·酷吏传·王温舒》)

> 所以知其然者,自古至今,安有四五人把持刑柄,而不离刺转相蹄啮者也!(《三国志·裴注》)

唐代仍有实义动词"把",例如:

下营依遁甲,分帅把河隍。(贯休《古塞下曲七首》之一)

但下面的例子中"把"已虚化为处置标记:

莫言鲁国书生懦,莫把杭州刺史欺。(白居易《全唐诗·戏醉客》)

《朱子语类》表处置的"把"就非常多了,如:

若把君臣做父子,父子做君臣,便不是礼。(《朱子语类》卷第四十一)

是他玩世,不把人做人看。(《朱子语类》卷第五十三)

虽然宋代"把"已经由执持义虚化为处置标记,但《水浒全传》里还有动词"把",这是一般动词的用法,例如:

将引本部军马,把住平峪县口。(《水浒全传》第八十四回)

嫂嫂把得家定,我哥哥烦恼做甚么?(《水浒全传》第二十四回)

以上这项研究说明,执持义标记发展成宾格标记和使成标记,从语义基础上来说跟执持义动词有掌控义有关系。"把"字的语法意义怎样理解?"把"字本身并不表示处置,而表示掌控,上古汉语中及物动词不用"把"一样表示处置,所以"把"的语法意义在于表示抽象的掌控。

语义演变是有条件的,受语义结构和语法结构的制约。从执持类动词的语义演变中我们看到,语义类别之间的对立和关联对相关动词的语义功能演变起着制约作用,影响着语义演变的方向。抽象语义类别的构建是语义演变的一个重要动因,建立具体语义类别和抽象语义类别之间的系统关联是语义演变的一个重要目的,而演变的途径是通过系统的隐喻投射。语义演变的过程涉及复杂的语义整合和句法整合。

参考文献:

贝罗贝,1986,双宾结构从汉代至唐代的历史发展,《中国语文》,第3期。

贝罗贝,李 明,2008,语义演变理论与语义演变和句法演变研究,载沈阳、冯胜利主编《当代语言学理论和汉语研究》,北京:商务印书馆。

布龙菲尔德 L.,1933,《语言论》,袁家骅,赵世开,甘世福译,1985,北京:商务印书馆。

曹广顺,1995,《近代汉语助词》,北京:语文出版社。

蒋绍愚,1994,《蒋绍愚自选集》,郑州:河南教育出版社。

蒋绍愚,2002,"给"字句"教"字句表被动的来源——兼谈语法化、类推和功能扩展,《语言学论丛》第二十六辑,北京:商务印书馆。

李宗江,2004,"完成"类动词的语义差别及其演变方向,《语言学论丛》第三十辑,北京:商务印书馆。

刘丹青,2003,《语序类型学与介词理论》,北京:商务印书馆。

刘世儒,1965,《魏晋南北朝量词研究》,北京:中华书局。

梅祖麟,1981,现代汉语完成貌句式和词尾的来源,《语言研究》创刊号。

沈家煊,2004,语用原则、语用推理和语义演变,《外语教学与研究》,第4期。

石毓智,李讷,2001,《汉语语法化的历程》,北京:北京大学出版社。

太田辰夫,1958,《中国语历史文法》,蒋绍愚,徐昌华译,1987,北京:北京大学出版社。

王 力,1937,中国文法中的系词,见《王力文集》第十六卷,1984,济南:山东教育出版社。

王 力,1958/1980,《汉语史稿》,北京:中华书局。

王 力,1990,《汉语语法史》,见《王力文集》第十一卷,济南:山东教育出版社。

吴福祥,1996,《敦煌变文语法研究》,长沙:岳麓书社。

吴福祥,2002,汉语能性述补结构"V得/不C"的语法化,《中国语文》,第1期。

吴福祥,2003,再论处置式的来源,《语言研究》,第3期。

吴福祥,2005,语法化演变的共相和殊相,载沈家煊,吴福祥,马贝加主编《语法化与语法研究》(二),北京:商务印书馆。

叶文曦,2006,"手持"类动词的语义演变和"把"字的语法化,《语言学论丛》第三十四辑,北京:商务印书馆。

张伯江,方 梅,1996,《汉语功能语法研究》,南昌:江西教育出版社。

张 博,2003,汉语实词相应虚化的语义条件,《中国语言学报》第十一期,北京:商务印书馆。

Brian, D. J. & D. J. Richard, 2003, *The Handbook of Historical Linguistics*, Part Ⅵ, Pragmatico-Semantic Change: Chapter18—21. Oxford: Blackwell.(李计伟中文译稿)

Bybee, J., 2003, Mechanisms of Change in Grammaticization: The Role of Frequency. In Brian, D. J. & D. J. Richard (eds.) *The Handbook of Historical Linguistics*, Part Ⅵ: Pragmatico-Semantic Change, Chapter 19. Oxford: Blackwell.

Heine, B., 2003, Grammaticalization. In Brian, D. J. & D. J. Richard (eds.) *The Handbook of Historical Linguistics*, Part Ⅶ: Pragmatico-Semantic Change, Chapter 18. Oxford: Blackwell.

Hopper, P. J. & E. C. Traugott, 1993, *Grammaticalization*. Cambridge: Cambridge University Press.

Lehmann, W. P., 1992/2002, *Historical Linguistics: An Introduction*, 北京: 外语教学与研究出版社.

Stern, G., 1931, *Meaning and Change of Meaning*. Gothenberg: Elanders Boktryckeri Aktiebolag.

Sweetser, E. E., 1990, *From Etymology to Pragmatics—Metaphorical and Cultural Aspects of Semantic Structure*, 2002, 北京大学出版社/剑桥大学出版社.

Traugott, E. C. & R. B. Dasher, 2002, *Regularity in Semantic Change*. Cambridge: Cambridge University Press.

Traugott, E. C., 2003, Constructions in Grammaticalization. In Brian, D. J. & D. J. Richard (eds.) *The Handbook of Historical Linguistics*, Part Ⅶ: Pragmatico-Semantic Change, Chapter 20. Oxford: Blackwell.

北京大学出版社语言学教材方阵

博雅21世纪汉语言专业规划教材：专业基础教材系列

  现代汉语(第二版)(上) 黄伯荣、李炜主编
  现代汉语(第二版)(下) 黄伯荣、李炜主编
  现代汉语学习参考 黄伯荣、李炜主编
  语言学纲要(修订版) 叶蜚声、徐通锵著，王洪君、李娟修订
  语言学纲要(修订版)学习指导书 王洪君等编著
  古代汉语 邵永海主编(即出)
  古代汉语阅读文选 邵永海主编(即出)
  古代汉语常识 邵永海主编(即出)

博雅21世纪汉语言专业规划教材：专业方向基础教材系列

  语音学教程(增订版) 林焘、王理嘉著，王韫佳、王理嘉增订
  实验语音学基础教程 孔江平编著
  现代汉语词汇学教程 周荐编著
  简明实用汉语语法教程(第二版) 马真著
  当代语法学教程 熊仲儒著
  修辞学教程(修订版) 陈汝东著
  汉语方言学基础教程 李小凡、项梦冰编著
  语义学教程 叶文曦编著
  新编语义学概要(修订版) 伍谦光编著
  语用学教程(第二版) 索振羽编著
  语言类型学教程 陆丙甫、金立鑫主编
  汉语篇章语法教程 方梅编著(即出)
  汉语韵律语法教程 冯胜利、王丽娟著(即出)
  新编社会语言学概论 祝畹瑾主编
  计算语言学教程 詹卫东编著(即出)

音韵学教程(第五版)　唐作藩著
音韵学教程学习指导书　唐作藩、邱克威编著
训诂学教程(第三版)　许威汉著
校勘学教程　管锡华著
文字学教程　喻遂生著
汉字学教程　罗卫东编著(即出)
文化语言学教程　戴昭铭著(即出)
历史句法学教程　董秀芳著(即出)

博雅21世纪汉语言专业规划教材：专题研究教材系列

实验语音学概要(增订版)　鲍怀翘、林茂灿主编
现代汉语词汇(第二版)　符淮青著(即出)
现代汉语语法研究教程(第四版)　陆俭明著
汉语语法专题研究(增订版)　邵敬敏等著
现代实用汉语修辞(修订版)　李庆荣编著
新编语用学概论　何自然、冉永平编著
外国语言学简史　李娟编著(即出)
近代汉语研究概要　蒋绍愚著
汉语白话史　徐时仪著
说文解字通论　黄天树著
甲骨文选读　喻遂生编著(即出)
商周金文选读　喻遂生编著(即出)
音韵学讲义　丁邦新著
音韵学答问　丁邦新著
音韵学研究方法导论　耿振生著
汉语语音史教程(第二版)　唐作藩著
汉语语音史纲要　张渭毅编著(即出)

博雅西方语言学教材名著系列

语言引论(第八版中译本)　弗罗姆金等著，王大惟等译
语音学教程(第七版中译本)　彼得·赖福吉等著，张维佳、田飞洋译

语音学教程(第七版影印本)　彼得·赖福吉等著
方言学教程(第二版中译本)　J. K. 钱伯斯等著,吴可颖译
构式语法教程(影印本)　马丁·休伯特著
构式语法教程(中译本)　马丁·休伯特著,张国华译